T0364866

Bauakademie Berlin

Wilfried Kuehn, Franz Karner,
Julia Nuler, Lisi Zeininger
Raumgestaltung und Entwerfen,
TU Wien (Hg./Eds.)

Inhalt

Inhalt

MATERIAL

SPUREN

LANDSCHAFT

Contents

Contents

MATERIAL

TRACES

LANDSCAPE

VORWORT

Wilfried Kuehn, Franz Karner,
Julia Nuler, Lisi Zeininger

Das Lehrbuch Karl Friedrich Schinkels ist in der ersten Konzeption alles andere als akademisch. Während seiner Italienreise 1803–05 zeichnet Schinkel romanische Kirchen und anonyme ländliche Architektur, um daraus eine Architekturlehre zu entwickeln, die nicht primär der klassischen Architektur folgt. Dreißig Jahre später konzipiert und baut Schinkel die *Allgemeine Bauschule* gegenüber dem Hohenzollernschloss als bauerfahrener und öffentlich wirksamer Architekt, dessen Lehrbuch sich konzeptuell stetig weiterentwickelt hat und doch unveröffentlicht bleibt. Das Projekt *Allgemeine Bauschule*, das Schinkel als Mitinitiator, als Planer, als institutionellen Nutzer wie als privaten Bewohner in einer Mehrzahl miteinander verwobener Rollen involviert, ist als Institution und als Bauwerk 1836 ein für Schinkel zentrales Experiment. Wir können es auch als gebautes Lehrbuch verstehen. Zum ersten Mal setzt Schinkel in einem profanen öffentlichen Bau den Ziegel sowohl als Konstruktions- wie als Fassadenmaterial ein und produziert mit dem „roten Kasten" ein Terrakottenverziertes Sichtmauerwerk. Der von Martina Abri und Christian Raabe 1998–2002 planerisch rekonstruierte Fassadenentwurf Schinkels gibt uns in Form des 1:1-Modells der Nordostecke eine Ahnung der von Schinkel intendierten Wirkung. Polyfunktional und konstruktiv als Ziegelskelett gegliedert, war Schinkels Bauschule ein frühmodernes Bauwerk, dessen innere Struktur trotz programmatischer Versatilität schon nach wenigen Jahrzehnten baulich stark verändert wurde und das 1962 durch Abriss ganz verschwand.

Die vom Deutschen Bundestag beschlossene Rekonstruktion lässt die Frage offen, welchen Begriff wir uns von einer wiedererrichteten Bauakademie am historischen Ort machen wollen, institutionell wie architektonisch. In dieser Offenheit liegt zusammen mit politischem Konfliktpotential die Möglichkeit, anders als mit der gerade fertiggestellten Schlossreplik nicht ein gebautes Bild, sondern wie 1836 einen bildhaften Bau zu schaffen.

Die Publikation *Bauakademie Berlin* ist die erste Veröffentlichung des Forschungsbereichs *Raumgestaltung und Entwerfen* der Technischen Universität Wien unter der Leitung von Professor Wilfried Kuehn. Sie liefert in Form von Texten, Projekten und Fotografien konzeptuelle Perspektiven für eine zeitgenössische Bauakademie Berlin am historischen Ort. Das von Franz Karner sowie Julia Nuler und Lisi Zeininger im Sommersemester 2019 geleitete Bachelor- bzw. Masterentwerfen *Bauakademie Berlin* bildet den Ausgangspunkt und öffnet einen doppelten Diskurs über Form und Inhalt eines Neubaus am historischen Ort. Der Programmwettbewerb für eine neue Bauakademie 2018 war eine Diskussions- und Entwurfsgrundlage in Beziehung zu einer intensiven Auseinandersetzung mit Karl Friedrich Schinkels Werk, dem Ort und seiner Geschichte. Durch Studien der Reisetagebücher und Zeichnungen Schinkels sowie Recherche der Baugeschichte der DDR begaben sich die Studierenden auf die *Spuren* der historischen Schichtungen des Ortes. Die Untersuchungen zeigten die örtliche Überlagerung der Bauakademie und des DDR-Außenministeriums auf. Eine Exkursion nach Berlin ließ die Studierenden die heutige, städtebauliche *Konstellation* des Ortes erfahren, Besuch und Analyse der Anlage von Schloss Charlottenhof vermittelte den gartenlandschaftlichen Kontext Peter Joseph Lennés und machte die Bedeutung der *Landschaft* für Schinkels Stadtentwurf deutlich. Neben der historischen Recherche stand ebenso die heutige Stadt Berlin im Fokus. Ihre Durchwegbarkeit aus der Perspektive

körperlicher Erfahrung architektonischer Zwischenräume und
Passagen richtete den Blick auf das öffentliche Leben der
Stadt und die Plätze, die es heute einnimmt. Der historische
Ort der Bauakademie zwischen den repräsentativen Bauten
der Museumsinsel provozierte Fragen zur *Monumentalität* im
Kontext der heutigen Stadt. Das *Material* der ehemaligen
Bauakademie und Schinkels Interesse an innovativer Konstruktion wurde in Beziehung zum zeitgenössischen Kontext
gesetzt. Die angesprochenen Themen, die sich in den Ergeb-
nissen der Entwürfe widerspiegeln, waren Grundlage für
sechs Texte der Autorinnen und Autoren Sandra Bartoli,
Stefanie Endlich, Tanja Scheffler, Axel Sowa, Stephan Trüby,
Andreas Zeese und ein Gespräch mit Dubravka Sekulić. Die
erstmals veröffentlichte Fotoserie von Armin Linke entstand
auf nächtlichen Spaziergängen in Berlin Mitte. Der Künstler
fotografierte Elemente und Formen Schinkels wie fotojourna-
listische Porträts mit starkem Blitzlicht und löst sie so aus
ihrem gewöhnlichen Kontext. Die Abbildungen von Gili Merin
zeigen die Wirklichkeit 2018: Eine Fassadenecke und ein
Gerüst, die sich als strategische Platzhalter der Architektur
an diesem Ort in das Stadtbild einschreiben.

Wir danken Hermann Czech, Gabi Dolff-Bonekämper,
Friedrich Killinger, Ulrich Müller, Hans-Dieter Nägelke,
Angelika Schnell und Andreas Zeese für ihre Vorträge und
Gespräche mit den Studierenden während des Semesters.

FOREWORD

Wilfried Kuehn, Franz Karner,
Julia Nuler, Lisi Zeininger

The first draft of Karl Friedrich Schinkel's textbook is far from being academic. During his trip to Italy in 1803–05, Schinkel sketched Romanesque churches and anonymous rural buildings in order to develop an architectural theory that does not primarily follow classical architecture. Thirty years later, Schinkel designed and built the *Allgemeine Bauschule* (General School of Architecture) located opposite the Hohenzollern residence as an experienced and publicly impactful architect, whose textbook had been steadily further developed on a conceptual level, and yet had never been published. The *Allgemeine Bauschule* project, which Schinkel was involved in as a co-initiator, a planner, an institutional occupant, as well as a private resident, thus having taken on a multitude of interwoven roles, was a central experiment for Schinkel in 1836 as an institution and as a building. It could be deemed the embodiment of his textbook. For the first time, Schinkel used brick in a secular public building as both construction and facade material, producing a "red box" with fair faced brick decorated with terracotta. Schinkel's facade design, which was reconstructed by Martina Abri and Christian Raabe from 1998 to 2002, gives us an idea of the effect intended by Schinkel in the form of the 1:1 model of the north-east corner. Polyfunctional and structurally a brick skeleton, Schinkel's *Bauschule* was an early modern building, whose inner structure, despite programmatic versatility, was remodeled after only a few decades and which disappeared completely in 1962 due to demolition. The reconstruction decided by the German Bundestag leaves the question up in the air of what we conceive as a reconstructed building academy in the historical place, both on an institutional as well as on an architectural level. This openness harbors the potential for political conflict. On the other hand, however, it opens up an opportunity to create, like in 1836, a building that finds visual expression in its principles instead of simply being a replicated image, as is the case with the recently completed Berlin Palace.

Bauakademie Berlin is the first publication by the Research Unit *Raumgestaltung und Entwerfen* at the Vienna University of Technology under the direction of Professor Wilfried Kuehn. In the form of texts, projects and photographs, it provides conceptual perspectives for a contemporary *Bauakademie Berlin* at the historical site. The Bachelor's and Master's *Bauakademie Berlin* design studio, headed by Franz Karner, Julia Nuler and Lisi Zeininger during the 2019 summer semester, forms the starting point and opens up a double discourse on the form and content of a new building at the historic site. The 2018 program competition for a new *Bauakademie* was a basis for discussion and design in relation to an intensive examination of Karl Friedrich Schinkel's work, the place and its history. Through studies of Schinkel's travel diaries and drawings, as well as research into the building history of the GDR, the students followed the *traces* of the historical stratifications on site. The investigations revealed the local overlap of the *Bauakademie* and the GDR Ministry of Foreign Affairs. An excursion to Berlin let the students experience the present urban *constellation* of the place, while visiting and analyzing the complex of Charlottenhof Castle conveyed the garden landscape context of Peter Joseph Lenné and made clear the importance of the *landscape* for Schinkel's urban design. In addition to historical research, the focus was also on today's city of Berlin. Its perception from the perspective of physical experience of architectural intermediate spaces and *passages* focused on the public life of the city and the places it occupies today. The historical location of the *Bauakademie* between the representative buildings of the Museum Island provoked questions about *monumentality* in the context of the city of today. The *material* of the former *Bauakademie* and Schinkel's interest in innovative construction was related to the contemporary context. The topics addressed, which are reflected in the results of the designs, were the basis for six texts by the authors Sandra Bartoli, Stefanie Endlich, Tanja Scheffler, Axel Sowa, Stephan Trüby, Andreas Zeese and a conversation with Dubravka Sekulić. The first-published photo series by Armin Linke was created while taking walks at night in the Berlin Mitte district. The artist photographed elements and designs created by Schinkel in the style of photojournalistic portraits taken using a high-intensity flash, thus detaching them from their ordinary context. The illustrations by Gili Merin show the reality of 2018: A facade corner and scaffolding, which are incorporated into the cityscape as strategic placeholders of architecture at this location.

We would like to thank Hermann Czech, Gabi Dolff-Bonekämper, Friedrich Killinger, Ulrich Müller, Hans-Dieter Nägelke, Angelika Schnell and Andreas Zeese for their lectures and discussions with the students during the semester.

REKONSTRUKTION
ODER RE-ENACTMENT

Dubravka Sekulić
Wilfried Kuehn

DS

Ich habe darüber nachgedacht, wie unsere zufällige Begegnung mit der Bauakademie im Kontext des Forschungspro-
jekts *Curatorial Design – A Place Between* einen Raum
eröffnet hat, die grundlegenden Prämissen der Disziplin, wie
sie sich unter der Bezeichnung „Architektur" herausgebildet
hat, neu zu überdenken. Während in unserer damaligen
These zur „Totalen Rekonstruktion" in Anbetracht des im
Programmwettbewerb 2017 geforderten Schinkel-*re-enact-
ments* die Frage des Entwurfs im Vordergrund stand, erkenne
ich in eurem aktuellen Entwurfsstudio zur Bauakademie an
der TU Wien die Frage der Elemente als Ansatz. Die Forderung 2017, die Bauakademie unter dem Motto „So viel Schinkel wie möglich"[1] wieder zu errichten, fällt in das Gebiet des
Denkmalschutzes, derjenigen Teildisziplin der Architektur, die
am stärksten verknöchert und durch feststehendes Wissen
bestimmt wirkt – vermutlich weil der Denkmalschutz (von
außen betrachtet) so viele Aspekte dessen negiert, was sie
als eine Profession charakterisiert, die stets das Ziel des
Neuen und nie Gesehenen verfolgt. Und doch ist es genau
diese Verstrickung – bei der die Aufgabe nicht lautet, etwas
Neues zu schaffen, sondern das Abbild eines Gebäudes zu
bauen, das zumindest auf den ersten Blick ganz unbelastet ist
und eine unangefochtene Stellung in der historischen
Entwicklung des professionellen Kanons einnimmt –, die den
Raum öffnet, die Beziehungen, die den Entwurf ausmachen,

und damit das produzierte und aktivierte Wissen neu zu
denken. Weshalb ist die Bauakademie deiner Meinung nach
ein solch perfekter Gefährte für den Prozess, Architektur als
Form zu verlernen?[2]

WK
Schinkels Bauakademie wird oft als Beispiel für innovatives
Bauen beschrieben. Vom baulichen Aspekt betrachtet, sehen
wir eine recht dicke Ziegelkonstruktion, der die Eleganz und
räumliche Wirksamkeit einer Eisenkonstruktion, die seiner-
zeit technisch möglich war, völlig fehlt; wenn wir die
Kommentare von Zeitgenossen über die Anfangstage der
Schule lesen, hören wir von schlechter Luft und schließen
daraus, dass auch die Haustechnik nicht sonderlich ausge-
reift war. Wo also steckt der innovative Gehalt? Eine
Möglichkeit, die Bauakademie gleichzeitig als Entwurf und
als neuartig zu begreifen, ist vielleicht die Betrachtung von
Schinkels umfassender Rolle und damit von einem Entwurf
(im Original *design*), der weniger als *disegno* und mehr als
„Designation", als Bestimmung verstanden wird, also als
Entwerfen von programmatischer und nicht planerischer
Natur. Der Architekt, der eine Bauaufgabe und damit das
Programm an sich definiert und teils Auftraggeber und teils
Bewohner ist, sorgt dafür, dass das Bauwerk nicht jemandes
Erwartungen erfüllt, sondern stattdessen etwas Neuartiges
hervorbringt. Hatte es jemals ein Gebäude vor dem königlichen Schloss in Berlin gegeben, das eine Ausbildungsstätte
für Architekten, eine Baubehörde, ein Architektenatelier, eine
Wohnung und sogar einige Läden beherbergte? Das in ein
Museum umgewandelte Haus John Soanes in London
könnte Schinkels Vorhaben gleichen. Eine Aktualisierung
dieses Selbstverständnisses des Architekten bzw. der Architektin ist ein Ausgangspunkt, um Architektur als reine Form
zu verlernen. Davon ausgehend vertrete ich die These, dass
eine neue Bauakademie die Möglichkeit eröffnen sollte,

Architektur und die Ausbildung von Architekten und Architektinnen neu zu denken und dabei unser Verständnis der Disziplin von Grund auf infrage zu stellen.

DS
In diesem Kontext kann die Ausschreibung eines Wiederaufbaus der Bauakademie als kritischer Punkt verstanden werden, wie ihn Stuart Hall mit dem Begriff der *conjuncture* beschreibt – eine Konstellation, die sowohl ein Moment von Gefahr als auch eines der Chance birgt und gleichzeitig zum Handeln aufruft: auf intellektueller, gesellschaftlicher, kultureller und politischer Ebene. Das vor Kurzem gegenüber dem ehemaligen und auch zukünftigen Standort der Bauakademie fertiggestellte Humboldt Forum könnte als Beispiel für die Gefahr gelesen werden, die der Ausschreibung innewohnt und sich als Form im Raum manifestiert. In der Auseinandersetzung mit der Bauakademie eröffnet sich jedoch die *conjuncture* in ihrem anderen Verständnis einer Chance, einer Chance zur Intervention, einer Konfiguration, deren Bestandteile durch die Praxis neu angeordnet werden sollten.

Wenn wir ein wenig länger bei der Beziehung zwischen Soane's House und Schinkels Bauakademie bleiben, werden die anderen Faktoren der *conjuncture* vielleicht deutlicher. Interessanterweise überschneiden diese beiden Projekte sich zeitlich fast genau: John Soanes Museum wurde 1833 mit einem Private Act des Parlaments begründet, der nach John Soanes Tod 1837 in Kraft trat. Mit diesem Gesetz wurde der Erhalt des idiosynkratischen Wohnhauses in seinem von Soane hinterlassenen Letztzustand verpflichtend festgelegt. Als adaptiertes Reihenhaus in der gewöhnlichen Typologie seiner Zeit enthielt das Haus Soanes ganz eigene Kosmologie. Ein eingefrorener Moment, der Augenblick, in dem ein Privathaus öffentlich wird, ist auf ganz merkwürdige Weise auch der Zeitpunkt, an dem es sich der Öffentlichkeit entzieht; gleichzeitig wird ein gewisses (Selbst-)Verständnis der Rolle des Architekten durch die Ehrung stabilisiert. Die Bauakademie mit ihrer komplexen Bestimmung, die dynamische und veränderliche Beziehungen zwischen den einzelnen Bestandteilen vorsah, wurde von 1832 bis 1836 erbaut. Auch wenn sie die Privatwohnung des Architekten enthält, ist sie letzten Endes doch eine Intervention in der Öffentlichkeit und in die Beziehung einer Berufsgruppe, der der Architekten und Architektinnen, mit der Öffentlichkeit.

Wenn wir die Verbindung zwischen Soane's House und der Bauakademie in diesem Sinn als *conjuncture* lesen und zugleich auf das erwähnte disziplinäre Selbstverständnis Bezug nehmen, möchte ich vorschlagen, dass die neue Bauakademie neben Architektur und Architekturausbildung vielleicht ein drittes Element besitzt, das ausdrücklicher berücksichtigt werden müsste: das Konzept der Öffentlichkeit oder der öffentlichen Sphäre.

WK

Wenn „Öffentlichkeit" 1836 bedeutete, die Bauakademie zu gründen und gleichzeitig zu erbauen, was bedeutet dieses Konzept heute? „So viel Schinkel wie möglich" könnte auf etwas anderes als auf die simple Wiedererrichtung eines verlorenen historischen architektonischen Artefakts verweisen. Zunächst könnte dieses Motto bedeuten, dass zeitgenössische Architekten und Architektinnen, die sich in irgendeiner Weise auf Schinkel beziehen, bei der Etablierung der neuen Institution eine zentrale Rolle spielen. Das erste Verfahren zur Auswahl des Gründungsdirektors oder der Gründungsdirektorin erbrachte jedoch genau das entgegengesetzte Ergebnis: Die Wahl fiel auf einen Berufspolitiker ohne Hintergrund in der Architektur, der zurücktreten musste, nachdem (unter anderem) einige Architekten und Architektinnen protestiert hatten und Klage eingereicht worden war. „So viel Schinkel wie möglich" könnte auch für die Erfindung einer neuartigen öffentlichen Institution anstelle einer Repräsentation staatlicher Politik stehen, die unsere Vorstellungen von Institutionalismus herausfordert. Der öffentliche Charakter einer zeitgenössischen Bauakademie, bei deren Gründung ganz bewusst das Feld der Berufsausbildung überschritten wird, könnte vorrangig als Möglichkeit verstanden werden, die Vermittlung von Architektur über das rein Berufliche hinaus zu konzipieren und auch die Entscheidungstragenden mit einzubeziehen – so wie Schinkels Bauakademie nicht nur die Berliner Baubehörde mit einschloss, sondern auch den königlichen Auftraggeber im Schloss gegenüber herausforderte. Wenn Architektur eine Praxis ist, bei der der Entwurf eine zentrale Rolle spielt und dieser von Architekten und Architektinnen ausgearbeitet wird, dann ist es ebenso wahr, dass Entwurfsentscheidungen von einer wiederholten Interaktion mit den Auftraggebern bzw. Auftraggeberinnen und dem öffentlichen Interesse abhängen. Die Institution von 1836 ist gerade auf dieser Ebene interessant. Könnte es gelingen, als integralen Bestandteil des Entwurfs das Interesse der Öffentlichkeit zu wecken, sie einzubeziehen und Wissen zu vermitteln?

DS
Das muss es! Ist das nicht genau die entscheidende Herausforderung? Das Faszinierende an der Bauakademie ist nicht unbedingt, dass das Projekt als wesentliches Element ein Atelier und eine Wohnung für Schinkel enthielt – was auch als Bestätigung der Obsession mit der Figur des Architekten als mächtigem, kreativem Individuum gelesen werden könnte –, sondern die Tatsache, dass die Architekturschule sich unter demselben Dach wie die Baubehörde befand. Es ging nicht um Rückzug, sondern darum, Mechanismen zu schaffen, mit denen sich das öffentliche Interesse und Wissen artikulieren konnten. Dies geschah von Anfang an in Opposition zur königlichen Macht und im Bewusstsein, dass umkämpfte Raumfragen als öffentliche Angelegenheit für den politischen Prozess und die Subjektivierung stets konstitutiv sind. Dies ist

auf jeden Fall ein Unterschied zur Renaissance-Figur des professionellen Architekten, der sich mit dem *disegno* als Beruf etabliert, indem er sich von den gesellschaftlichen Verhältnissen, die auf der Baustelle existieren, entfernt; und man könnte sagen, dass insbesondere die architektonische Ausbildung mit dieser Entfernung ringt. Hier, bei der erneuten Konzentration auf das Problem der Rekonstruktion – eigentlich der Architektur an sich – vom Gebäude zum Entwurf und von der Figur des Architekten bzw. der Architektin zur Frage von Institutionen und Öffentlichkeit, liegt meiner Meinung nach die Stärke der Annäherung an die Bauakademie und an Schinkel. So wird das Arbeiten mit Raum neu formuliert als Problem des Schaffens von Beziehungen.

Allerdings stellt sich auch die Frage der Beteiligten: mit wem, neben wem, für wen, gegen wen entsteht der Entwurf? Das Problem der Bezüge taucht auf, und hier möchte ich auf das Thema des öffentlichen Wissens und Interesses zurückkommen, da keine dieser Kategorien von außen vorgegeben oder festgelegt werden. Sie alle existieren in einer schwierigen Beziehung, stellen einander durch ihre Beziehung im Raum her und schaffen dabei gleichzeitig den Raum. Doch das ist noch nicht alles: Es stellt sich auch die Frage des Wissens, die dem Begriff der „Disziplin" innewohnt, und die Frage des öffentlichen Wissens. Gleichzeitig treffen im Raum Interessen aufeinander, die verschiedene Mitglieder der Öffentlichkeit zu einem Engagement anregen, und es besteht die Überzeugung, dass aus diesem Engagement sich öffentliches Interesse herausbilden wird. Der Entwurf befindet sich zwischen all diesen Elementen, doch was ist darunter zu verstehen?

WK
Als unsere Studierenden an ihren Entwürfen für die Bauakademie zu arbeiten begannen, war ihr Ausgangspunkt nicht das Programm. Wir begannen mit dem Ort, verstanden als

locus im Sinne Aldo Rossis und nicht nur als Bauplatz. Davon ausgehend recherchierten wir historische und zeitgenössische Kontexte mit dem Ziel, zugrundeliegende und oft widersprüchliche Themen und Fragen zu verstehen und mit diesen Erkenntnissen dann die Entwurfsaufgabe zu definieren. Meine These ist, dass genau hier öffentliches Interesse und disziplinäres Wissen einander überschneiden und der Entwurf als Nicht-Disziplin hervortreten könnte. Hier gibt es Berührungspunkte mit *Curatorial Design* und mit unserer gemeinsamen Forschungstätigkeit mit dem IZK an der TU Graz. *Curatorial Design* war auch von Anfang an ein Schwerpunkt unserer Arbeit mit Kuehn Malvezzi als ein Ziel, die disziplinären Beschränkungen eines nur professionellen Verständnisses von Entwurf zugunsten eines gleichfalls politischen Verständnisses zu überwinden, dabei aber das praktische *métier* der Architektur, des Entwerfens und Bauens als Architekturstudio nicht aufzugeben, so wie Rossi auf diesem Selbstverständnis als Praktiker im Gegensatz zum dienstleistenden *professionista* bestand. Wenn wir die Debatte um die Rekonstruktion eines Gebäudes wie der Bauakademie aus der Perspektive von *Curatorial Design* betrachten oder, wie du sagtest, aus dem Blickwinkel der schwierigen Beziehungen beim Herstellen von Raum, eröffnet unsere Arbeit in Graz Möglichkeiten, das Hauptaugenmerk von der Wieder-Errichtung zu einem tatsächlich neuen Entwerfen von Schinkels Struktur zu verschieben. Mit Kuehn Malvezzi hatten wir bereits einen Vorschlag für die Rekonstruktion des Berliner Stadtschlosses gegenüber der Bauakademie erarbeitet, in dem wir diese als eine Form des *re-enactment* angingen, die mit künstlerischen Praktiken von Wiederholung und Aneignung in Bezug gesetzt werden könnte. Ihr Ziel war es, die sterile Debatte der sogenannten kritischen Rekonstruktion in der Architektur zu überwinden, die seit der Internationalen Bauausstellung 1987 in Berlin zu einem ideologischen Backlash degenerierte, für den die Architektur nur mehr reine

Staffage ist. Interessanterweise fanden alle unsere Studierenden die Herausforderung eines *re-enactment* im wörtlichen
Sinne wenig relevant, sondern machten Entwurfsvorschläge,
die sich auf die eine oder andere Art auf Schinkels Entwurf
bezogen. Auch auf andere Entwürfe, die sie bei ihren Recher-
chen zum Ort fanden, nahmen sie ausdrücklich Bezug.

DS

Das Verhältnis zwischen dem Kuratorischen und dem
re-enactment ist hier spannend. Beide beziehen sich auf
Wissen, indem sie den etablierten Konsens, den Status quo,
das allgemein akzeptierte Verständnis, welches Wissen für
ein Projekt erforderlich ist, destabilisieren. Sie eröffnen die
Möglichkeit, aus der disziplinären Autopoiesis auszubrechen.
Das Kuratorische ist eine Praxis, die (neues) Wissen produziert und Beziehungen zwischen Menschen, Institutionen,
Disziplinen und Wissen herstellt, also einen Kontext schafft, in
dem sich neues Wissen herausbilden kann. Indem es Fragen
nach dem stellt, was war und was sein wird, stellt das
re-enactment das Design als bestehendes und stabiles
Wissensmodell in Frage. Die wichtige Frage ist, wie dieser
Prozess ausgelöst werden kann. Die Bauakademie diente
hier als *prop*[3], das die Aufmerksamkeit im Falle der
Forschung zu *Curatorial Design* am IZK/TU Graz auf
bestimmte Aspekte der Architektur als Disziplin richtet, wobei
ein Entwurf auch als ein „Behälter" von diversem Wissen
verstanden wird. Im Kontext deiner Arbeit mit Studierenden
der TU Wien verringert dies den Druck, der stets auf studenti-
schen Arbeiten lastet, etwas ganz Neues, noch nie Gesehe-
nes schaffen zu müssen, und lenkt die Aufmerksamkeit auf
den Ort als einen relationalen, nicht einen gegebenen. Wenn
allerdings die Bauakademie ein *prop* ist, das den Prozess
auslöst, braucht dieser Prozess doch auch eine unterstützende Struktur, ein System, das die Herausbildung dieser
neuen Kombination aus Beziehungen und Wissen erst

ermöglicht. Im Fall von *Curatorial Design* war dieses unterstützende System ein Tisch (also ein physisches Aufeinandertreffen) und ein Workshop, den wir veranstalteten; im Fall der TU Wien war es die Tatsache, dass du als Professor eine Aufgabe gestellt hast. In beiden Fällen stellt sich die Frage der Autorität derjenigen, die diesen Prozess leiten und initiieren, und so kommen wir gewissermaßen wieder zur Frage der Verantwortung und Stellung der initiierenden Institution oder Person. Wie kann dies gedacht werden, ohne der Vorstellung von Architekten und Architektinnen als stereotypen Allwissenden auf den Leim zu gehen, die den Ton angeben und gesellschaftlich eine abgehobene Stellung einnehmen?

WK
Autorität hat selbstverständlich Berührungspunkte mit dem Autoritären, doch auch mit Autorenschaft. Das Konzept von *Curatorial Design* ist genau auf die Auseinandersetzung mit Formen der Entwurfsautorität abgestellt, die über die Idee der individuellen Autorenschaft hinausgehen und zugleich darauf bestehen, dass architektonische Entscheidungen den Konsens herausfordern und durchbrechen. Daher liefern weder ein idealisiertes Individuum noch ein idealisiertes Kollektiv automatisch eine Blaupause für die Autorenschaft. Kuratorische Praxis bietet hier ein Modell für unsere architektonische Entwurfsstrategie, da sie diesen sterilen binären Gegensatz durch etwas Feldähnliches, durch einen Zwischenraum ersetzt.

Dieser Zwischenraum ist als Ort zu verstehen, an dem konzeptuelle Entscheidungen fallen können, die nicht an festen Erwartungen oder Aufgabenstellungen gemessen werden, sondern vielmehr ihren Rahmen und damit die Kriterien selbst definieren müssen, anhand derer der resultierende Entwurf beurteilt und weiterentwickelt wird. Unsere Studierenden wurden nicht aufgefordert, einfach eine Aufgabenstellung zu erfüllen, die ich als Professor gebe (und als Architekt würde ich mich nicht an einem Wettbewerb beteiligen wollen, der so aufgebaut ist). Die meisten Studierenden arbeiteten einzeln, nur zwei Personen wollten unbedingt als Team zusammenarbeiten. Hier machten wir den Vorschlag, gemeinsam an zwei Projekten zu arbeiten und die Grenzen zweier unterschiedlicher Herangehensweisen an die konzeptuelle Herausforderung auszuloten, die sie in der einleitenden Forschungsphase für sich definiert hatten. Dies gab uns die Möglichkeit, das Feld auszuweiten und gleichzeitig auf Autorenschaft und klaren Entscheidungen zu bestehen. Meiner Ansicht nach sollte sowohl die Suche nach einem Direktor bzw. einer Direktorin für die neue Bauakademie als auch der geplante Architekturwettbewerb für diesen Ort so konzipiert und ausgeführt sein, dass ein kuratorischer Ansatz verfolgt werden kann, bei dem Aufgabe und Zielsetzung konzeptuell und nicht als feste Aufgabenstellung definiert werden. Mit anderen Worten sollte die Politik den Mut haben, ihr Problem offen als politische Frage zu stellen, anstatt Bieter- und Vergabeverfahren nach den Regeln des Marktes zu initiieren. *Curatorial Design* bietet eine Möglichkeit, einen multi-perspektivischen Ansatz nicht als Verhandlung, sondern als Debatte zu definieren, und bedient sich hierfür künstlerischer Entscheidungen und Vorschläge.

1   Bundesamt für Bauwesen und Raumordnung (12.10.2017): „Wiedererrichtung der Bauakademie Berlin als Nationale Bauakademie. Offener, einphasiger Wettbewerb". https://www.bbr.bund.de/BBR/DE/Bauprojekte/Berlin/Kultur/Nat_Bauakademie/ Programmwettbewerb-Bauakademie (letzter Zugriff: 28.04.2021)

2   Hier beziehe ich mich auf die Konzepte des Gefährten und des Verlernens, wie sie Ariella Aïsha Azoulay in ihrem aktuellen Buch *Potential History* entwickelt: „[Verlernen] entsteht nur und kann nur mit Gefährten entstehen, die nicht Experten in klar abgegrenzten Fachgebieten und die Hüter ihrer eigenen eingezeichneten Geschichte sind." Azoulay, Ariella Aïsha: *Potential History: Unlearning Imperialism.* London 2019, S. 15

3   Zum Konzept des Requisits siehe: Harney, Stefano/Moten, Fred: „The General Antagonism: An Interview with Stevphen Shukaitis". In: Dies. (Hg.): *The Undercommons: Fugitive Planning and Black Study.* Wivenhoe/New York/Port Watson 2013, S. 100–159

BAUAKADEMIE

Curatorial Design
Research Group, IZK TU Graz
(Wilfried Kuehn, Milica Tomić,
Anousheh Kehar, Dejan
Marković, Dubravka Sekulić)

Bauakademie,
Beitrag Programmwettbewerb
zur Wiedererrichtung der
Bauakademie Berlin als
Nationale Bauakademie, 2018

Bauakademie,
Program competition entry
for the Reconstruction of the
Bauakademie Berlin as a National
Building Academy, 2018

So viel Schinkel wie möglich

So viel Schinkel wie möglich prima facie seems to address only architectural reconstruction. In reality, *So viel Schinkel wie möglich* also
points to the program: can the novel institution speak about architecture programmatically in the way Schinkel set up the Bauakademie *as
program*?

What may become a conservative and even nostalgic act of historiza-
tion, borrowing Schinkel's name and claiming one of Berlin's most important locations in order to create a place vis-à-vis the reconstructed
Hohenzollernschloss, might as well become one of the most radically
contemporary institutions in the field of architecture.

The radical thought propelling Schinkel's Bauakademie in 1836 is to be
found in the complexity of its program: a school of architecture bridg-
ing the gap between art and construction, between architectural theory
and practice, between design and building industry, between historical thought and material culture; a public department of planning and
building under one roof with the school; retail spaces on the ground
floor and atelier and living spaces on the top floor integrated with the
school and the public administration into one novel and heterogenous
building typology.

Obviously, the positive tension and the complexity shown by this program inform Schinkel's architectural design. It is a radically proto-mod-
ernist conceptualization of architectural practice in all its aspects. A
program of this complexity, thought as a contemporary reinterpretation
of Schinkel's program and involving today's institutions and players,
will of course not fit into the historical building volume.

Reconstruction is *not* rebuilding

The reason to call for a new program is found somewhere else: it is the
place itself that requires action. A central void to be filled and a historical shame to be overcome drive the search for a program to generate
content for an otherwise hollow building volume.

If the *Humboldtforum* epitomizes the desire for an urban scenography
achieved through reconstruction, it also stands for the pitfalls of a reconstruction that did not sufficiently involve program. In contrast to the
palace re-enactment, the *Bauakademie* shall involve program from the
start, even if it has not been its starting point.

Learning from *Humboldtforum* means not to consider the reconstructed
architecture a container and instead treat it as content. Physical reconstruction is challenging; it is architectural theory and practice at once.
It should not be done to generate urban scenography and it should not
be done to accommodate program. *The Bauakademie shall be reconstructed for intrinsic reasons of knowledge production.*

By the same token, the program should not be developed in order to fill
a building. It shall be created for intrinsic reasons of knowledge pro-
ductions of a different kind. Acknowledging the extreme difference between the reconstruction of Schinkel's *Bauakademie* as program and
as building today, *So viel Schinkel wie möglich* will work in two distinct
directions at once.

It will be decisive to establish the complex relations between program
and building, rather than feigning their identity by fitting one into the
other.

So viel Schinkel wie möglich

So viel Schinkel wie möglich scheint auf den ersten Blick die Architekturrekonstruktion allein zu betreffen. Tatsächlich gilt *So viel Schinkel wie möglich* auch für das Programm: kann eine neuartige Institution geschaffen werden, die Architektur so programmatisch thematisiert wie Schinkel die Bauakademie als *Programm* konstituiert hat?

Was eine konservative, wenn nicht nostalgisch anmutende Historisierung zu werden droht, die in Schinkels Namen gegenüber dem rekonstruierten Hohenzollernschloss einen der wichtigsten Orte Berlins besetzt, kann auch eine radikal zeitgenössische Architekturinstitution werden.

Der radikale Gedanke hinter Schinkels Bauakademie ist 1836 die Komplexität des damaligen Programms: eine Architekturschule, die das Trennende zwischen Kunst und Bautechnik wie zwischen Theorie und Praxis überwindet, zwischen Entwurf und Bauindustrie wie zwischen historischem Denken und materieller Kultur. Die staatliche Bauverwaltung unter einem Dach mit der Schule ist programmatisch; Geschäftsräume im Erdgeschoss sowie Atelier und Wohnräume im Obergeschoss sind mit Schule und Bauverwaltung in eine ebenso neuartige wie heterogene Bautypologie integriert.

Die Positiv-Spannung und Komplexität dieses Programms wirken sich direkt auf Schinkels Architekturentwurf für die Bauakademie aus. Es ist eine radikal frühmoderne Konzeptualisierung architektonischer Praxis in allen ihren Aspekten. Ein Programm dieser Komplexität jedoch, als zeitgenössische Neuinterpretation des Schinkel-Programms im heutigen Maßstab und mit den Institutionen und Akteuren von heute, würde bei weitem nicht in das historische Bauvolumen passen.

Rekonstruktion ist *nicht* Wiederaufbau

Der Grund für die Suche nach einem neuen Programm liegt woanders: Der Ort selbst fordert Taten. Eine Leere an zentraler Stelle und eine nicht überwundene historische Schande treiben die Suche nach dem Inhalt für ein ansonsten leeres Gebäudevolumen an.

Verkörpert das *Humboldtforum* einerseits den Wunsch nach einer urbanen Szenografie durch Rekonstruktion, so steht es andererseits auch für die Fallstricke einer Rekonstruktion, die nicht programmatisch genug war. Im Gegensatz zur Schloss-Wiederaufführung soll die Bauakademie von Anfang an programmatisch konzipiert werden, auch wenn nicht ein neues Programm, sondern der leere Ort ihr Ausgangspunkt ist.

Vom Humboldtforum zu lernen heisst, die Architekturrekonstruktion nicht nur als Form, sondern vor allem als Inhalt zu verstehen. Die physische Rekonstruktion ist eine Herausforderung; sie ist architektonische Theorie und Praxis in einem. Sie sollte nicht in Gang gesetzt werden, um eine urbane Szenografie zu schaffen und sie sollte ebensowenig der Ausrede bedürfen, ein bestimmtes Raumprogramm aufzunehmen. *Die Bauakademie soll auch physisch aus immanenten Gründen der Wissensproduktion rekonstruiert werden.*

Aus dem gleichen Grund soll das Programm der Bauakademie nicht entwickelt werden, um ein Gebäude zu füllen. Es soll aus immanenten Gründen einer *anderen* Wissensproduktion geschaffen werden. In Anerkennung der extremen Unterschiede zwischen der heutigen Rekonstruktion von Schinkels Bauakademie als Programm und als Gebäude wird *So viel Schinkel wie möglich* gleichzeitig zwei völlig verschiedene Entwicklungsrichtungen bedeuten.

Es ist ausschlaggebend, die komplexen Beziehungen zwischen Programm und Gebäude einer Bauakademie zu bestimmen und nicht so zu tun, als seien sie identisch oder aufeinander abstimmbar, indem man das eine in das andere hineinpresst.

~~Nationale~~ *Bauakademie*

Renaming the program *Nationale Bauakademie* instead of *Bauakademie* seems to establish a willful distinction between the historical and contemporary program. The question remains, whether in fact it qualifies as contemporary by being called *national*.

If a national institution is needed in order to create international relations, an important argument is turned upside down. The future *Bauakademie* is not one institution but rather its exact opposite: a collaborative network of existing institutions, located in Berlin and elsewhere. It is by definition a relational project.

As a network, the *Bauakademie* is a contemporary update of Schinkel's multi-institutional program with the important distinction that in contrast to 1836 it is not to be found inside the much too small structure. *The Bauakademie is to be found outside of the building.*

This network already exists and it can be tightened as well as expanded when it is not constrained by a building. The collaborations evolve across scales and professions within and beyond what exists. And the existing constellation of schools, institutions, departments and users can begin to reconfigure connections to form a practice relevant to address the complexity of design today, with a goal of a practice in the making, or *Bauakademie* in the making.

A *real* academy

The *Bauakademie* will *not* be a place of collecting and exhibiting. It will *not* be a display case for architectural themes. It will *not* be a museum. *It will be a real academy.*

The *Bauakademie* will be as much Schinkel as possible by taking the 1836 program at face value. It needs to extend its network to institutions *other* than those so far listed as partners: involving universities as places of architectural education other than as archives, involving the public planning and building departments of the city other than the federal cultural diplomacy, involving concrete architectural practice rather than only its exhibition .

Transcending the limits of professional education and specialization, the *Bauakademie* will address the role of *everyone* in the production of architecture. It will be an academy for *users* and *commissioners* other than architects and planners. It will be a process by which the political and legislative decision making that informs architectural production will be made public as it happens.

While the architectural reconstruction may take place at the original site as a serious investigation of architectural knowledge, the *Bauakademie* will develop as a novel institution within the reality of architectural practice. Being forever an empty center, a hub not to be filled but to involve the existing institutions, the *Bauakademie* will resist the impulse to become a house.

~~Nationale~~ *Nationale* Bauakademie

Die Umbenennung in *Nationale* Bauakademie scheint eine absichtsvolle Unterscheidung zwischen historischem und heutigem Programm anzuzeigen. Fraglich ist jedoch, ob das Zeitgenössische des neuen Programms durch den Namenszusatz *national* richtig beschrieben ist.

Wenn eine nationale Institution erforderlich ist, um internationale Beziehungen zu schaffen, wird eine wichtige Debatte auf den Kopf gestellt. Die künftige Bauakademie ist nicht *eine* Institution, sondern eher das Gegenteil: ein kollaboratives Netzwerk vieler existierender Institutionen in Berlin und anderswo. Es ist per definitionem ein Projekt der Beziehungen.

Als Netzwerk ist die Bauakademie eine Aktualisierung von Schinkels multi-institutionellem Programm. Gegenüber 1836 jedoch findet sich dieses Programm heute nicht mehr im Gebäude. *Die Bauakademie findet außerhalb des Gebäudes statt.*

Dieses Netzwerk besteht bereits und kann erweitert und verdichtet werden, wenn es nicht von einem Gebäude begrenzt wird. Die Zusammenarbeiten entwickeln sich in verschiedenen Maßstäben und Professionen auch über die bestehenden hinaus. Und die vorhandenen Konstellationen von Schulen, Institutionen, Abteilungen und Nutzern können damit beginnen, ihre Beziehungen zu verändern, um eine den heutigen Entwurfsherausforderungen entsprechende Praxis zu entwickeln. Eine Praxis *in the making* oder eine Bauakademie *in the making*.

Eine *wirkliche* Akademie

Die *Bauakademie* wird *kein* Ort des Sammelns und Ausstellens und sie wird *keine* Vitrine architektonischer Themen. *Sie wird kein Museum, sondern eine wirkliche Akademie.*

Die *Bauakademie* wird so viel Schinkel wie möglich, indem sie das Programm von 1836 wörtlich nimmt. Sie wird das Netzwerk um andere Institutionen ergänzen: Universitäten als Orte der Architekturbildung und nicht nur als Archive, die öffentliche Planungs- und Bauverwaltung statt allein der öffentlichen Kulturdiplomatie, konkrete Architekturpraxis statt nur deren Ausstellung und Vermittlung.

Die Grenzen professioneller Bildung und Spezialisierung überschreitend, wird die *Bauakademie* die Rolle *aller* in der Architektur- und Raumproduktion in den Mittelpunkt stellen. Es wird eine Akademie für *Nutzer* und *Auftraggeber*, nicht nur Architekten und Planer. Politische und legislative Entscheidungsprozesse werden öffentlich, während sie stattfinden.

Während die Architekturrekonstruktion am Originalort als ernsthafte architektonische Untersuchung stattfinden kann, wird sich die *Bauakademie* als neuartige Institution innerhalb der architektonischen Praxis entwickeln. Ein immerwährendes leeres Zentrum, ein Drehkreuz, das nicht gefüllt wird, sondern die existierenden Institutionen logistisch verknüpft, widersteht die *Bauakademie* der Versuchung, ein Haus zu werden.

RECONSTRUCTION OR RE-ENACTMENT

Dubravka Sekulić
Wilfried Kuehn

DS

I have been reflecting how our chance encounter with the *Bauakademie* in the context of the research project *Curatorial Design—A Place Between* opened up a space to rethink the fundamental premises of the discipline as it has emerged under the name of "architecture". While our research project at IZK/TU Graz with its case study on a reconstruction and re-enactment of Schinkel's design for the Bauakademie focused on the question of design, I recognized the question of elements as an approach to your current design studio for the *Bauakademie* at the Technical University of Vienna. The 2017 call to rebuild the *Bauakademie* under the motto "as much Schinkel as possible"[1] falls into the realm of preservation—the sub-discipline of architecture that comes across as the most ossified, the most determined by rigid expert knowledge. This is presumably because historic preservation (viewed from the outside) negates so many aspects of what constitutes architecture as a profession that always pursues the goal of attaining the new and unseen. And yet, it is precisely this entanglement—where the task is not to create something new but an image of a building which, at least at the first glance, has no skeletons in the closet and has a "fixed" position in the canon of architectural history—that opens up a space to rethink relations that constitute design and with that the knowledge it produces and activates. What makes *Bauakademie* such a perfect companion for the process of unlearning[2] architecture as a form?

WK

Schinkel's *Bauakademie* is often described as an example of innovative construction. From a structural point of view, we see a rather thick brick construction that completely lacks the elegance and spatial effectiveness of an iron construction that technically would have been possible at the time. When we read the comments of contemporaries about the early days of the school, we hear about bad ventilation and conclude that the building services were not particularly sophisticated either. That said, where is innovative content to be found? One way to simultaneously understand the *Bauakademie* as both a design and a novelty is perhaps to consider Schinkel's comprehensive role, thereby understanding a design less as a *disegno* and more as a "designation," i.e., as designing of a programmatic rather than a planning nature. The architect defining a building task and thus the program itself, thereby assumes the role of the client on the one hand, the role of an occupant on the other while ensuring that the building does not simply fulfill general expectations but produces something novel instead. Had there ever been a building facing the royal palace in Berlin of such a hybrid program consisting of school for architects, a planning authority, an architect's studio, an apartment, and even a few stores? Sir John Soane's residence in London, converted into a museum, could resemble Schinkel's project. An update of this self-image of the architect is a starting point for unlearning architecture as a pure form. Based on this, I argue that a new *Bauakademie* should open up the possibility to rethink architecture and the education of architects in order to scrutinize our understanding of the discipline from the ground up.

DS

In this context, the call for a reconstruction of the *Bauakademie* can be viewed as a critical point, as Stuart Hall describes it with the term "conjuncture," a constellation that holds both a moment of danger and an opportunity, thereby simultaneously calling for action on an intellectual, social, cultural, and political level. For Hall, a conjuncture is an instance of danger and an opportunity rolled into one. The Humboldt Forum, having been recently completed across the street from the former and also future site of the *Bauakademie* could be seen as an example of a danger inherent in the call for reconstruction, manifesting as a form in space. In our engagement with the *Bauakademie*, however, conjuncture opens up as an opportunity, a chance for intervention into a configuration whose components were to be rearranged through practice.

If we stay a bit longer with the relation between Soane's House and Schinkel's *Bauakademie*, the other factors of conjuncture may become clearer. Interestingly, these two projects intersect almost perfectly in time: John Soane's Museum was established by the Parliament's 1833 Private Act, which took effect after John Soane's death in 1837. The act made it mandatory to preserve Soane's idiosyncratic London home as it was in perpetuity. The house was a modification of a generic townhouse typology of the time to house Soane's entire array of cosmology. A moment frozen in time, when the private house became public, was oddly also the time when it withdrew from the public, and along with it, a certain (self-)understanding of the role of the architect became stabilized via the tribute made. The *Bauakademie*, with its complex designation, was built between 1832 and 1836, thereby providing for dynamic and changing relationships between the individual components. Even though it contains the architect's private apartment, it is ultimately an intervention in the public sphere and in the relationships of a professional designation, that of architects, with the public.

Reading the conjuncture suggested in this connection between Soane's house and the *Bauakademie*, together with the aforementioned disciplinary self-understanding would give grounds for the existence of a third component apart from architecture and architectural education that must be more explicitly taken into consideration in the new *Bauakademie*: the concept of public(ness) or public sphere.

WK

If "public" in 1836 meant founding the *Bauakademie* and building it at the same time, what does this concept mean today? "As much Schinkel as possible" could refer to something other than simply rebuilding a lost historical architectural artifact. To begin with, this motto could mean that contemporary architects who relate in some way to Schinkel play a central role in establishing the new institution. However, the procedure for selecting the founding director resulted in exactly the opposite: the choice was made for a professional politician with no architectural background, who had to resign after some architects (among others) protested and a lawsuit was filed. "As much Schinkel as possible" could also signify the invention of a new kind of public institution instead of a mere representation of state policy that challenges our notions of institutionalism. The public character emanating from a contemporary *Bauakademie*, whose founding deliberately transcends the field of professional training, could be understood primarily as a way to conceive the mediation of architecture beyond that which is purely professional, thereby including decision-makers as well—just like Schinkel's *Bauakademie* not only included the Berlin building authorities but also challenged the royal client living in the palace across the river as well. If architecture is a practice in which design plays a central role and is elaborated by architects, then it is equally true that design decisions depend on repeated interaction with decision-makers and prevailing public interest. Interestingly, the institution of 1836 is precisely on this level. Could it succeed in arousing the interest of the public, involving them and imparting knowledge as an integral part of the design?

DS

It just has to! Isn't that precisely the crucial challenge? The fascinating thing about the *Bauakademie* is not necessarily that the project included, as its integral part, a studio and apartment for Schinkel, which could be read as a confirmation of the obsession with the figure of the architect as a powerful, creative individual but the fact that the architectural school was under the same roof as the public building authority. Schinkel's project was not about a withdrawal but about establishing mechanisms for public interest and knowledge, which is the potential we are trying to activate with our research project at IZK in relation to the re-enactment of Schinkel's design. From the very beginning, it was done in opposition to the royal power, being aware that intricacies of space as a public matter are always constitutive to political process and subjectivation. This definitely highlights a difference from the *disegno* of the Renaissance, in which a professional architect established himself through the process of abstraction from social relations existing on the construction site, and one could say that architectural education, in particular, struggles to negotiate with that abstraction. Here, in shifting the focus of the problem of reconstruction from the building to the design, and from the architect as an individual to the question of institutions and the public—is where I think the strength of the approach to the *Bauakademie* and Schinkel lies. Thus, working with space is repositioned as a problem of establishing relations.

However, it also raises a problem of the constituents: designing with, designing along, designing for, designing against. The problem of prepositions emerges, and here, I would like to return to the theme of public knowledge and interest, since neither of these categories are imposed or established from the outside. They all exist in a difficult relation, co-producing each other in space while simultaneously producing space. But that is not all: there is also the question of knowledge, as inherent to the "discipline" and the question of the public knowledge. At the same time, interests converge within space, enticing various members of the public to engage with, and there is a belief that public interest will emerge from this engagement. Design somehow exists in between all these elements, but what is meant by design?

WK

When our students began working on their designs for the *Bauakademie*, their starting point was not the program. We started with the place, understood as an Aldo Rossian "locus" and not just as a building site. From there, we researched historical and contemporary contexts with the aim of under-standing underlying and often contradictory themes and issues. These insights were then used to define the design task at hand. I would argue that this is precisely where public interest and disciplinary knowledge intersect and where design might emerge as a "non-discipline". Here there are points of contact with Curatorial Design and with our joint research activities with the Institute of Contemporary Art at Graz University of Technology. Curatorial Design has also been a focus of our work with Kuehn Malvezzi from the begin-ning as an aim to overcome the disciplinary limitations of a merely professional understanding of design in favor of an equally political understanding, while not abandoning the practical métier of architecture, of designing and of building as an architectural studio, just as Rossi insisted on this self-un-derstanding as a practitioner as opposed to a service-provid-ing *professionista*. If we look at the debate about the reconstruction of a building like the *Bauakademie* from the perspective of Curatorial Design, or, as it has been stated, from the point of view of the difficult relationships involved in making space, our research opens up possibilities for shifting the main focus from re-erection to actually designing Schinkel's structure anew. With Kuehn Malvezzi, we had already developed a proposal for the reconstruction of the Berlin Palace located across from the *Bauakademie*, approaching it as a form of re-enactment that could be related to artistic practices of repetition and appropriation. The goal was to overcome the sterile debate of so-called critical reconstruction in architecture, which since the *Internationale Bauausstellung* of 1987 in Berlin has degenerated into an ideological backlash for which architecture is no more than mere staffage. Interestingly, all of our students found the challenge of a re-enactment in the literal sense of the word to be of little relevance but made design proposals that in one way or another referred to Schinkel's design. They also made explicit reference to other designs they found during their research on the site.

DS

The relationship between curatorial and re-enactment is exciting here. Both relate to knowledge by destabilizing the established consensus, the status quo—the generally accepted understanding of what knowledge is required for a project. They open up the possibility of breaking out of disciplinary autopoiesis. The curatorial is a practice that produces (new) knowledge and establishes relations between people, institutions, discipline, and knowledge, i.e., it creates a context in which new knowledge can emerge. By posing questions of what was and what will be, re-enactment challenges design as an existing and stable knowledge model. The important question is how to trigger this process. Here, the *Bauakademie* served as a prop,[3] directing attention in the case of Curatorial Design research at IZK/TU Graz to specific aspects of architecture as a discipline, where a design is also understood as a 'container' of knowledge. In the context of your work with students at TU Vienna, *Bauakademie* alleviates the pressure caused by student work in order to reveal something entirely new and never before seen, thereby drawing attention to

space as relational, not as a given. However, if the
Bauakademie is a prop which triggers the process, surely this
process also needs a supporting structure, a system that
enables this new set of relations and knowledge to emerge. In
the case of Curatorial Design, this support system was a table
(i.e., a physical encounter) and a workshop that we held; in
the case of TU Vienna, it was the fact that you as a professor
assigned a task. In both cases, there is the question of the
authority of those who guide and initiate the process, thereby
doing so in such a way that we come back to the question of
responsibility and positionality of the entity that initiates this
process. How can this be conceivable without falling back to
the notion of the architect as a stereotypical all-knowing
person, but still has a place in a society?

   WK
Authority of course has points of contact with the authoritar-
ian, but also with authorship. The concept of Curatorial
Design is precisely designed to address forms of design
authority that go beyond the idea of individual authorship and
at the same time insist that architectural decisions challenge
and break through consensus. Thus, neither an idealized
individual nor an idealized collective automatically provide
a blueprint for authorship. Here, curatorial practice offers
a model for our architectural design strategy, thereby replac-
ing this sterile binary opposition with something field-like,
an in-between space.
   This in-between space is to be understood as a place
where conceptual decisions can be made without being
measured against specific expectations or tasks, but rather
must define their framework and thus the criteria themselves
against which the resulting design is judged and developed.
Our students were not asked to simply fulfill an assignment
that I, as a professor, gave (and as an architect, I would not
want to participate in a competition that is structured this way).

Most of the students worked individually; only two people were eager to work together as a team. Here we made the proposal to work together on two projects, exploring the boundaries of two different approaches to the conceptual challenge they had defined for themselves in the introductory research phase. This gave us the opportunity to expand the field while insisting on authorship and clear choices. In my view, both the search for a director for the new *Bauakademie* and the planned architectural competition for this site should be conceived and carried out in a way that allows for a curatorial approach in which tasks and objectives are defined conceptually rather than as a fixed task. In other words, policy makers should have the courage to openly pose their problem as a political question rather than initiating procurement procedures according to the market rules. Curatorial Design offers a way to define a multi-perspective approach not as a negotiation but as a debate, and to do so uses artistic choices and proposals.

1   Bundesamt für Bauwesen und Raumordnung (October 12, 2017): "Wiedererrichtung der Bauakademie Berlin als Nationale Bauakademie. Offener, einphasiger Wettbewerb". https://www.bbr.bund.de/BBR/DE/Bauprojekte/Berlin/Kultur/Nat_ Bauakademie/Programmwettbewerb-Bauakademie (accessed April 28, 2021)

2   Here I borrow concepts of companion and unlearning from Ariela Aïsha Azoulay as developed in her recent book *Potential History* in which she states that "[Unlearning] is effectuated—can be effectuated—only with companions who are not experts in delineated fields and guardians of their delineated histories." See Azoulay, Ariella Aïsha: *Potential History: Unlearning Imperialism*. London 2019, p. 15

3   On the concept of a prop see: Harney, Stefano/Moten, Fred: "The General Antagonism: An Interview with Stevphen Shukaitis." In: Iidem (eds.): *The Undercommons: Fugitive Planning and Black Study*. Wivenhoe/New York/Port Watson 2013, pp. 100–159

AUF DER SUCHE NACH AUTHENTIZITÄT. ODER: WER SIND DIE AUTORINNEN UND AUTOREN EINER REKONSTRUKTION?

Philipp Oswalt

Als im Jahr 2006 das Projekt der städtebaulichen Reparatur des Dessauer Meisterhausensembles auf den Weg gebracht wurde, ging man von einer „historisch getreuen" Rekonstruktion aus. Gemeint war eine visuell authentische Rekonstruktion, in der die äußere Erscheinung eines verloren gegangenen Bauwerkes anhand von historischen Fotografien möglichst exakt nachgebildet wird. Ein frühes Beispiel hierfür ist die Ostzeile des Frankfurter Römerbergs (1983), spätere sind etwa die Kommandantur in Berlin (2003) oder das Braunschweiger Schloss (2007), aktuell das Berliner Schloss. All diesen Beispielen gemeinsam ist, dass die fotografisch exakte Nachbildung wesentlicher Teile der äußeren Oberfläche mit einem ganz anders gestalteten Inneren einhergeht. Dies hat zwei Gründe: Zum einen fehlen weitgehend die historischen Fotografien, die eine Rekonstruktion der inneren Gestaltung entsprechend der Rekonstruktion des äußeren Erscheinungsbildes erlauben würden. Zum anderen ist dies ohnehin nicht die Absicht: Die Gebäude haben aufgrund neuer Funktionen andere Anforderungen an Raum und Ausstattung, und auch die Vorschriften des heutigen Baurechts stehen im Widerspruch zu den historischen Raumstrukturen. Den Anforderungen der Gegenwart wird im Inneren durch die Neugestaltung Rechnung getragen, während auf die Fassaden die quasi in Stein und Putz geplotteten historischen Fotos appliziert werden. Dabei verfolgt man ein Idealbild, das es so meist nie gegeben hat, welches aber aus heutiger Sicht den perfekten Zustand des Gebäudes als künstlerische Schöpfung darstellt. Deswegen werden alle Zeitspuren – seien es Abnutzung, Verfall und Bauschäden, unvollständige Realisierung, Umbauten oder historische Spuren wie Einschusslöcher usw. – aus dem Bild getilgt. Es handelt sich also um eine ahistorische, idealisierte und damit auch fiktive Momentaufnahme.

Anfang 2009 entsprach die Rekonstruktionsplanung weitestgehend diesem Konzept: Die äußere Hülle der Häuser Gropius und Moholy-Nagy sollte – wenn auch unter Weglassung von sekundären Fenstern und eines Teils der Geländer – bis ins Detail getreu der fotografischen und zeichnerischen Überlieferung nachgebildet werden. Das Innere hingegen war gemäß neuer Nutzungsanforderungen und rechtlicher Vorschriften nahezu völlig neu gestaltet. Resultat war eine gerade aufgrund der Kleinheit der Häuser stark ins Auge fallende Inkonsistenz und innere Widersprüchlichkeit des Projektes.

Diesem Rekonstruktionskonzept stand an anderer Stelle eine denkmalpflegerische Position des Erhalts des Status quo gegenüber: Als authentischer Ausdruck der Nachgeschichte des Bauhauses und der Bauhausrezeption sollte das 1956 auf dem Kellergeschoss des Direktorenhauses errichtete Haus Emmer erhalten bleiben. Ideell wurde hier ein der Rekonstruktionsidee entgegengesetztes Verständnis von Authentizität vertreten. Während das beschriebene Rekonstruktionsprinzip für die Idee der visuellen Authentizität des äußeren Erscheinungsbildes eintritt, wird hier eine Authentizität der materiellen Überlieferung verfolgt: Allein das, was materiell erhalten geblieben ist, gilt hier als authentisch und soll so, wie es vorliegt, bewahrt werden. Wenn es sich um ein Fragment handelt, kann es ergänzt werden – unter der Voraussetzung, dass nichts von der historischen Substanz entfernt wird und die Ergänzung als neue Zeitschicht erkenntlich und damit von der historischen Substanz deutlich abgesetzt ist. Dabei werden auch die Überformungen des Ausgangsbaus, der den Denkmalwert begründet, als Teil der Geschichte respektiert und gelten tendenziell als genauso erhaltenswert wie der Ausgangsbau selbst. Gerade dadurch wird ein geschichtlicher Prozess erkennbar; damit setzt sich diese Position bewusst von der Idealisierung des geschilderten Rekonstruktionsprinzips der äußeren Erscheinung ab. Bekannte Beispiele für Rekonstruktionen, die auf einem solchen denkmalpflegerischen Grundkonzept basieren, ist etwa die Rekonstruktion der Alten Pinakothek in München durch Hans Döllgast 1946–1957 und des Neuen Museums in Berlin durch David Chipperfield Architects 1997–2009.

So klar dieses Prinzip auf den ersten Blick erscheint, erweist es sich beim genaueren Betrachten als kaum weniger widersprüchlich als das bildgeleitete Rekonstruktionsprinzip. Denn im Moment der Unterschutzstellung des Denkmals erfolgt eine Art Schockgefrierung, die alles Vorhandene einschließlich aller Veränderungen und Zufügungen als Denkmal adelt und musealisiert und zugleich alle zukünftigen Veränderungen ausschließt. Der Zeitpunkt der Unterschutzstellung selbst ist keineswegs konzeptuell begründet, sondern mehr oder minder zufällig. Ewas weiteres kommt hinzu: Gebäude sind Witterung, Alterung und Nutzung ausgesetzt und müssen in regelmäßigen Abständen saniert werden, so dass auch nach Unterschutzstellung in die Originalsubstanz eingegriffen werden muss, wobei bei diesen Eingriffen dann paradoxer Weise alle sichtbaren Spuren nach Möglichkeit vermieden werden, ganz im Gegensatz zu allen andersartigen Eingriffen.

Geschichte gleicht hier einem Fossil. Sie wird als etwas Abgeschlossenes verstanden, welches sich nicht in die Gegenwart fortsetzt. Und hiermit manifestiert sich zugleich ebenfalls ein technisch-wissenschaftlicher Umgang mit dem historischen Material, dem sich nun die Archäologen,

Denkmalpfleger und Restauratoren widmen. Die Verwissen-
schaftlichung im Umgang mit der Geschichte verdeckt wie bei
der bildhaften Rekonstruktion, dass subjektive Werturteile
unvermeidbar sind.

Der bis ins Jahr 2009 ungelöste Konflikt zwischen den
beiden konträren und sich wechselseitig ausschließenden
Authentizitätskonzepten wurde mit dem neuen Projekt von
Bruno Fioretti Marquez Architekten mit einem anderen, dritten
Ansatz aufgehoben. Bei diesem bezieht sich die Authentizität
nicht mehr ausschließlich und primär auf eine historische
Gegebenheit (ob nun Bild oder Material), welche unverfälscht
und unverändert in die Gegenwart zu überführen ist, sondern
sie leitet sich aus der Gegenwart und ihrem Geschichtsverständnis ab. Als authentisch gilt nun, wenn die Gestalt schlüssig aus einer heutigen Position entwickelt ist, und der Entwurf
kohärent und in sich stimmig ist, weil er einer inneren Logik
folgt, auf den sich seine Integrität begründet. Ein solches
Authentizitätsverständnis muss dabei keineswegs auf einer
Avantgardeidee und einem vordergründigen Originalitätsver-
sprechen beruhen, sondern ermöglicht durchaus die Aneignung
eines historischen Sachverhaltes. Aber diese Rückbesinnung
wird in diesem Sinne erst dann authentisch, wenn das Historische eben gerade nicht unverändert übernommen und
appliziert wird, sondern wenn es in einer aktiven Auseinandersetzung schlüssig in den eigenen Kosmos integriert und
vergegenwärtigt wird.

Rekonstruktionen mit wissenschaftlich-technischen
Methoden aus Fotografien zu entwickeln, ist ohnehin erst ein
Phänomen der Moderne, da vorher die technischen Bildme-
dien von Fotografie und Fotogrammetrie noch nicht vorhanden
waren. Die frühere, auch heute noch genutzte Herangehens-
weise an den Nachbau eines verlorenen Gebäudes beruhte
unvermeidbar auf einer zeitgenössischen Aneignung. Dabei
lassen sich zwei Strategien unterscheiden: Zum einen das
Pastiche als stilistische Nachbildung, welche Dekor und

Gestus nachempfindet, aber dabei mit den Raumstrukturen frei umgeht, welches zugleich eine Aktualisierung von Raumprogramm und Nutzung erlaubt. Bekanntes Beispiel hierfür ist Richard Paulicks Nachbildung des Kronprinzenpalais in Berlin (1968/69).[1] Zum anderen der Rationalismus als Strategie von Abstraktion und Geometrie, welcher Raumformen, Typologie und Proportion präzise nachspürt, aber eben auf stilistische (und zeitgebundene) Details verzichtet und eher eine überzeitliche Grundform herauszuarbeiten sucht. Exemplarisch hierfür ist etwa Giorgio Grassis Rekonstruktion des römischen Theaters in Sagunto (1985–1993). Hier wiederum können Materialität und Konstruktion zeitgemäß gewählt werden. In einer solchen Denktradition kann auch der Entwurf von Bruno Fioretti Marquez gesehen werden. Im Wettbewerbsverfahren für das Humboldt Forum fand der Entwurf des Berliner Büros Kuehn Malvezzi eine entsprechende Lösung, die trotz der Präferenz der Jury leider nicht realisiert wurde. In einer Debatte, in der die Vergangenheit beschworen wird, werden ironischer Weise von vielen gerade jene Entwürfe als Skandalon angesehen – ob Kuehn Malvezzi beim Humboldt forum oder Bruno Fioretti Marquez bei den Meisterhäusern –, welche in einer architekturgeschichtlichen Tradition stehen, während neue medienbasierte technisch-wissenschaftliche Verfahren als Garanten für die Belebung des kulturellen Erbes gelten.

Die drei dargestellten Authentizitätskonzepte können auch als verschiedene Konzepte von Autorenschaften beschrieben werden. Die bildhafte Rekonstruktion nimmt Bezug auf ein Künstlergenie, das ein ideales Artefakt entworfen hat, welches (erneut) zu vergegenwärtigen ist. Die Denkmalpflege sieht die multiple Autorenschaft eines längeren historischen Prozesses, wobei dieser als abgeschlossen gilt. Die dritte Position verortet die Autorenschaft in der zeitgenössischen Architektur, die sich zwar auf historische Sachverhalte bezieht, jedoch als Rückerinnerung aus der Gegenwart.

Das Historische wird hier nicht als vermeintlich objektive Tatsache verstanden, sondern als eine subjektive Konstruktion, in der das Historische eben nicht abgeschlossen ist, sondern sich erst in der Gegenwart ausformt.

Auch in den bild- oder materialbezogenen Authentizitätskonzeptionen ist Subjektivität nicht vermeidbar, wird aber unter dem Schleier des vermeintlich Faktischen verborgen. Der Ansatz von Bruno Fioretti Marquez macht hingegen die Subjektivität explizit: Die Unschärfe der Erinnerung verweist auf die Subjektivität der Autorinnen und Autoren, auch wenn dies metaphorisch-konzeptuell zu verstehen ist. Denn das bearbeitende Team hat selbst keine eigene Erinnerung an den Ursprungsbau, sondern nur ein medial vermitteltes Bild. Im Umgang mit dem sorgfältig recherchierten Material – den archäologischen Relikten, den Entwurfszeichnungen der Architektinnen und Architekten, den historischen Fotografien usw. – blieben viele Unklarheiten und Unschärfen.

Das resultierende Gebäude ist gleichermaßen Neubau wie Rekonstruktion und erlaubt eine doppelte Lesbarkeit. Es ist ein in sich konsistentes Bauwerk, welches neue Raumerlebnisse schafft, die allein auf der räumlich präzisen, aber bewusst unvollständigen Rekonstruktion der historischen Raumstrukturen beruht. Die für jedermann offenkundige Differenz zum Vorgängerbau macht die Rekonstruktion als solche erkennbar und verweist auf die zwischenzeitliche Zerstörung.

Die erinnernswerte Geschichte eines Ortes umfasst mehr Dimensionen als seine Materialität und Bildlichkeit, die heute im Vordergrund stehen. Nicht minder relevant sind Ereignisstrukturen, Alltagsaktivitäten, Personenkonstellationen, ideelle Vorstellungen und vieles mehr. Jede Vergegenwärtigung von Vergangenem ist selektiv und Ausdruck einer spezifischen Geschichtskonzeption.

Die Rekonstruktion der Meisterhäuser ist nicht abgeschlossen. Es gilt, die Diskussion um Geschichtsverständnis, Rekonstruktion und Bauhausideen mit gestalterischen Mitteln

48

fortzuführen. Dies entspricht auch der Idee der Neuen Meisterhäuser, die Geschichte und kulturelles Erbe als etwas
Gegenwärtiges, nicht Abgeschlossenes verstehen und die
Entwicklung eines eigenen konzeptuellen Zugangs verkörpern wie einfordern.

[Stark gekürzte Fassung des gleichnamigen Textes,
erschienen in: Stiftung Bauhaus Dessau (Hg.): *Neue Meisterhäuser*. Leipzig 2017, S. 325–335]

---

1   Auch neuere Bauten wie das Hotel Adlon in Berlin und das als Brandenburgischer
Landtag genutzte Stadtschloss in Potsdam stehen in dieser Tradition. Deren
Rekonstruktion wird akzeptiert, weil die Bauten vom breiten Publikum als wieder
auferstandene historische Bestandteile der beiden Städte wahrgenommen werden,
als habe es „all die Schmerzen der Geschichte nicht gegeben". Beyer, Susanne:
„Sehnsucht nach Säulen". In: *Der Spiegel*. Nr. 13/2000, S. 248–252, hier S. 249

IN SEARCH OF AUTHENTICITY, OR WHO IS THE AUTHOR OF A RECONSTRUCTION?

Philipp Oswalt

When the first steps toward repairing the Masters' Houses ensemble were taken in 2006, the assumption was that a "faithful" reconstruction would be carried out; one that was "true to the historical original"—a visually authentic recreation in which the external appearance of a lost structure is reproduced as accurately on the basis of historical photographs. An early example of this process is the Ostzeile, the eastern side of the Römerberg in Frankfurt (1983), which was followed by the Kommandatur in Berlin (2003) and the Ducal Palace in Braunschweig (2007), and most recently by the Berlin Palace.

What all these examples have in common is that the photographically exact reproduction of substantial parts of the external surface is accompanied by an interior that follows a very different design. This discrepancy is caused by two factors. Firstly, there is a general dearth of the kind of historical photographs that would allow the interiors to be reconstructed in the same way as the exteriors. And secondly, the commissioning clients are in any case not interested in recovering the historical interiors. The new functions the buildings are to serve call for something different in terms of the space and the amenities provided; the regulations stipulated in modern construction law conflict with the old spatial structures. The contemporary demands and specifications of the interiors are catered to by a remodeling, while for the exteriors historical photographs are, so to speak, plotted in stone and plaster before being applied to the facades.

This involves pursuing an ideal image that in most cases never existed, but which from today's viewpoint represents the perfect condition of the building as an artistic creation. For this reason, all traces indicating the passage of time—be it wear and tear, structural damage, deterioration, incomplete realization, modifications, or historical marks like bullet holes—are removed from the image. This means that in the reconstructions mentioned above building was carried out on the basis of an ahistorical, idealized, and thus fictitious snapshot.

In early 2009 the reconstruction planning for the Dessau Masters' Houses that had been destroyed in 1945 corresponded by and large with the visually oriented reconstruction idea outlined above. Even if it omitted secondary windows and some of the handrails, the external shell was to be faithfully reproduced in the minutest detail from what has come down to us in photographs and drawings. By contrast, the interior was almost completely redesigned in line with new usage requirements and legal provisions. As a result, the project contained an inherent contradiction that was all the more apparent because the Masters' Houses are relatively small. The stairs of the Moholy-Nagy Masters' House, for example, were in a new position so that the old vertical stairwell window no longer corresponded with the stairs.

Set against this reconstruction plan, there was a conservational position in favor of maintaining the status quo. According to this approach, the Emmer House, which had been built on top of the basement of the Director's House in 1956, should be preserved as an authentic expression of the post-history and reception of the Bauhaus, advocating a conception of authenticity opposed to image-oriented reconstruction. While the first approach seeks to accomplish visual authenticity for the external look and feel of the building, the second approach aims for authenticity in its material transmission.

Anything material that has survived is considered authentic per se and should be conserved in its present state. If this is a fragment, it may be filled out, but only if nothing of the historical substance is removed, and any addition is recognizable as a new temporal layer—i.e., it is clearly set off from the historical substance. Nowadays, any remodeling of the original building—the reason for the site's heritage value—is, according to this approach, respected as a part of its history; such transformations tend to be considered worthy of preserving just as much as the original structure. In fact, it is these changes that make the historical process intelligible. In this way, one can make a conscious break with the idealized view of image-oriented reconstruction. There are some well-known examples of reconstructions that are based on a concept geared to a conservational perspective: Hans Döllgast's recreation of the *Alte Pinakothek* in Munich (1946–57) and David Chipperfield's rebuilding of the *Neues Museum* in Berlin (1997–2009).

As clear as this conservational principle—geared, that is, to preserving the existing material—might seem at first sight, on closer inspection it turns out to be scarcely less contradictory than the principle founded on the notion of the ideal image. For at the moment the monument is placed under a preservation order, a kind of shock freeze takes place that museifies everything there—including all the changes and additions—ennobling the whole thing as a monument, while at the same time ruling out any further change. The actual moment the Masters' Houses were declared heritage buildings has absolutely no conceptual basis; rather, it was more or less adventitious. There is another factor to consider too: buildings are exposed to weathering, aging, and wear and tear and need to be renovated at regular intervals so that even after a preservation order, intervention is required in the original substance. Paradoxically these procedures should leave no traces; in contrast to any other kind of intervention, they should be invisible.

In this kind of reconstruction history is akin to a fossil. It is understood as something done and dusted, that does not continue in the present. This also gives rise to a scientific-cum-technological approach to dealing with the historical material, to which the archaeologists, conservationists, and restorers now dedicate themselves. Just as in image-oriented reconstruction, the process of scientification in dealing with history covers over the fact that subjective value judgments are inevitable.

Thanks to the new project proposed by Bruno Fioretti Marquez, the conflict between the two contrary and mutually exclusive authenticity concepts, which had gone unresolved until 2009, could be offset by a third notion, which held that authenticity no longer relates exclusively, or indeed primarily, to an objective historical fact—be it an image or a material substance—which can be transferred in unadulterated and thus unaltered form into the present; rather authenticity is derived from contemporary interest and from a contemporary understanding of history. Something counts as authentic, then, if the design is consistently developed from a modern standpoint, if it is coherent and intrinsically harmonious because it follows an internal logic on which its integrity is based. Such a notion of authenticity cannot depend in any way on an avant-garde idea or a promise of originality; instead it fosters the appropriation of a historical circum-stance. However, this harking back is in this sense only authentic when the historical is not adopted unaltered but is coherently integrated and envisioned as part of an individual universe in an active process of considered engagement.

Developing reconstruction on the basis of photographs using scientific and technological methods is in any case only a phenomenon of the modern age. Reconstruction of this kind relies on the availability of photography and photogrammetry as image media. In the past, the replication of a lost building inevitably depended on a specific act of contemporary appropriation. Here there are two distinct strategies: one is based on pastiche as a stylistic reproduction in which the architectural gesture and decor are perceptible but where the spatial structures are treated with freedom, allowing an updating of the layout and usage. A notable example of this is Richard Paulick's recreation of the *Kronprinzenpalais* in Berlin (1968–69).[1] The other is rationalism—as a strategy of abstraction and geometry—which traces the spatial forms, typology, and proportions, while forgoing any stylistic or time-dependent details, seeking instead to elaborate a transhistorical basic form. An example of this is Giorgio Grassi's reconstruction of the Roman theater in Sagunto (1985–93). Here, in turn, the materials and construction are able to capitalize on modern-day potentials.

The design put forward by Bruno Fioretti Marquez can be assigned to this school of thought. In the competition for the development of the Humboldt Forum in late 2008, the Berlin architectural firm Kuehn Malvezzi presented an idea that was conceptually akin to this. However, in spite of support from the jury, the plan was sadly left unrealized. Ironically, in a debate in which history is constantly invoked, such designs are viewed by many of those involved as scandalous. As in the case of Kuehn Malvezzi with the Berlin Palace or Bruno Fioretti Marquez with the Masters' Houses, these designs are part of an architectural historical tradition, while new, media-based processes that rely on science and technology are considered a guaranteed means of reviving cultural heritage. The three authenticity concepts presented above can also be described as different notions of authorship. The visual reconstruction sees the author as the artistic genius who, often centuries ago, designed an ideal artifact that can once again be realized. Preservationists see a multiple authorship that runs right through a longer historical process, but which concludes when the building is put under a preservation order. The third position locates authorship in today's architect, who relates to historical circumstances by recalling them from the standpoint of the present. The historical is understood not as an objective fact but as a subjective construction in which history is not concluded but merely takes shape in the present.

Incidentally, subjectivity is also unavoidable in the other two concepts, oriented around image and material respectively; however, it is concealed there by a veil of apparent facticity. The approach of Bruno Fioretti Marquez, on the other hand, makes the subjectivity explicit. The imprecision of memory points to the subjectivity of the authors, even if this can be understood in metaphorical and conceptual terms: the authorial team does not have its own memory of the original building but only a media-based image of it. In dealing with the carefully researched source material—the archaeological remains, the architects' planning drawings, the historical photographs—many aspects remain ambiguous and out of focus.

The two new Masters' Houses are now both new building and reconstruction alike and therefore lend themselves to a double reading. They are intrinsically consistent structures that create new experiences of the space, based simply on the spatially precise, yet consciously incomplete reconstruction of the original rooms. Anyone can see how they differ from the buildings that preceded them, so that the reconstruction can be identified as such, while also referring to the intervening destruction. The history that has heritage value in a particular place covers more than just its visual character and material quality, which are the main preoccupations of modern-day reconstructions. No less relevant are the event structures, daily activities, constellations of people, non-material conceptions, and much more. Any imagining of the past is selective, an expression of a specific idea of history.

The reconstruction of the Masters' Houses is not complete. It is necessary to continue the discussion using creative means to reflect on our understanding of history and the ideas of the Bauhaus as well as on reconstruction and authenticity. This also corresponds with the idea of the New Masters' Houses. They understand history and cultural heritage as something current, not as something concluded; they epitomize and call for the evolution of a conceptual point of access.

[Publication of an unabridged version in: Stiftung Bauhaus Dessau (ed.): *Neue Meisterhäuser.* Leipzig 2017, pp. 325–335]

---

1   Newer buildings like the Hotel Adlon in Berlin and the Potsdam City Palace, which serves as the Brandenburg Parliament, are also part of this tradition. Their reconstruction is accepted because the buildings are perceived by the public at large as resurrected historical elements of the two cities—as if "none of the pain of history had happened." Beyer, Susanne: "Sehnsucht nach Säulen". In: *Der Spiegel.* no 13/2000, pp. 248–252, here p. 249

Monumente

DER BAUKÖRPER IM STADTRAUM
UND SEIN BEZUG ZUR GESCHICHTE

Stefanie Endlich

Was macht „Monumentalität" aus? Mit welchen Vorstellungen
ist dieser Begriff verbunden, und wie kann er dazu beitragen,
Projekte für den Ort der historischen Bauakademie zu entwickeln und zu beurteilen? Neben physischer Größe, machtvol-
ler Präsenz und einprägsamem Erscheinungsbild wird dem
„Monument" vor allem die Möglichkeit zugeschrieben, Erinnerung zu verkörpern oder neu zu stiften. Für die Bau- wie auch
für die Kunstgeschichte ist dies ein zentrales, die ganze Welt
und alle Epochen umfassendes Thema.
      Immer wieder neu stellt sich dabei die Frage, wie sich
ein Monument zu seiner Umgebung verhält. Verweist nicht
der Begriff selbst bereits auf Autarkie und Selbstbezogenheit,
darüber hinaus vielleicht auch auf signalhafte Dominanz
gegenüber einem heterogenen, nachrangigen Umfeld? Oft
stellt die Interpretation eines Monuments, so scheint es,
dessen hochkarätige Objektqualität ins Zentrum und
kümmert sich wenig um Eigenschaften wie Dialogfähigkeit
und konzeptionelle Offenheit. Aufschlussreich ist die Diskussion der letzten Jahrzehnte zur Kunst im Stadtraum. So sah
der Kunstwissenschaftler Walter Grasskamp Ende der
1980er Jahre in der Autonomie, der „subjektiven Freiheit" des
modernen, auf Symbole und Sinnstiftung verzichtenden
Monuments die Möglichkeit einer widerständigen Haltung
gegen Konsumorientierung und ästhetische Verarmung des
Städtebaus – eine „Anmaßung, die sich der Verfügbarkeit
entzieht".[1] In der Folgezeit gewann jedoch das kontextbezo-
gene Kunstwerk immer stärker an Wertschätzung, das

Beziehungen zum stadträumlichen und sozialen Umfeld sucht, sich mit der Geschichte des Standortes auseinandersetzt und interaktive Prozesse akzeptiert oder sogar initiiert. Der Begriff Monument wird dabei möglichst vermieden, da er in der Debatte um zeitgenössische Kunst eher negativ konnotiert ist und oft mit traditionellen Formen – gerade auch mit nicht mehr zeitgemäßen Denkmalsformen – und mit Überwältigungsstrategien assoziiert wird.

Auch in der Architektur hat sich in den letzten Jahrzehnten das Verständnis von „Monument" gewandelt. So hat die kritische Auseinandersetzung mit der Postmoderne und deren Gebrauch historischer Stilelemente teils zur Ablehnung, teils zu Neubestimmungen dieses Begriffes beigetragen. Zwar evoziert dieser nach wie vor körperhafte Massivität und in sich ruhende, primär auf sich bezogene Präsenz. Die mit ihm früher eng verbundene und erstrebte Anmutung von Erhabenheit, die sich mit ikonischen Bauten früherer Epochen oder endlosen Säulenreihen verbindet, wird jedoch eher kritisch gesehen, ebenso die Bindung des Begriffs an traditionelle stilistische Formen, edle Materialien und große Dimensionen. Auch in unserem Kontext sollte es nicht vornehmlich um bildhafte archetypische Formen gehen, die den Eindruck von Monumentalität auch bei zukunftsweisenden Baukonzepten erwecken wollen, sondern um die Rolle existierender (und geplanter?) Monumente im städtischen Raum und um Kriterien wie Maßstabsgerechtigkeit und Identität (*architecture parlante*). Gerade heute wird Schinkels historische Bauakademie mit Recht als Monument im guten Sinne beurteilt – in vielerlei Hinsicht: als Solitär und zugleich als Bindeglied zwischen den anderen Großbauten und Ensembles im Umfeld, mit kühn-moderner Konstruktion, subtilen Bezügen zu früheren Bauformen, baukünstlerischer Fassadengestaltung und komplexem Nutzungsprogramm.[2] Der Architekturhistoriker Werner Oechslin erinnert daran, dass bereits im frühen 18. Jahrhundert „Monument" nicht nur als Produkt

eines „starren Repertoires" gesehen wurde, sondern auch als
ein „zu entwickelndes Thema, wozu der Architekt nun aufgefordert sei".[3] Welche kommunikativen Möglichkeiten bieten
Monumente? Wie können sie in einer sich ständig verändern-
den Gesellschaft Erinnerung bewahren? Erinnerung ist dabei
nicht als fester, materialisierter Besitz aufzufassen, der gewissermaßen eingefroren und dauerhaft betrachtet wird, sondern
als kommunikativer Prozess zwischen Individuen und Gruppen, der kontinuierlich neu entsteht und austariert wird.

Die Studierendenprojekte zur Bauakademie haben
Gedanken zu dem hier nur angedeuteten dialogischen Prinzip
aufgenommen und phantasievoll konkretisiert. Aber wie sieht
es im unmittelbaren städtischen Umfeld aus, das durch eine
Ansammlung prominenter Einzelbauten („Monumente"?)
geprägt ist? Vom höchsten Stockwerk des fernsehturmhohen
Bauwerks, das Winfried E. Ebert („Omnidom") als „Monument
und Objekt des Denkens" für den Ort der historischen
Bauakademie vorschlägt, blicken wir, wie aus der Vogelpers-
pektive, auf die neue Berliner Mitte. Sie ist das Ergebnis vieler
Bemühungen, nach dem Fall der Mauer und der Rückkehr zur
Hauptstadtrolle die verloren gegangene alte Mitte zurückzu-
holen und zugleich neu zu bestimmen. Beide Teile, Berlin Ost
und Berlin West, hatten sich in den Jahrzehnten der Teilung
ihre jeweils eigene Mitte geschaffen, die einen mit dem
Magistralen-Abschnitt Unter den Linden/Friedrichstraße bis
zum Alexanderplatz, die anderen mit dem Abschnitt Kurfürs-
tendamm/Uhlandstraße bis zum KaDeWe. Diese Bipolarität
war keine neue Erfindung, sondern hatte sich schon seit Ende
des 19. Jahrhunderts herausgebildet, wie auch Groß-Berlin
insgesamt sich als polyzentrische Stadt entwickelt und verstanden hatte. Nach der Vereinigung setzte jedoch die Suche nach
einer „eigentlichen" Mitte ein. Mit wachsendem Eifer wurde
diese, ungeachtet der in die Höhe schießenden Potsdamer-
Platz-Bebauung, auf dem Areal des 1950 von der DDR-
Führung abgerissenen Stadtschlosses geortet und verortet.

Die Debatte um die Bebauung dieses Standortes und besonders um den Wiederaufbau des Schlosses ist eine Geschichte für sich, die hier nicht erzählt werden kann. Für unser Projekt ist diese Weichenstellung aufschlussreich, weil das Areal ganz unmittelbar, nur durch den Spree-Kanal getrennt oder auch verbunden, an das der Bauakademie angrenzt und weil die – anfangs von der Fachöffentlichkeit noch kaum für denkbar gehaltene, mittlerweile realisierte – Rekonstruktion des barocken Schlosses Tür und Tor für weitere Rekonstruktionsvorhaben in der Stadtmitte geöffnet hat. Aufschlussreich ist sie noch unter zwei weiteren Aspekten. Im Blick auf das Thema „Monumentalität" fällt zum einen auf, wie isoliert die meisten Bebauungsvorschläge seit Beginn der 1990er Jahre das Areal des Schlosses aufgefasst haben. Der Fokus richtete sich vornehmlich auf die gewünschte Gebäudegestalt – als Nachbau einer herbeigeschworenen Vergangenheit oder doch modern? – und auf Versuche, diese mit überzeugenden Nutzungsideen zu verbinden. Zum anderen ist bemerkenswert, wie selektiv die reale Geschichte des Ortes wahrgenommen und einbezogen wurde, um für die „verlorene Mitte", wie der Standort oft genannt wurde, ein neues Geschichtsbild zu konstruieren.

Dazu einige Beobachtungen, die den Blick schärfen könnten für das Verständnis des städtischen Gesamtzusammenhangs. Zunächst zum Beziehungsgefüge des Schloss-Areals generell. Diese Stelle bildete einst die Verbindung zwischen dem Westen Berlins und dem historischen Kern: Der endlose Straßenzug der Bismarckstraße/Straße des 17. Juni (natürlich ursprünglich von Osten nach Westen gebaut) führt durch das Brandenburger Tor, die Linden entlang und knickt nach der Schlossbrücke in die Karl-Liebknecht-Straße ein, in Richtung Alexanderplatz. Dieser Knick wurde bewirkt durch die Lage und Dimension des Stadtschlosses, das damit eine wichtige städtebauliche Gelenkfunktion innehatte. Nach der Sprengung des Schlosses 1950, nach der

Bestimmung der Fläche zum zentralem Kundgebungsplatz
(Marx-Engels-Platz) – auf dem ein monumentales Regierungs-
und Volkskammer-Hochhaus als „Stadtkrone" mit Tribüne und
riesigem Marx-Engels-Denkmal geplant, aber nicht realisiert
wurde –, nach der Einfassung dieses zentralen Platzes durch
das Staatsratsgebäude im Süden, das Außenministerium am
Standort der hierfür abgerissenen Bauakademie und schließlich
den Palast der Republik auf einer Teilfläche des Schloss-Areals
hatte sich die historische Situation städtebaulich grundlegend
verändert. Entstanden war mit diesem Bauensemble ein
neuer, zentraler Ort, der allerdings nicht geeignet war, leben-
dige städtebauliche Beziehungen herzustellen oder zu stärken.
　　Dabei betraf diese Einbuße nicht nur die Ost-West-
Verbindung entlang der Magistrale, sondern auch die historisch wichtigen Verbindungen: über den Spree-Kanal zur
Friedrichwerderschen Kirche, über Spree und Marx-Engels-
Forum zum Alexanderplatz, über die Karl-Liebknecht-Straße
hinweg zum Lustgarten und zur Museumsinsel. So hätte es
nahe gelegen, nach der Zusammenführung der beiden Stadt-
hälften die städtebaulichen Überlegungen für eine „neue
Mitte" nicht vorschnell auf einzelne solitäre Großbauten und
ausgewählte Teilflächen zu konzentrieren, sondern zunächst
einen Gesamtansatz zu entwickeln, der das verlorene Bezie-
hungsgeflecht wieder herstellen oder durch interessante neue
Bezüge ersetzen könnte. Eine sinnfällige Zuordnung der
Bereiche Museumsinsel, Lustgarten, Marx-Engels-Forum und
Friedrichswerder ist jedoch bis heute kaum erkennbar.
　　Ein Beispiel für diese isolierte Betrachtungsweise ist der
Lustgarten, auf den unser Rundblick über Schinkels Schlossbrücke hinweg als erstes fallen könnte. Die Nationalsozialis-
ten hatten den von Schinkel und Lenné entworfenen grünen
Schmuckplatz zu einem stadtzentralen steinernen Aufmarsch-
platz umgestaltet, der in der DDR weiter beibehalten und
zusammen mit dem leeren Schlossplatz für Kundgebungen
genutzt wurde. Unberührt von Überlegungen zum Schlossplatz

und zur Museumsinsel, aus denen sich die städtebauliche
Funktion und die Nutzung des Lustgartens ableiten, fanden in
den 1990er Jahren zwei Findungsverfahren statt, die sich
ausschließlich mit einer „grundlegenden Neubestimmung" der
Platzgestalt beschäftigten.[4] Um die von Bürgergruppen gefor-
derte Wiederherstellung der historischen Grünanlage durch-
zusetzen, wurde keiner der beiden ausgewählten Entwürfe
realisiert, die jeweils, wie von der Denkmalpflege gefordert,
das Pflaster aus der NS-Zeit erhalten wollten, sondern ein
Entwurf, der sich an der Schinkelschen Planung orientierte.
An die Rolle des Lustgartens zur NS-Zeit erinnert jetzt nur
noch der zur DDR-Zeit 1981 gesetzte, 2001 durch Erläuterun-
gen ergänzte Gedenkstein für die Widerstandsgruppe um
Hermann Baum; vorn auf dem Bürgersteig Unter den Linden
berichtet er von dem Brandanschlag der weithin vergessenen
jüdischen Jugendgruppe auf die rassistische NS-Propaganda-
Ausstellung „Das Sowjetparadies", die 1942 in temporären
Zelthallen im Lustgarten gezeigt wurde.

Blicken wir nun auf die gegenüberliegende Schloss-
Replik, so sei zunächst daran erinnert, dass in den 1990er
Jahren eine Fülle von Ideen zusammengetragen wurde, die
für ein Bauvolumen in Anlehnung an das historische Schloss
neue, zeitgemäße Architekturkonzepte fanden. Als die politische Entscheidung für eine Rekonstruktion getroffen wurde,
ging es nicht nur um Preußen-Nostalgie, sondern auch um
den Abriss des in der DDR außerordentlich beliebten Palastes der Republik, vorgenommen zwar unter dem Vorwand der
städtebaulichen Korrektur oder der Asbest-Verseuchung, von
vielen jedoch als schmerzhaftes Statement des Westens
gegen den Osten empfunden. Bemerkenswert für unser
Thema war nun die politische Entscheidung, die West-, Nord-
und Südfassaden mitsamt dem Bauschmuck nach dem barocken Zustand zu rekonstruieren, wie er sich in Fotografien um
1920 zeigte. Tatsächlich hat sich das Schloss im Lauf der
Jahrhunderte immer wieder verändert, wurde vielfach

umgebaut und ausgebaut, von der mittelalterlichen kurfürstli-
chen Residenz über Spätgotik, Renaissance, Barock und
klassizistische Ausschmückungen bis zur Nutzung als
Schlossmuseum nach der Abdankung des letzten deutschen
Kaisers 1918. Festgehalten wurde jedoch allein die glanzvolle
barocke Erscheinung aus der Zeit des Absolutismus. Im
makellosen, vorgeblich „authentischen" Bild der West-, Süd-
und Nordfassade sind alle anderen Zeitschichten, Verwerfun-
gen und Alterungsprozesse verschwunden. Verzichtet wurde
hingegen auf die Rekonstruktion der noch bis zum Abriss
existierenden, historisch spannenden Ostseite mit ihren spät-
mittelalterlichen und Renaissance-Teilen, die so viel über das
schwierige Verhältnis von Stadt und Stadtherrschaft hätte
erzählen können. Im Wettbewerb war ausgerechnet die
Ostfassade als architektonische Spielwiese zur Disposition
gestellt worden; so kommt sie nun mit neoklassizistischer
Anmutung daher und empfängt die aus dem Ostteil der Stadt
kommenden Schlossbesucher wie ein Bürohaus-Riegel.

An den Palast der Republik, das zentrale Volkskammer-
und Kulturhauses der DDR, mit seiner rundum zum Stadtraum geöffneten bronzefarbenen Glasfassade darf im Inneren
des Schlossneubaus das Ergebnis eines Kunst-am-Bau-Wett-
bewerbs für das Humboldt Forum erinnern: ein Wandge-
mälde, das im Spiel mit Rasterstruktur und Perspektive der
einstigen Gebäudehülle des Palastes „eine spannungsvolle
Raum- sowie Fern- und Nahwirkung" erzeugen will.[5] Trotz
des Plädoyers der Denkmalpflege wurde der Sitzungssaal der
Volkskammer, weil nicht mit Schlüters vielleicht irgendwann
später einmal zu rekonstruierendem Rittersaal vereinbar,
nicht in den Schlossneubau einbezogen; einige Möbel und
Relikte des Palastes brachte man ins Deutsche Historische
Museum. Die Bauherren hatten keinerlei Interesse an der
DDR-Geschichte; ihre innige Zuneigung galt dem königlichen
und dem kaiserlichen Preußen. Über dem Westtor des
Schlossneubaus korrespondiert nun die rekonstruierte Kuppel

aufs Prächtigste mit der Kuppel jenes neobarocken Berliner
Dom-Ungetüms am Rand des Lustgartens, das um 1900
nach Wunsch des Kaisers den zarten klassizistischen
Vorgängerbau von Schinkel verdrängt hatte. Gekrönt wird die
Schlosskuppel von der Nachbildung des goldenen Kreuzes,
trotz vieler protestierender Bürgerinnen und Bürger, die es als
zynisch empfanden, dass das Kreuz nun über dem Humboldt
Forum schwebt, einem Museum, das doch den Kulturen der
Welt und der kritischen Aufarbeitung der mit christlichem
Missionseifer im Kaiserreich betriebenen Kolonialisierung
gewidmet sei. So wird das christliche Symbol nun „irreführend
als Bauschmuck benutzt".[6] Rekonstruiert wurde mit der
Kuppel auch ein goldfarben eingravierter umlaufender Spruch
zum Gottesgnadentum, der die Unterwerfung aller Menschen
unter das Christentum fordert. König Friedrich Wilhelm IV.
hatte diesen Spruch bei seiner Niederschlagung demokrati-
scher Erhebungen in der bleiernen Zeit nach der
1848er-Revolution ins Feld geführt.[7]

Die architektonische Verknüpfung von aufklärerisch
gemeintem Humboldt Forum mit extrem reaktionären Elementen des Preußentums zeigt einige charakteristische Wider-
sprüche, die gerade bei dem Versuch neu entstehen, ein
einheitliches, geglättetes Geschichtsbild zu konstruieren. Mit
Denkmalpflege hat dies nichts zu tun. Der Denkmalschutz
bewahrt – so weit er in einem investorenfreundlichen und
nostalgiesüchtigen Umfeld dazu überhaupt in der Lage ist –
die noch vorhandenen Bauten und Relikte der verschiedenen
Etappen, gerade auch in ihrer Disparatheit. So konnte das
Staatsratsgebäude südlich des Schlossneubaus, ein bedeu-
tender Bau der DDR-Moderne, bei seiner Umwidmung und
Umgestaltung zu einer privaten Hochschule weitgehend
erhalten bleiben, mitsamt der Macht-Attribute und ideologisch
geprägten Glasmalereien aus der DDR-Zeit. Dort ist auch jenes
damals in die sachliche Fassade des Staatsratsgebäudes
eingebaute Portal des Stadtschlosses zu sehen, von dessen

Balkon Karl Liebknecht 1918 angeblich die sozialistische
Republik ausgerufen hatte; als einziges beim Schlossabriss
1950 erhalten gebliebenes Architekturteil sollte es, gewissermaßen als Trophäe, den späten Sieg der Novemberrevolution
im DDR-Sozialismus beweisen.[8]

Dieses Portal existiert nun zweimal, einmal als Original
mit kleinen Veränderungen am „falschen" Ort, einmal als
perfekte Replik am „richtigen" Ort. An der eigenartigen Frage,
ob die Replik nicht eigentlich originaler sei als das Original,
entzündet sich eine Debatte um Authentizität und Geschicht-
lichkeit, die Nicht-Fachleuten kaum mehr vermittelbar ist. Im
Blick auf Rekonstruktionen wird Geschichte allzu leicht als
stimmiges Bild und nicht als Prozess mit Alterungsspuren,
Brüchen und Verlusten verstanden. Für unser Thema ist dabei
festzuhalten, dass rekonstruierte Bauten, wie das neue Stadtschloss, eindrucksvoll in ihrer handwerklichen Perfektion und
monumental in ihrer stadträumlichen Präsenz sein mögen,
Monumente im Sinne historischer Sachzeugnisse sind sie
jedoch nicht. Die Denkmalpflege unterscheidet präzise
zwischen der Wiederherstellung beschädigter Bauten und der
Rekonstruktion nicht mehr vorhandener Bauten. Letztere richtet sich meist ausdrücklich gegen die Moderne im Städtebau
und wird Teil eines nostalgieorientierten Stadtmarketings.[9] Bei
ihr spricht der Architekturhistoriker Wolfgang Pehnt von
„Wiedergängertum", von „Geschöpfen, die sich einzig und
allein unserer Willkür verdanken, nicht der Kontinuität des
Werdens und Gewordenseins… Wo alles möglich ist, wird
auch das Echte zum Falschen".[10] In diesem Zusammenhang
ist aufschlussreich, dass die öffentliche Hand, von politischen
Beschlüssen und Investorenwünschen getrieben, sich mehr
um Rekonstruktionen als um den Erhalt selbst wertvollster
historischer Bauten kümmert. Ein bedrückendes Beispiel ist
die Beschädigung der Friedrichswerderschen Kirche in unmit-
telbarer Nachbarschaft des Bauakademie-Standortes, die zur
DDR-Zeit denkmalsgerecht restauriert und in ein

Skulpturenmuseum umgewandelt worden war. Der allzu dicht
beidseitig der Kirche vorgenommene Bau neuer Luxus-*Townhouses* mit Tiefgaragen, dessen behördliche Genehmigung
die Senatsverwaltung mit der anzustrebenden Wiedergewinnung der kleinteiligen historischen Blockstruktur begründete,
hätte Schinkels Baukunstwerk fast zum Einsturz gebracht.[11]

Unser Rundblick trifft auf zahlreiche weitere Bauten und
Ensembles im Spannungsfeld von historischer Architektur, zeitgemäßen Ergänzungen und Rekonstruktionen: Zur 750-Jahr-
Feier der Stadt wurde das Nikolaiviertel auf der anderen Seite
der Spree in mittelalterlicher Anmutung wiederaufgebaut, mit
teils originalgetreu, teils in Plattenbauweise („Sonderplatte")
rekonstruierten Fassaden. Das Auswärtige Amt zog in das
restaurierte geschichtsträchtige Reichsbank-Gebäude, den
ersten Großbau des NS-Regimes, und den davor gesetzten
Neubau, der die Bauachten des Altbaus aufnimmt, diesen
aber ästhetisch kontrastiert und sich mit Lichthof zum Werderschen Markt orientiert. Die St.-Hedwigs-Kathedrale verliert
durch die 2016 getroffene Entscheidung des Erzbistums ihren
nach den Kriegszerstörungen wiederaufgebauten Innenraum,
ein herausragendes, unter Denkmalschutz stehendes Zeugnis
der deutsch-deutschen Nachkriegsmoderne; er wird abgeräumt
und neugebaut, um die Liturgie repräsentativer zu gestalten.
Als einstiger und auch in Zukunft erhoffter Vorplatz der
Bauakademie wurde der Schinkelplatz rekonstruiert, nach
dem Vorbild der von Schinkel und Lenné entworfenen Anlage
mit ihren Skulpturen, zwei Originalen und einem Nachguss
mit nachgebildeten Sockelreliefs. Weiter nördlich schließlich
die Alte Kommandantur Unter den Linden Nummer 1, im Jahr
1950 abgetragen, 2001–2003 gewissermaßen als Hybrid
rekonstruiert: zum Boulevard hin auf Wunsch des Senats mit
klassizistischer Fassade, zum Schinkelplatz mit transparentem
Stahl-Glas-Fassadenteil, der das neue, moderne Innenleben
sichtbar macht. An der „schönsten Adresse Berlins" residiert
nun die Hauptstadtrepräsentanz eines Medienkonzerns.

Produktive Stadtbrachen – *terrains vagues* – sind in der
neuen Berliner Mitte mit dem Abriss des Palastes der Republik
endgültig verschwunden. Stadträumliche Leere, sofern sie hier
noch irgendwo existiert, wird, selbst – oder gerade auch –
wenn sie Teil der DDR-Stadtplanung war, schnell mit betrieb-
samen touristischen Angeboten und allmählich mit weiteren
Luxusbauten gefüllt. Der Standort Bauakademie könnte als
Möglichkeitsraum begriffen werden, den Stadtraum, seine
Architekturen und seine Entwicklungen kritisch zu betrachten
und neue Ideen zu entwickeln. Selbst ein neues „Monument"
im positiven Sinn wäre dort denkbar, allerdings nur mit einer im
Kern starken Architektur und nicht als Neubau im historischen
Gewand.[12] Die Baukörper, die „Bau|Akademie" (Kristina Mosor,
David Qiu) vorschlägt, sind eigenständige Architekturen,
die weder Vergangenes bildhaft beschwören noch gefällige
Eleganz ausstrahlen wollen. Der monumentale Zylinder
(„These 1") wie auch das transparente, veränderbare Dreier-
Ensemble („These 2") schaffen Raum für geschärfte Wahr-
nehmung, Nachdenken und Interaktion. Sie vertrauen auf die
Eigeninitiativen der Besucherinnen und Besucher, ohne ihnen
Lernziele oder Denkmuster vorzugeben.

Diese Haltung sucht man bei dem monumentalen Frei-
heits- und Einheitsdenkmal vergebens, das an die Friedliche
Revolution 1989 erinnern soll. Errichtet wird es in bedrängen-
der Nähe zum Standort Bauakademie, auf der anderen Seite
des Spree-Kanals, vor dem Haupteingang des Schlossneubaus. Dort sollen die „Bürger in Bewegung" (so der Name des
Denkmals) die Glücksgefühle über den Fall der Mauer emoti-
onal nachempfinden und immer wieder reproduzieren, indem
sie die goldene Schale mit den goldenen Lettern „Wir sind das
Volk – Wir sind ein Volk"[13] durch Hin- und Herlaufen ständig
aufs Neue (wie eine Wippe) in Bewegung setzen. Wie bei der
Schloss-Rekonstruktion wird auch mit dieser Interpretation
der großen Demonstrationen als touristisches Reenactment
ein stimmiges, glänzendes Bild einer höchst widersprüchlichen

Geschichts-Etappe konstruiert. Wie könnte die neue Bauakademie beschaffen sein, um dazu beizutragen, solche Bilder
zu hinterfragen?

1   Grasskamp, Walter: „Invasion aus dem Atelier". In: Ders. (Hg.): *Unerwünschte Monumente – Moderne Kunst im Stadtraum*. München 1989, S. 141–169, Zitate S. 165 und 166

2   Rumpf, Peter: „Schinkels Bauakademie. Der Ort. Das Gebäude. Die Chronik". In: Internationale Bauakademie (Hg.): *Idee – Programm – Rekonstruktion*. Schriftenreihe, Bd. 2, Berlin 2003, S. 76–90

3   Oechslin, Werner: „Monument, Stadt und ihre Synthese in der Theorie des ‚embellissement'". In: *Daidalos*. Heft 49 (1993), S. 138–149, Zitat S. 146

4   Schneider, Bernhard/Grün Berlin (Hg.): *Kolloquium über die Neugestaltung des Lustgartens. Dokumentation*. Berlin 1993, S. 6–8

5   Humboldt Forum (o.J.): „Künstlerische Auseinandersetzungen mit dem Humboldt Forum". https://www.humboldtforum.org/de/architektur/kunst-am-bau/ (letzter Zugriff: 23.04.2021)

6   Schaper, Rüdiger: „Symbol und Sünde". In: *Der Tagesspiegel*. 3. Juli 2020

7   Katholisch.de (02.06.2020): „Berliner Schloss: Erzbischof Koch verteidigt umstrittenen Bibelspruch". https://www.katholisch.de/artikel/25698-berliner-schloss-erzbischof-koch-verteidigt-umstrittenen-bibelspruch (letzter Zugriff: 23.04.2021); das Humboldt Forum distanziert sich „von jeglichen Macht-, Alleingültigkeits- oder gar Herrschaftsansprüchen, die aus diesen Zeichen oder Inschriften abgeleitet werden können" (Erklärung des Generalintendanten, Pressemitteilung vom 25.5.2020)

8   Tatsächlich sprach Karl Liebknecht nicht von dem hierher versetzten Portal IV zur Menge herab, sondern von Portal V, das beim Abriss des Schlosses zerstört wurde, und möglicherweise auch nicht vom Balkon, sondern von einem Lastwagen; siehe Lindemann, Bernd Wolfgang (04.05.2017): „Wie original ist das Original? Wie rekonstruiert ist die Rekonstruktion? Das Portal IV des Berliner Schlosses". https://berliner-schloss.de/blog/wie-original-ist-das-original-wie-rekonstruiert-ist-die-rekonstruktion-das-portal-iv-des-berliner-schlosses/ (letzter Zugriff: 23.04.2021)

9   Buttlar, Adrian von et al. (Hg.): *Denkmalpflege statt Attrappenkult*. Basel/Berlin 2011, S. 11

10 Pehnt, Wolfgang: „Ein Fall von gewöhnlichem Vandalismus. Berliner Architektur und ihr Verhältnis zur Geschichte". In: Amberger, Eva-Maria/Müller, Ursula/Tagger, Christian (Hg.): *Zwischenspiel II. Fifty : Fifty. Gebaute und nicht gebaute Architektur in Berlin 1990–2000*. Berlin 2002, S. 17–21, Zitate S. 20 und 21

11 Bemmer, Ariane (03.11.2015): „Berlin opfert seine Bauschätze dem Wohl der Investoren". https://www.tagesspiegel.de/berlin/friedrichswerdersche-kirche-in-berlin-mitte-berlin-opfert-seine-bauschaetze-dem-wohl-der-investoren/12534232.html (letzter Zugriff: 23.04.2021)

12 Buttlar, Adrian von: „Auf der Suche nach der Differenz: Minima Moralia reproduktiver Erinnerungsarchitektur". In: Ders. et al. (Hg.): *Denkmalpflege statt Atrappenkult*. Basel/Berlin 2011, S. 166–193, besonders S. 172–174

13 Die Gleichsetzung der beiden Parolen im Schriftzug auf der Denkmalsschale ist eine fragwürdige Geschichts-Rekonstruktion der Denkmalsetzer. Während „Wir sind das Volk" bei allen großen Herbstdemonstrationen vor dem Mauerfall zum wichtigsten Sprechchor wurde, fand „Wir sind ein Volk", also der Ruf nach deutsch-deutscher Einheit, erst nach dem Mauerfall Verbreitung in Kundgebungen, nach kräftiger Unterstützung durch Aktionen der CDU gemeinsam mit der BILD-Zeitung, siehe: Fischer, Vanessa (29.09.2005): „Wir sind ein Volk – Die Geschichte eines falschen Rufes". https://www.deutschlandfunkkultur.de/wir-sind-ein-volk.1001.de.html?dram:article_id=155887 (letzter Zugriff: 23.04.2021)

ARCHITECTURAL STRUCTURES,
THEIR URBAN SURROUNDINGS,
AND THEIR RELATIONSHIP
WITH HISTORY

Stefanie Endlich

What constitutes a "monument"? How is it represented? How is it determined? What ideas is this concept associated with, and how can it help to develop and assess projects for the site of the historical *Bauakademie* (Building Academy)? In addition to physical size, a powerful presence and a memorable appearance, a "monument" is primarily credited with the potential to embody or recreate memory. For both architectural history as well as art history, this is a central theme that encompasses the entire world and all epochs.

Repeatedly, the question arises as to how a monument relates to its surroundings. Does the term itself not already refer to autarky and idiocentrism, and perhaps also point to signal-like dominance over a heterogeneous, subordinate environment? Often, it seems, the interpretation of a monument mainly concentrates on its qualities as a high-profile object, thereby caring little about other features, such as its capability for dialogue and its conceptual openness. The discussion of the last decades concerning art in urban spaces is quite informative. At the end of the 1980s, for example, the art scholar, Walter Grasskamp, saw the autonomy, the "subjective freedom" of the modern monument, which dispenses with symbols and the creation of meaning, as the basis of a resistant attitude against consumer orientation and the aesthetic impoverishment of urban development—a "presumption that eludes availability".[1] In the period that followed, however, contextual artwork—seeking relationships with the urban and social environment, dealing with the history of the location, and accepting or even initiating interactive processes—increasingly gained in appreciation. In this connection, the term "monument" has been avoided to the furthest extent possible, as it is rather negatively connoted in the debate on contemporary art and is often associated with traditional forms—particularly with outdated monument forms—and with overbearing strategies.

In architecture as well, the understanding of the term "monument" has changed in recent decades. The critical examination of post-modernism and its use of historical stylistic elements has contributed partly to the rejection and partly to redefinitions of this term. Admittedly, it still evokes physical solidity and a tranquil presence that is primarily related to itself. However, the impression of sublimity, which used to be a closely related and desired feature associated with iconic buildings of earlier epochs or endless rows of columns, is viewed rather critically, as is linking the term to traditional stylistic forms, noble materials and large dimensions. In the context at hand, the primary concern should also not be pictorial archetypal forms that are intended to give the impression of monumentality even in future-orientated building concepts; we should discuss the role of existing (and planned?) monuments in urban areas and criteria, like trueness-to-scale and identity (*architecture parlante*). Especially today, Karl Friedrich Schinkel's historic *Bauakademie* is rightly judged as a monument in the positive sense of the word—in many ways: as a "solitaire" and, at the same time, as a link between the other large buildings and groups of buildings in the surrounding area, with boldly modern construction, subtle references to earlier designs, architectural facade design and complex program for use.[2] The architectural historian, Werner Oechslin, points out that already in the early 18th century, a "monument" was not only seen as the product of a "rigid repetoire", but also as a "topic to be developed, where the architect is now called upon".[3] What communicative possibilities do monuments offer? How can they preserve memory in an ever-changing society? In this context, memory is not to be understood as a solid, materialized possession, which is, in a sense, frozen in time and continuously viewed, but as a communicative process between individuals and groups, which is constantly being reestablished and balanced.

The student projects for the *Bauakademie* have taken up thoughts on this dialogical principle, to merely be outlined here, and substantiated them on an imaginative and creative level. But what about the immediate urban environment, which is characterized by a collection of prominent individual buildings ("monuments")? From the highest floor of the high-rise building ("Omnidom"), which Winfried E. Ebert proposes as a "monument and object of thought" for the site of the historic *Bauakademie*, we look at the new Berlin Mitte district, as if from a bird's-eye view. It is the result of many efforts to reclaim and, at the same time, redefine the lost and old city center after the fall of the Berlin Wall and the return to the city's role as the nation's capital. Both parts of the city, East Berlin and West Berlin, had created their own centers in the decades of being divided, the former with the main traffic artery (Magistrale), Unter den Linden/Friedrichstrasse to Alexanderplatz, and the latter with the section Kurfürstendamm/Uhlandstrasse to the *KaDeWe* department store. This bipolarity was not a new invention but had already taken shape since the end of the 19th century, just as Greater Berlin as a whole had developed and understood itself as a polycentric city. After unification, however, the search for an "actual" center began. With increasing zeal, this was located and localized on the site of the Berlin Palace, which had been demolished by the GDR leadership in 1950, despite the Potsdamer Platz (city square) building development shooting up into the sky.

The debate about the development of this site and especially about the reconstruction of the palace is a story in itself that cannot be told here. For our project this setting of the course is illuminating because the palace area is directly next to the *Bauakademie* site, separated (or connected) only by the Spree Canal *(canal-like arm of the Spree River)*. Also, the reconstruction of the baroque palace, which had been hardly conceivable by the specialist public at the beginning but has been realized by now, has opened the door and gate for further reconstruction projects in the city center. It is still revealing in two other respects. With regard to the "monument" topic, the isolated view most development proposals have taken on the palace area since the beginning of the 1990s is striking. Their focus was primarily on the desired building shape—should it be a replica of a conjured-up past, or should it rather be modern?—and on attempts to combine this shape with compelling usage ideas. On the other hand, it is remarkable how selectively the real history of the place was perceived and incorporated in order to construct a new view of history for the "lost center", as the location was often called.

I'd like to add some observations that could sharpen the view for understanding the overall urban context. The first concerns the relationship structure of the palace area in general. This place once formed the connection between the west of Berlin and the historical core: The endless street of Bismarckstrasse/Strasse des 17. Juni (17th of June Street, originally built from east to west of course) leads through the Brandenburg Gate, along Unter den Linden and bends into Karl-Liebknecht-Strasse after the Schlossbrücke (Palace Bridge), in the direction of Alexanderplatz (city square). This bend was caused by the location and dimension of the Berlin Palace, which therefore had an important joint urban function. After the palace had been demolished in 1950, after the area had been designated as the central rally and demonstration square (Marx-Engels-Platz)—on which a monumental government and People's Chamber skyscraper was planned as a "city crown" with a grandstand and a huge Marx-Engels monument, but not realized—, after this central square had been enclosed by the State Council building to the south, the Foreign Ministry at the site of the demolished *Bauakademie* and lastly, the Palace of the Republic on a part of the palace area, the historical situation had thoroughly changed on an urban developmental level. This building group resulted in a new, central location, which, however, was not suitable to establish or strengthen lively urban developmental correlations.

This loss affected not only the east-west connection along the main drag (Magistrale), but also the historically important connections: via Spree Canal to *Friedrich-werdersche Kirch*e (Friedrichwerder Church), via the Spree River and Marx-Engels-Forum to Alexanderplatz, across Karl-Liebknecht-Strasse to *Lustgarten* (Pleasure Garden) and Museumsinsel. Thus, after the merging of the two halves of the city, it would have been obvious to not rashly concentrate the urban planning considerations for a "new center" on individual solitary large-scale buildings and selected sub-areas, but to develop an overall approach that could restore the lost network of correlations or replace it with interesting new references. However, a meaningful assignment of the areas of Museumsinsel, *Lustgarten,* Marx-Engels-Forum and *Friedrichwerdersche Kirche* is still hardly recognizable.

An example of this isolated approach is the *Lustgarten*, which our panoramic view over Schinkel's palace bridge could fall on first. The National Socialists had transformed the decorative park designed by Karl Friedrich Schinkel and Peter Joseph Lenné into a center-city stone marching place, which was maintained in the GDR and used together with the empty Schlossplatz (Palace Square) for rallies and demonstrations. Unaffected by considerations about Schlossplatz and Museumsinsel, from which the urban function and the use of *Lustgarten* are derived, two determination procedures took

place in the 1990s, which dealt exclusively with a "fundamental redefinition" of the shape of the square.[4] In order to enforce
the restoration of the historic green area demanded by civic
groups, neither of the two selected designs was realized,
each of which wanted to preserve the paving from the Nazi
period, as required by cultural heritage management, but a
design that was based on Schinkel's planning. The memorial
stone set in 1981 during the GDR period for the resistance
group around Hermann Baum, having been supplemented
with explanations in 2001, is the only thing that is reminiscent
of the role of the *Lustgarten* during the Nazi era. At the front
on the walkway of the boulevard, Unter den Linden, it reminds
of the arson attack by the widely forgotten Jewish youth group
on the racist Nazi propaganda exhibition "The Soviet Paradise",
which was shown in 1942 in temporary marquees in
the *Lustgarten*.

If we now look at the opposite replica of the palace, it
should first be remembered that in the 1990s, a wealth of
ideas was collected, which found new, contemporary architectural concepts for a construction volume based on the historic
palace. When the political decision for reconstruction was
taken, it was not only about Prussian nostalgia, but also about
the demolition of the Palace of the Republic, which had been
extremely popular in the GDR; it was carried out under the
pretext of correcting an urban-development flaw or of asbes-
tos removal but perceived by many as a painful statement by
the West directed toward the East. The political decision to
reconstruct the west, north and south facades together with
the architectural decoration according to the baroque state, as
shown in photographs around 1920, was remarkable in light
of the topic at hand. In fact, the palace has changed over the
centuries, having been rebuilt and expanded many times,
from the medieval electoral residence to late Gothic,
Renaissance, Baroque and Classicist decorations all the way
to its use as a castle museum following the abdication of the

last German emperor in 1918. However, solely the glamorous baroque appearance from the time of absolutism was captured. In the immaculate, ostensibly "authentic" image of the west, south and north facades, all other layers of time, faults and aging processes have disappeared. The reconstruction of the historically fascinating east side, on the other hand, which had still existed with its late-medieval and Renaissance parts up until its demolition, was dispensed with, although it could have revealed so much about the difficult relationship between the city and the city's rulers. Within the scope of this architectural competition, of all things, the east facade had been placed on the table as a type of architectural playground; thus, it now boasts a neoclassical appearance and welcomes the palace visitors coming from the eastern part of the city as if it were an office-block stronghold. Since 2021, this curious structural shell has been home to the Humboldt Forum and its museum collections in order to "facilitate a dialogue between the cultures of the world".

The Palace of the Republic, the centrally located People's Chamber and arts center of the GDR with its bronze-colored glass facade, which had been open all around, thereby providing a view of the city, is now reduced to a moment of reminiscence: The result of an "art-in-architecture" competition for the Humboldt Forum is a mural located inside the new palace building that, in play with the grid structure and perspective of the palace's former building envelope, aims to create "an exciting spatial, long-distance and close-up effect".[5] Despite the pleas of monument-preservation advo-cates, the assembly hall of the People's Chamber was not included in the new palace building, because it was deemed incompatible with Schlüter's knight's hall, which might be reconstructed sometime later. Some furniture and relics of the Palace of the Republic were brought to the German Museum of History. The builders had no interest in the history of the GDR; their sincere affection was for the royal and imperial

Prussians. Above the west gate of the new Berlin Palace
building, the reconstructed dome now corresponds to the
most magnificent with the dome of that neo-baroque Berlin
cathedral monstrosity on the edge of the *Lustgarten*, which
around 1900, at the emperor's wishes, had replaced the deli-
cate classicist predecessor building by Schinkel. The dome of
the palace is crowned with a replica of the Golden Cross,
despite many protesting citizens who found it cynical that the
cross now hovers over the Humboldt Forum, a museum dedicated to the cultures of the world and the critical reappraisal of
the colonization that was carried out by the Empire with
Christian missionary zeal. Thus, the Christian symbol is now
"misleadingly used as a building decoration".[6] Along with the
dome, a circumferentially engraved motto denoting God's
grace in gold writing was also reconstructed, which demands
the submission of all human beings to Christianity. King
Frederick William IV had used this motto in his suppression of
democratic uprisings in the leaden period after the 1848
Revolution.[7]

The architectural combination of the Humboldt Forum
with its enlightened intention and of extremely reactionary
elements of Prussianism shows some characteristic contra-
dictions, which arise precisely in the attempt to construct a
uniform, smoothed-over historical picture. This has nothing to
do with the preservation of monuments. As far as it is at all
possible to do so in an investor-friendly and nostalgic environment, cultural heritage management preserves the remaining
buildings and relics of the various stages, especially with
regard to the disparities between them. Thus, the *Staatsratsgebäude* (State Council building) south of the new palace,
an important building of GDR modernity, could be largely
preserved in its rededication and transformation into a private
university, together with the power attributes and the ideologi-
cally influenced stained-glass paintings from the GDR period.
There, you can also see the gantry of the Berlin Palace, which

was built into the factual facade of the *Staatsratsgebäude*, from whose balcony Karl Liebknecht had supposedly proclaimed the socialist republic in 1918. As the only architectural part preserved during the demolition of the palace in 1950 it was intended to prove, as a kind of trophy, the late victory of the November Revolution in East German socialism.[8]

This gantry now exists at two locations, once as an original with small changes at the "wrong" place, once as a perfect replica at the "right" place. The peculiar question of whether the replica is actually more original than the original itself ignites a debate about authenticity and historicality that is hardly conveyable to non-experts. When it comes to reconstructions, history is all too easily understood as a coherent image and not as a process with traces of aging, cracks and the damage done due to loss. In light of the topic at hand, it should be noted that reconstructed buildings, such as the new Berlin Palace, may be impressive in their craftsmanship perfection and monumental in their urban presence, but they are not monuments in the sense of historical relics. Cultural heritage management distinguishes precisely between the restoration of damaged buildings and the reconstruction of buildings that no longer exist. The latter is usually explicitly directed against modernity in urban planning and becomes part of a nostalgia-orientated city marketing.[9] The architectural historian, Wolfgang Pehnt, speaks of "revenantism", of "creatures that owe themselves solely to our arbitrariness, not to the continuity of becoming something and having become something... Where everything is possible, the real and genuine becomes something falsified".[10] In this context, it is revealing that the public sector, driven by political decisions and the wishes of investors, is more concerned with reconstructions than with the preservation of even the most valuable historical buildings. A depressing example is the serious damage to the *Friedrichswerdersche Kirche* in the immediate vicinity of the *Bauakademie* site, which had been

restored during the GDR period and converted into a sculp-
ture museum. The construction of new luxury "townhouses"
with underground car parks, whose official approval the
senate administration justified with the aim of reclaiming the
small-scale historical block structure, almost brought down
Schinkel's architectural work as they were built too close to
both sides of the church.[11]

Our panoramic view encounters numerous other buildings and groups of buildings in interplay between historical
architecture, contemporary additions, and reconstructions:
For the 750th anniversary of the city, the Nikolaiviertel (city
district) on the other side of the Spree River was rebuilt in a
medieval appearance, with facades partly faithful to the original and partly reconstructed in slab construction ("custom-
made slab"). The Federal Foreign Office moved into the
restored historic *Reichsbank* building, the first large-scale
building of the Nazi regime, and into the new addition set in
front of it, which takes up the architectural lines of the old
building but contrasts it aesthetically and orients itself with its
atrium to the Werderscher Markt. Due to the decision taken by
the archdiocese in 2016, the St. Hedwig's Cathedral at
Bebelplatz (city square) lost its interior, an outstanding testi-
mony of the East-West-German post-war modernism
protected as a historic monument, which had been rebuilt
after the war destruction. It was demolished and rebuilt to
make the liturgy more representative. The Schinkelplatz was
reconstructed as a former and also hoped-for forecourt of the
Bauakademie, modeled on the complex designed by Schinkel
and Lenné with its sculptures, two originals and a recast with
base relief replicas. Further north, finally, the *Alte
Kommandantur* (Old Commandant's House) located in Unter
den Linden No. 1, demolished in 1950, was reconstructed in
2001–2003 as a hybrid: toward the boulevard, at the request
of the senate, with a neoclassical facade, toward the
Schinkelplatz with a transparent steel-glass facade part,

which makes the new, modern interior visible. Today, the capital headquarters of a media company reside at the "most beautiful location in Berlin".

Productive abandoned areas of the city—*terrains vagues*—have finally disappeared in the new center of Berlin upon the Palace of the Republic being demolished. Urban emptiness, if it still exists somewhere, is quickly filled with bustling tourist offers and gradually with other luxury buildings, even—or especially—if it was part of the GDR city planning. The *Bauakademie* site could be seen for its potential to open up a critical appraisal of urban space, its architectures and its developments and to develop new ideas. Even a new "monument" in a positive sense would be conceivable there, but only with a strong architecture at its core and not as a new building in a historical guise.[12] The buildings proposed by "Bau|Akademie" (Kristina Mosor, David Qiu) entail independent architectures that have no intention of conjuring up the past, nor do they have the desire to emanate pleasing elegance. The monumental cylinder ("Thesis 1"), as well as the transparent, changeable group of three ("Thesis 2") create space for sharpened perception, reflection and interaction. They rely on the visitors' own initiatives without giving them learning goals or patterns of thought.

This attitude is sought in vain by the monumental Freedom and Unity Monument, which is supposed to commemorate the Peaceful Revolution of 1989. It will be built in a distressing proximity to the *Bauakademie* site, on the other side of the Spree Canal in front of the main entrance of the new palace building. There, the "Bürger in Bewegung" (Citizens on the Move; the title of this monument) are supposed to emotionally recreate the feelings of happiness about the fall of the wall and to reproduce them again and again by continuously setting the golden bowl with the golden letters "We are the people—We are one people"[13] into in a back-and-forth motion (like a seesaw). As is the case with the reconstruction of the palace, this interpretation of the large demonstrations as a tourist reenactment also constructs a coherent, shiny image of a highly contradictory stage in history. How could the new *Bauakademie* be designed to help challenge such images?

1 Grasskamp, Walter: "Invasion aus dem Atelier". In: Idem (ed.): *Unerwünschte Monumente – Moderne Kunst im Stadtraum*. Munich 1989, pp. 141–169, citations pp. 165 and 166

2 Rumpf, Peter: "Schinkels Bauakademie. Der Ort. Das Gebäude. Die Chronik". In: Internationale Bauakademie (ed.): *Idee – Programm – Rekonstruktion,* series of publications, Vol. 2, Berlin 2003, pp. 76–90

3 Oechslin, Werner: "Monument, Stadt und ihre Synthese in der Theorie des 'embellissement'". In: *Daidalos*. Issue 49 (1993), pp. 138–149, citation p. 146

4 Schneider, Bernhard/Grün Berlin (eds.): *Kolloquium über die Neugestaltung des Lustgartens. Dokumentation*. Berlin 1993, pp. 6–8

5 Humboldt Forum (undated): "Künstlerische Auseinandersetzungen mit dem Humboldt Forum". https://www.humboldtforum.org/de/architektur/kunst-am-bau/ (accessed February 4, 2021)

6 Schaper, Rüdiger: "Symbol und Sünde". In: *Der Tagesspiegel*, July 3, 2020

7 Katholisch.de (02.06.2020): "Berliner Schloss: Erzbischof Koch verteidigt umstrittenen Bibelspruch". https://www.katholisch.de/artikel/25698-berliner-schloss-erzbischof-koch-verteidigt-umstrittenen-bibelspruch (accessed April 23, 2021); the Humbold Forum distances itself "from any claims to power, sole validity or even domination that can be derived from these signs or inscriptions" (Declaration of the General Director, press release of May 25, 2020)

8 In fact, Karl Liebknecht did not speak to the crown of the *Portal IV* (Gantry IV) that was moved here, but spoke of the *Portal V* (Gantry V) that was destroyed during the demolition of the palace, and possibly he also did not speak from the balcony but from a lorry; see Lindemann, Bernd Wolfgang (04.05.2017): "Wie original ist das Original? Wie rekonstruiert ist die Rekonstruktion? Das Portal IV des Berliner Schlosses". https://berliner-schloss.de/blog/wie-original-ist-das-original-wie-rekonstruiert-ist-die-rekonstruktion-das-portal-iv-des-berliner-schlosses/ (accessed April 23, 2021)

9 Buttlar, Adrian von et al. (eds.): *Denkmalpflege statt Attrappenkult*. Basel/Berlin 2011, p. 11

10 Pehnt, Wolfgang: "Ein Fall von gewöhnlichem Vandalismus. Berliner Architektur und ihr Verhältnis zur Geschichte". In: Amberger, Eva-Maria/Müller, Ursula/Tagger, Christian (eds.): *Zwischenspiel II. Fifty: Fifty. Gebaute und nicht gebaute Architektur in Berlin 1990–2000*. Berlin 2002, pp. 17–21, citations pp. 20 and 21

11 Bemmer, Ariane (03.11.2015): "Berlin opfert seine Bauschätze dem Wohl der Investoren". https://www.tagesspiegel.de/berlin/friedrichswerdersche-kirche-in-berlin-mitte-berlin-opfert-seine-bauschaetze-dem-wohl-der-investoren/12534232.html (accessed April 23, 2021)

12 Buttlar, Adrian von: "Auf der Suche nach der Differenz: Minima Moralia reproduktiver Erinnerungsarchitektur". In: Idem et al. (eds.): *Denkmalpflege statt Atrappenkult*. Basel/Berlin 2011, pp. 166–193, particularly pp. 172–174

13 The equation of the two slogans in the lettering on the monument bowl is a questionable historical reconstruction of its creators. While "We are the people" became the most important speaking choir in all the major autumn demonstrations before the fall of the Berlin Wall, "We are one people", i.e. the call for East-West-German unity, only spread in rallies after the fall of the Berlin Wall, after strong support through the actions of the Christian Democratic Union of Germany (CDU) together with the BILD newspaper, see: Fischer, Vanessa (September 29, 2005): "Wir sind ein Volk – Die Geschichte eines falschen Rufes". https://www.deutschlandfunkkultur.de/wir-sind-ein-volk.1001.de.html?dram:article_id=155887 (accessed April 23, 2021)

Passagen

DÄDALUS AM KUPFERGRABEN –
ZUM VERHÄLTNIS VON BAUWERK
UND INSTITUTIONEN AM BEISPIEL
DER BERLINER BAUAKADEMIE 1836–2021

Stephan Trüby

Mit der Berliner Bauakademie, die 1832 bis 1836 von Karl
Friedrich Schinkel errichtet wurde, fallen eine höchst bemerkenswerte Architektur und eine ebenso bemerkenswerte Insti-
tutionengeschichte zusammen. Insbesondere vor dem
Hintergrund einer eventuellen Teilrekonstruktion der Bauakademie bei noch unklarem Nutzungskonzept ist daher zu
fragen, in welchem Verhältnis Bauwerk und Institution stehen.
Was könnten die architektonischen Elemente sein, mithilfe
derer Institutionen präferiert operieren? Die folgenden
Ausführungen zur Bauakademie sind vor dem Hintergrund
jüngerer institutionentheoretischer Untersuchungen formuliert – vor allem Robert Seyferts *Das Leben der Institutionen*
(2011), der die Institution „als eine Anordnung heterogener
Elemente" versteht, als „ein *agens*, das einen sozialen Effekt
hervorruft".[1] Als Metapher der Institution begreift Seyfert die
Koralle, da sie „zugleich sedimentiert und fluide, organisch
und anorganisch, vital und tot" ist.[2] Mit seinem Fokus auf Institutionen als „lebendigen Phänomenen" wendet er sich gegen
ein Institutionenverständnis, das diese „wahlweise als Hilfsge-
rüste oder als Stahlmantel verstanden, als leblose Hülle (von
Vorschriften, Anleitungen, Orientierungen, Gewohnheiten
etc.), die man sich nach Belieben zu eigen macht oder in die
man gezwungen wird".[3] Vor allem macht Seyfert deutlich,
dass Institutionen „keineswegs nur limitativ und protektiv,
sondern grundlegend dädalisch, also kunstvoll, sinn- und

erfindungsreich" sind.[4] Denn: „Sie haben ein affektives Leben, das uns fasziniert und abstößt; sie entfalten eigene Räumlichkeiten, die wir angenehm, effektiv oder unbequem bzw. unpraktisch finden können; sie entwickeln eigene Temporalgefüge, auf die wir uns einlassen können oder auch nicht."[5] Im Folgenden sei dem „dädalischen Charakter" der wichtigsten Institutionen, die das Bauwerk „Bauakademie" beherbergte, nachgegangen; und zwar wörtlich nachgegangen: in Passagen und Erschließungswegen, wie in Dädalus' Labyrinth, das bekanntlich, folgt man dem Mythos, für das Wegsperren des Minotaurus errichtet wurde – und dem Architekten später beim Versuch, es zu verlassen, fast selbst zum Verhängnis wurde.

Zwei Institutionen,
ein Haus: Schinkels Neubau
1832–1836

Die Institution Bauakademie entstand aus der Baufakultät der Berliner Akademie der Künste und wurde nach dem Vorbild der 1794 gegründeten Pariser *École Polytechnique* im Jahre 1799 unter Friedrich Wilhelm III. als „Allgemeine Bau-Unterrichtsanstalt für alle Königlichen Staaten" gegründet.[6] Es sollten dort keine privaten Architekten, sondern künftige Baubedienstete des preußischen Staates ausgebildet werden, also Provinzialbaumeister oder Feldmesser.[7] Die neugegründete Institution Bauakademie changierte zwischen Abhängigkeit und Autonomie von der Kunstakademie, der sie nach wie vor unterstellt war – ebenso wie dem Oberbaudepartement.[8] „Eleven" durften bereits ab dem zarten Alter von 15 Jahren studieren, für das Fach Freies Handzeichnen reichte sogar ein Alter von 12 Jahren.[9] Im Gründungsjahr schrieb sich auch der damals 18-jährige Schinkel in der Bauakademie zum Studium ein.[10] Rund dreißig Jahre später, zwischen 1832 und 1836, sollte er seiner alten *Alma Mater* zu

ihrem ersten Neubau verhelfen: dem „Roten Kasten" in Berlin
Mitte, der mit seiner reduzierten, unverputzten Ziegelfassade
und seiner repetitiven Gesamterscheinung sicherlich als eines
der wichtigsten Bauwerke des 19. Jahrhunderts eingeordnet
werden kann.

Die Schinkelsche Bauakademie war nicht nur Ort der
gleichnamigen Bildungseinrichtung, die sich im ersten Stock
befand, sondern auch der Oberbaudeputation, die seit 1830
von Schinkel geleitet wurde und die – neben dem Schinkel-
Atelier und der Wohnung der Schinkel-Familie gelegen – ins
zweite Geschoss einzog. Beide Institutionen kündigten sich
bereits an der Nordfassade in Richtung Platz an der Bauakademie (heute: Schinkelplatz) an, und zwar durch eine
Fassade ohne zentralen Fokus – aber dafür mit zwei nebeneinander liegenden Eingangsportalen in Form von Eisen-
kunstgusstüren,[11] die mit bemerkenswerten Terrakottareliefs
verziert waren, welche Architektur als Baukunst (linkes
Bauakademie-Portal) bzw. als Bautechnik (rechtes Oberbau-
deputations-Portal) symbolisch repräsentierten. Das linke
Portal stellt laut Elke Blauert die Säulenordnungen aus
Vitruvs *Zehntem Buch* vor: Auf der linken Portalrahmenseite
sind über einer Akanthuspflanze der Reihe nach aufsteigend
die dorische Säule (mit dem durch Löwenfell und Keule
gekennzeichneten Helden Herakles), die korinthische Säule
(dargestellt durch ein Mädchen mit einem Korb aus Akanthus-
blättern) und die Erfindung des korinthischen Kapitells durch
Kallimachos zu sehen; auf der rechten Portalrahmenseite
finden sich – wieder über einer Akanthuspflanze aufsteigend – der ägyptische Säulenstil und darüber die ionische
Säule (symbolisiert durch ein Mädchen mit Ammonschnecken
in den Haaren).[12] Elke Blauert sieht in den Zwickelfeldern des
linken Portals zum einen Orpheus verbildlicht, den thraki-
schen Sänger, und zum anderen Amphion, der Kraft der
Macht seiner Leier das siebentorige Theben erbaute.[13] Beim
rechten Bautechnik-Portal wird ein anderer Ton

angeschlagen: Jonas Geist folgt in seiner Darstellung der
Analyse des Begründers der Schinkel-Forschung, Paul Ortwin
Rave, der in den männlichen Terrakotta-Gestalten „Phanta-
sie, Fleiß, Wagemut und Glück" verkörpert sieht, in den weib-
lichen, mit Fackeln bewehrten, hingegen „Berechnung und
Gestaltung".[14] Blauert präzisiert, zeigt dabei aber auch die
Grenzen gesicherten Wissens auf: „Gerade beim rechten
Portal bleiben Fragen offen. Ist der Jüngling auf dem ägypti-
schen Nachen, der in seiner Darstellung an Vorbilder der grie-
chischen Klassik erinnert, nur Symbol für Geschicklichkeit,
das Mädchen auf dem Panther Symbol für Glück und der
Granatäpfel erntende Mann das Symbol für Fleiß? Sind nicht
seit alters her Granatäpfel in der antiken Symbolik Zeichen für
Liebe und Demokratie?"[15]

Die beiden Türen zur Baukunst respektive Bautechnik
führten – Überraschung – in dasselbe Vestibül mit zwei ausla-
denden Treppen, von denen die linke ins erste Obergeschoss
der Akademie und die rechte ins zweite Obergeschoss der
Oberbaudeputation bzw. zur Schinkel-Wohnung führten
(Abb. 1). Auf der Akademie-Etage befanden sich als größter
Raum ein Zeichensaal und – etwas kleiner – eine Bibliothek,
die auch von der Oberbaudeputation genutzt wurde. Alle
Räume der ersten Etage waren von einem zweifach abgewinkelten Flur erschlossen, der sich U-förmig um einen Innenhof
legte und an einem Ende auch mit einem Nebentreppenhaus
verbunden war. Dieses verband die beiden Hauptetagen mit
dem Dachgeschoss (und seinen Aktenräumen der Oberbaudeputation) und dem Erdgeschoss (mit Ladenlokalen,
Hofdurchfahrt und Lieferanteneingang). Geradezu revolutio-
när war die von Geist betonte Tatsache, dass die Bauakademie *de facto* einen Rasterbau „ohne tragende Wände"
darstellte.[16] Manfred Klinkott führt dies auf die völlig unterschiedlichen Nutzungen in den beiden Hauptetagen zurück,
die es verunmöglichten, „Wand über Wand zu stellen und die
Lastübertragung allein über die Mauerscheiben zu

organisieren".[17] Die zweite Etage war völlig anders erschlossen: und zwar nur mit einem geraden Flur, der die Enfilades
und gefangenen Räume von Amt und Wohnung erreichbar
machte. Schinkels Dienstwohnung, die praktisch die gesamten Fronten nach Osten zum „Kupfergraben" genannten
Spreearm und nach Süden zur Werderstraße einnahm,[18] war
dabei mit ihren rund 600 Quadratmetern größer als die
Räume der ihm unterstellten Behörde.[19] Nach Schinkels Tod
im Jahre 1841 wurde die geräumige Wohnung unterteilt:
Schinkels Witwe Frau Susanne erhielt vom König lebenslan-
ges Wohnrecht und bewohnte, so Sabine Enders, „mit ihren
Kindern weiter die zur Werderstraße gelegene Zimmerflucht
einschließlich des Eckzimmers, während in den zur Spree
liegenden Arbeits- und Sammlungsräumen das Schinkelmuseum eingerichtet wurde, das ab 1844 für die Öffentlichkeit
zugänglich war".[20] Dieses Arrangement blieb fast zwanzig
Jahre bestehen – bis Susanne Schinkel 1861 starb und die
Wohnung von Friedrich Grund, dem Akademie-Direktor von
1867 bis 1872, genutzt wurde.[21]

Die Bauakademie
nach der Bauakademie: Lucaes Umbau 1874
und was danach folgte

Mit der Gründung des Norddeutschen Bundes 1867 und der
damit einhergehenden Ausweitung des preußischen Binnen-
marktes, der Gründung des Deutschen Reiches 1871 sowie
der Bestimmung Berlins zur Hauptstadt wurde es im Bauakademie-Gebäude nach und nach räumlich sehr beengt. Die
Erdgeschossläden wichen Büros und dem nach unten ziehen-
den Schinkelmuseum; auch ein Erweiterungsgebäude
jenseits des Spreekanals wurde angedacht. In dieser Zeit –
genauer: 1869 – wurde der dreieckige, von Peter Joseph
Lenné 1837 angelegte „Platz an der Bauakademie" in „Schin-
kelpatz" umbenannt, mit einem runden Brunnenbecken

garniert und mit drei Statuen von Peter Christian Wilhelm
Beuth, Albrecht Daniel Thaer (Gewerbeorganisation) und –
mittig – Schinkel versehen, die auch heute dort wieder
stehen. Richard Lucae, seit 1875 Bauakademie-Direktor,
sorgte 1874/75 für einen einschneidenden Umbau mit dem
Ziel einer alleinigen Nutzung des Gebäudes durch die
Bauakademie – ohne Wohnungen oder Läden. Neben der
Umgestaltung vieler Räume sorgte Lucae vor allem für die
Verlegung des Treppenhauses in den Innenhof.[22] Im Zuge
dessen konnten auch zwei neue, übereinander liegende Säle
an der Nordfassade gewonnen werden. Lucaes Umbau
machte aus der recht labyrinthisch anmutenden Erschließung
des Hauses einen simplen Atriumtyp mit einem auf zwei
Stockwerken rundum laufenden und zenital belichteten Flur –
der Innenhof erhielt ein Glasdach (Abb. 2).

Am 1. April 1879 entstand jedoch durch die Zusammen-
legung der Berliner Bauakademie und der Königlichen
Gewerbeakademie die (Königlich Preußische) Technische
Hochschule zu Berlin mit den fünf Abteilungen Architektur,
Bauingenieurwesen, Maschinen- und Schiffsbau, Chemie und
Hüttenkunde sowie Allgemeines Wissen. Fünf Jahre später,
am 1. Januar 1884, bezogen diese Abteilungen samt Schinkelmuseum einen von Lucae entworfenen und nach dessen
Tod von Friedrich Hitzig und Julius Carl Raschdorff fertigge-
planten Monumentalbau im Stil der Neorenaissance. Eben
noch aufwändig umgebaut, herrschte in dem Bauakademie-
Gebäude kaum fünfzig Jahre nach ihrer Eröffnung folglich
gähnende Leere.[23] Nun begann das, was Bodenschatz einmal
als „Karussell unterschiedlicher Nutzungen"[24] bezeichnete:
1885 zog die neu gegründete Königlich Preußische Messbild-
Anstalt ein, die 1921 in „Staatliche Bildstelle" umbenannt
wurde. Die normgerechten Fotografien, für die diese Institution bekannt werden sollte, sind nicht nur „bis heute ein wertvoller Fundus für die Denkmalpflege",[25] sondern auch ein
wichtiger Informationslieferant für das aktuelle

Rekonstruktionsprojekt der Bauakademie selbst. 1911 zog
zudem die Bildnissammlung der Nationalgalerie ins Haus,
später auch das Meteorologische Institut der Friedrich-
Wilhelms-Universität. Die Messbildanstalt blieb bis 1935 im
Schinkelbau.[26]

Zuvor, im Jahre 1920, hatte das Bauakademie-Gebäude
jedoch wieder zu einer über das Episodische hinausgehen-
den Nutzung gefunden, und zwar mit der im selben Jahr
gegründeten „Deutschen Hochschule für Politik" (DHfP). Sie
ging aus der 1918 von Friedrich Naumann gegründeten
Staatsbürgerschule hervor und suchte die Weimarer Republik
auf politikwissenschaftlichem Feld gegen antidemokratische
Tendenzen zu immunisieren. Viele später in den beiden deutschen Nachkriegsstaaten bekannt gewordene Namen sind
mit dieser Hochschule verbunden. So Konrad Adenauer
(1876–1967), der erste Bundeskanzler der BRD – er gehörte
dem Kuratorium der Hochschule an.[27] So auch Theodor
Heuss (1884–1963), der erste Bundespräsident der BRD – er
arbeitete von 1920 bis 1925 als Studienleiter an der DHfP,
war anschließend bis 1933 im Vorstand der Hochschule und
ließ sich dort auch promovieren. So Otto Grotewohl (1894–
1964), von 1949 bis 1964 Ministerpräsident der DDR – er war
Schüler der DHfP. 1933 übernahm das NS-Reichspropagan-
daministerium die Kontrolle über die DHfP, Joseph Goebbels
wurde ihr Präsident. Gleichzeitig wanderte das Schinkelmuseum wieder zurück in den Bauakademie-Bau.[28] Ein alliierter
Bombenangriff auf Berlin führte am 3. Februar 1945 zu einer
Teilzerstörung des Hauses. Damit endete die Nutzungsge-
schichte der Bauakademie.[29] Jonas Geist fasst zusammen:
„Schinkel selbst konnte darin nur knapp fünf Jahre leben und
arbeiten, als Bauschule diente sie ganze 48 Jahre, und
vermietet wurden die Räume 61 Jahre lang."[30]

Eine Bauakademie
ohne Bauakademie: Vom geplanten
Paulick-Umbau 1952/53
bis zum Abriss
des DDR-Außenministeriums 1995

Es gehört zur Spezifik der Bauakademie-Diskussion, dass –
im Gegensatz zum Humboldt Forum oder Garnisonkirche –
ein deutsches Wiederaufbau-Projekt eben nicht als
nachträgliche Korrektur einer sozialistischen Anomalie gefra-
med wird, sondern dass es sich im Gegenteil in der Kontinuität eines konkreten DDR-Projektes verortet. Die Rede ist von
Richard Paulicks Rekonstruktions-Vorhaben, das ab 1950
betrieben wurde, also im Jahr der Schloss-Sprengung star-
tete. Die frühen DDR-Jahre waren mit Ausnahme des ehemaligen Schlossareals, auf dem ein Paradenplatz nach
Moskauer Vorbild entstehen sollte (und mit dem Palast der
Republik und seinem städtebaulichen Umfeld dann auch
tatsächlich realisiert wurde), ganz auf die Wiedergewinnung
einer national aufgeladenen Stadtgeschichte gepolt. Den
theoretischen Rahmen hierfür lieferten vor allem die so
genannten „16 Grundsätze des Städtebaus" (1950), mit
denen die sozialistische Stadt auf klassizistische Traditionen
nach stalinistischem Vorbild eingeschworen werden sollten:
„Die zentrale Frage der Stadtplanung und der architektonischen Gestaltung der Stadt", so wurde etwa in den „Grund-
sätzen" verlautbart, „ist die Schaffung eines individuellen,
einmaligen Antlitzes der Stadt. Die Architektur verwendet
dabei die in den fortschrittlichen Traditionen der Vergangenheit verkörperte Erfahrung des Volkes." Damit wandten sich
die Autoren, zu denen etwa Kurt Liebknecht (bis 1951 Direktor des DDR-Instituts für Städtebau und Hochbau im Ministerium für Aufbau) gehörte, nicht zuletzt gegen Hans Scharoun
und seinen „Kollektivplan" (1949), der sich an der „Charta von
Athen" orientierte und eine radikale Loslösung vom

gewachsenen Grundriss der Stadt vorsah. Die „16 Grundsätze" wurden mit dem am 6. September 1950 verabschiede-
ten „Aufbaugesetz" als verbindlich erklärt.

In diesem Klima eines architektonisch-städtebaulichen
Linkstraditionalismus wurden 1951 das Institut für Städtebau
und Hochbau und das Institut für Bauwesen (Direktor: Hans
Scharoun) der Deutschen Akademie der Wissenschaften zu
Berlin (DAW) zur Deutschen Bauakademie (abgekürzt: DBA)
zusammengefasst. Sie nahm ihre Tätigkeit zum 1. Januar
1951 auf, schuf drei Meisterateliers, wählte Kurt Liebknecht
zum ersten Präsidenten und bezog provisorisch ihren Sitz im
Gebäude Hannoversche Straße 28–30 in Berlin – dem Scharoun bereits 1949 zu einem aufgekofferten Dachgeschoss mit
Ateliers verholfen hatte. Mittelfristig sollte die DBA in den
noch zu rekonstruierenden Schinkelbau umziehen, der vom
ehemalige Bauhäusler Paulick (1903–1979), einem der Leiter
der Meisterateliers, geplant wurde. Sein Projekt sah eine
komplette Reorganisation der Innenräume inklusive der
Einführung eines dritten vollwertigen Obergeschosses vor
(Abb. 3). So platzierte Paulick an die Stelle der mittigen Trep-
penanlage Lucaes eine zentrale Ausstellungshalle mit Glas-
decke und darüber liegendem Lichthof. Im zweiten und dritten
Obergeschoss führte Paulick eine zweihüftige Erschließung
ein – mit vielen kleinen Bürozellen, die die historischen Enfilades des 19. Jahrhunderts ersetzen sollten. Er schlug zudem
ein neues repräsentatives Treppenhaus mit Aufzügen an der
östlichen Spreefront des Hauses vor. Doch das Projekt kam
nicht zur Vollendung. Zwar wurden alle nötigen Vorbereitun-
gen für den Wiederaufbau getroffen – Formsteine und
Eichenfenster wurden in Auftrag gegeben, sogar Kronleuchter
nachgebaut –; zwar kam der Rohbau komplett zum
Abschluss, sodass man am 21. November 1955 Richtfest
feiern konnte. Doch dann ereilte das Projekt das Aus, und
zwar aus verschiedenen Gründen. Zum einen aus institutionellen: „Die Deutsche Bauakademie", so fasst Geist

zusammen, „hatte inzwischen die Aufgabe bekommen, die
Industrialisierung des Bauwesens vorzubereiten, und war
professionell so gewachsen, dass ausschließlich die Leitung
in den Bau von Schinkel hätte einziehen können."[31] Und zum
anderen – auch darauf weist Geist hin – zog 1958 die Partei-
leitung der SED in den nahe gelegenen, vom Krieg verschont
gebliebenen Erweiterungsbau der Reichsbank an der
Kurstraße. Damit rückte die Bauakademie-Ruine mitten in die
Sicherheitszone der Machtzentrale der DDR, deren Staats-
grenzen zu diesem Zeitpunkt noch gar nicht gesichert
waren.[32] So kam es 1956 zum Baustopp und 1958 zum
Beschluss, den Schinkelbau abzureißen. Ab dem 13. August
1961 begann der Bau der Berliner Mauer, 1962 wurde der
Abriss der Bauakademie dann unter Bergung einzelner Terra-
kottateile vollzogen.[33] Teile der Portaltüren wanderten zu
Paulicks 1969 bis 1972 errichtetem Schinkelpavillon, wo sie
den Eingang zu dem durch Erich Honecker und andere
bekannt gewordenen Restaurant „Schinkel-Klause" rahmen.
    Der Abriss sollte Platz schaffen für den Neubau des
Ministeriums für Auswärtige Angelegenheiten der DDR, das
nach den Plänen von Josef Kaiser, Heinz Aust, Gerhard
Lehmann und Lothar Kwasnitza dann zwischen 1964 und
1967 auch errichtet wurde. Es entstand ein signifikantes
Beispiel der poststalinistischen Ostmoderne: ein 145 Meter
langer und 44 Meter hoher Riegel mit zehn oberirdischen
Etagen, die teilweise mit weißen Strukturelementen aus
Kunststoff verkleidet waren. Bemerkenswert war der Bau
nicht nur aus architektonischen, sondern auch und gerade
aus urbanistischen Gründen, da das DDR-Außenministerium
einer gebauten Ostorientierung gleichkam und unter den
großen Ostberliner Staatsbauten – darauf weist Bodenschatz
hin – „das westliche Ende des neuen Zentrumsbandes [signa-
lisierte], das sich bis zum Alexanderplatz erstreckte".[34]
Entsprechend lautete die Adresse nicht mehr „Schinkelplatz"
(darauf kam das Bauwerk ja nicht zuletzt auch zu stehen),

sondern „Marx-Engels-Platz 2". Nach dem Mauerfall 1989
bedachten insbesondere westdeutsche Akteure das Bauwerk
mit heute kaum nachvollziehbarer Verachtung. Als beispielsweise 1992 der Berliner Landeskonservator öffentlich über
den Denkmalcharakter des Marx-Engels-Platzes nachdachte,
kam, wie Bodenschatz berichtet, die Reaktion von Seiten
konservativer westlicher CDU-Politiker wie Dankwart Buwitt
prompt: „So wenig sich die Kunst in die Politik einmischen
sollte, so wenig sollte sich die Politik in die Kunst einmischen.
Rein politisch ist es vor allem, zeitliche Überbleibsel eines
Unrechtssystems für denkmalwürdig zu erklären."[35] Doch
auch die Fachwelt bekleckerte sich nicht gerade mit Ruhm,
als etwa Julius Posener am 9. Juli 1993 im *Tagesspiegel*
schrieb: „Das zu lange, zu hohe, das im schlimmsten Sinne
mittelmäßige Gebäude des DDR-Außenministeriums stört
diese Raumfolge empfindlich: Es muss weg."[36] Im Februar
1995 erfolgte der Abbruchbeschluss, der bis Dezember 1995
auch vollzogen wurde.[37]

Von der Schwierigkeit
einer Neuauflage des Schinkelschen
multi-institutionellem Programms: die geplante
Rekonstruktion der Bauakademie

Nach der 1836 erfolgten Errichtung der Bauakademie im drei-
fachen Sinne als Schinkel-Bauwerk sowie als Doppelinstitu-
tion einer Hochschule und Oberbaudeputation ...; nach
Lucaes 1874 fertig gestelltem Umbau zu einer reinen Bauakademie auch im institutionellen Sinne ...; nach dem wissenschaftlichen Aufschwung im Wilhelminischen Zeitalter, der ab
1884 eine Bauakademie (im Sinne des Baus) ohne Bauakademie (im Sinne der Institution) zeitigte und eine völlig veränderte Positionierung von Architektur (nämlich innerhalb der
Technischen Hochschule) im Berliner Hochschulkontext zur
Folge hatte ...; nach Paulicks unvollendetem

Rekonstruktionsprojekt von 1952/53, auf das eine Bauakademie (im Sinne der Deutschen Bauakademie) ohne Bauakademie (im Sinne des Bauwerks) folgte ... – nach diesen bemerkenswerten Kapiteln steht nun ein neues an. Eines, das idealerweise von den intellektuellen Potenzialen der Berliner Republik berichtet. Eines, das von der Rolle der Architektur im größeren Kontext der Wissensproduktion im 21. Jahrhundert spricht. Eines, das die architektonischen und urbanistischen Herausforderungen der Gegenwart und Zukunft benennt und vermittelt – und auch Lösungsansätze präsentiert.

Doch seit rund dreißig Jahren, seit den ersten Rekonstruktionsinitiativen in den frühen 1990er Jahren, ist vor allem eine deprimierende Nachrichtengemengelage aus oberflächlicher Fassadennostalgie, konzeptueller Planlosigkeit und Rechtsstreitereien entstanden. 1994 formierte sich der *Förderverein Bauakademie* mit seinem geschichtsseligen Vorhaben, ein Ausstellungs- und Veranstaltungszentrum mit möglichst viel Schinkel sowohl außen als auch innen zu rekonstruieren. Dieser Verein sorgte 2001 bis 2002 auch für die Wiedererrichtung der Nordostecke als Musterfassade und des Roten Saals als Musterraum der Bauakademie. Das konservative Anliegen dieses Vereins wurde von der 2019 gegründeten Bundesstiftung Bauakademie als Trägerorganisation für den Wiederaufbau des Gebäudes gleichsam objektiviert. Die Zeitläufte spielten – und spielen noch immer – für die Agenda sowohl des Vereins als auch der Bundesstiftung: 2001 bis 2003 wurden die Fassaden des benachbarten Kommandantenhauses am Boulevard rekonstruiert, 2008 erfolgte die Wiederherstellung des Schinkelplatzes in historischer Form und 2020 kamen auch noch die Stadtschlossfassaden auf der anderen Seite des Kupfergrabens dazu. Bereits am 11. November 2016 hatte der Deutsche Bundestag überraschend beschlossen, 62 Millionen Euro für die Rekonstruktion der Bauakademie freizugeben – dieser Haushalts-Coup gilt vor allem als Werk des SPD-Politikers Johannes Kahrs.

Während sich Kahrs, ein Oberst der Reserve und Parteigänger des konservativen Seeheimer Kreises innerhalb der SPD, in jüngster Zeit sowohl von der politischen als auch der Bauakademie-Bühne verabschiedete,[38] blieb ein enger Weggefährte von ihm, der SPD-Politiker Florian Pronold, dem Bauvorhaben eng verbunden: Pronold wurde gar zur großen Überraschung der Fachwelt im September 2019 als Gründungsdirektor der Bauakademie präsentiert. Es folgte ein Offener Protestbrief gegen die Ernennung, der von ziemlich allen mit Rang und Namen in der deutschen Architekturwelt unterschrieben wurde. Daraufhin verklagte Pronold, ein Jurist, die Partnerschaftsgesellschaft *frei04 publizistik*, die den Brief in ihrem Online-Magazin *marlowes* veröffentlicht hatte, auf angeblich „unwahre Tatsachenbehauptungen". Dagegen wehrte sich wiederum einer der 623 Unterzeichnenden, der Berliner Architekt Paul Kahlfeldt, mit einer „negativen Feststellungsklage", um auch in Zukunft die kritische Kommentierung der Besetzung des Gründungsdirektionspostens zu ermöglichen. Er obsiegte in erster Instanz, Pronold hat dagegen Berufung eingelegt. Zudem erhoben zwei Mitbewerber Pronolds – Philipp Oswalt und Oliver Elser – Klage gegen das Besetzungsverfahren. In erster Instanz entschied das Berliner Arbeitsgericht, dass die Stiftung den Direktionsposten nicht mit Pronold besetzen dürfe, da das Verfahren nicht der Bestenauslese entsprochen habe, die bei einem öffentlichen Amt anzuwenden sei; in zweiter Instanz bestätigte das Landesarbeitsgericht Berlin-Brandenburg diese Entscheidung – die Direktionsstelle wurde daraufhin neu ausgeschrieben und im März 2021 mit Guido Spars, Professor für das Fachgebiet Ökonomie des Planens und Bauens an der Bergischen Universität Wuppertal, besetzt.

Diese Besetzung ließe sich leicht als eine pragmatische Entscheidung der Politik für einen Zahlenmann und Diplom-Volkswirt lesen, dessen Aufgabe es primär sein wird, ein Bauwerk in einem definierten Kostenrahmen zu errichten.

Zugleich kann diese Besetzung aber auch als programmatische Richtungsentscheidung verstanden werden: für einen anerkannten Bauwirtschaftsexperten, der die künftige Institution Bauakademie in einem sehr konkreten und realistischen gesellschaftlichen Zusammenhang verortet und verankert. Mit diesem Personalentscheid – dies zeigt bereits ein Blick auf die Publikationsliste Spars – könnten Fragen von Bodenmarkt und Bodenrecht, deren Bedeutung für die Architekturproduktion in den Architekturhochschulen wie den Architekturmuseen systematisch unterschätzt wird und die in Zukunft deutlich mehr öffentliche Aufmerksamkeit verdienen, einen Ausgangspunkt für wirklichkeitsnahe Architekturdiskurse auch innerhalb der Institution Bauakademie bilden. Gibt es also Grund für Optimismus? Der Blick zurück auf die Doppelgeschichte der Berliner Bauakademie als Institution *und* Bauwerk dürfte jedenfalls deutlich gemacht haben, dass in Anbetracht der nunmehr fast 200-jährigen Geschichte der Berliner Bauakademie auch das frühe 21. Jahrhundert sich nicht zu schade sein sollte, nach den Möglichkeiten einer dädalischen Architekturinstitution der Gegenwart zu suchen – auf der Höhe der Gegenwart, zugewandt der Zukunft und ihren Herausforderungen und möglichst ohne einen Minotaurus der Nostalgieseligkeit.

1   Seyfert, Robert: *Das Leben der Institutionen. Zu einer allgemeinen Theorie der Institutionalisierung.* Weilerswist 2011, S. 20
2   Ebd., S. 26
3   Ebd., S. 209
4   Geist, Jonas: *Karl Friedrich Schinkel: Die Bauakademie. Eine Vergegenwärtigung.* Frankfurt am Main 1995 [1993], S. 13
5   Seyfert 2011, S. 209
6   Bodenschatz, Harald: *„Der Rote Kasten". Zur Bedeutung, Wirkung und Zukunft von Schinkels Bauakademie.* Berlin 1996, S. 34
7   Vgl. ebd.
8   Ebd., S. 35
9   Ebd., S. 36
10   Ebd., S. 37

11　　„An den ‚ehernen Türen der Bauschule'", so zitiert Harald Bodenschatz Paul Ortwin Rave, „waren die ‚Bildnisköpfe der berühmtesten Baumeister aller Zeiten' verewigt: ‚Iktinos und Vitruv, Nicolò Pisano und Arnolfo di Cambio, Brunelleschi und Alberti, Benedetto da Majano, Bramante und Lionardo, Peruzzi und Raffael, Michelangelo und Palladio, Erwin von Steinbach, Dürer und Schlüter […]'." – Vgl. Bodenschatz 1996, S. 39

12　　Vgl. Blauert, Elke: „Ikonographie der Bauakademie. Eine Annäherung". In: Dies. (Hg.): *Karl Friedrich Schinkels Berliner Bauakademie. In Kunst und Architektur. In Vergangenheit und Gegenwart*. Ausstellungskatalog der Kunstbibliothek der Staatlichen Museen zu Berlin – Preußischer Kulturbesitz und der Grundkreditbank eG im Kunstforum Berlin, Berlin 1996, S. 26

13　　Vgl. ebd.

14　　Geist 1995, S. 37 f.

15　　Blauert 1996, S. 27

16　　Geist 1995, S. 44 f.

17　　Klinkott, Manfred: „Die Bauakademie. Architektur in Spannung und Harmonie". In: Blauert, Elke (Hg.): *Karl Friedrich Schinkels Berliner Bauakademie. In Kunst und Architektur. In Vergangenheit und Gegenwart*. Berlin 1996, S. 11 f.

18　　Vgl. Enders, Sabine: „‚Bau Academie 2 Treppen hoch.' Friedrich Grund. Direktor der Berliner Bauakademie 1866–1873". In: Blauert, Elke (Hg.): *Karl Friedrich Schinkels Berliner Bauakademie. In Kunst und Architektur. In Vergangenheit und Gegenwart*. Berlin 1996, S. 47

19　　Vgl. Blauert 1996, S. 42

20　　Enders 1996, S. 47

21　　Vgl. ebd.

22　　Vgl. Geist 1995, S. 67

23　　Vgl. Bodenschatz 1996, S. 41

24　　Ebd., S. 47

25　　Blauert 1996, S. 44

26　　Vgl. ebd.

27　　Vgl. ebd., S. 45

28　　Vgl. Bodenschatz 1996, S. 50

29　　Vgl. Geist 1995, S. 69

30　　Ebd.

31　　Ebd., S. 73

32　　Vgl. ebd., S. 74

33　　Vgl. Bodenschatz 1996, S. 58

34　　Ebd., S. 22

35　　Dankwart Buwitt in der *Frankfurter Allgemeinen Zeitung*, 24. Februar 1992; zit. nach Bodenschatz 1996, S. 15

36　　Zit. nach Bodenschatz 1996, S. 23

37　　Vgl. ebd., S. 19

38　　Nachdem 2020 seine Bewerbung um das Amt des Wehrbeauftragten des Deutschen Bundestages in der SPD-Fraktion gescheitert war, gab er nach 21 Abgeordneten-Jahren erbost sein Bundestagsmandat zurück und legte sämtliche politischen Ämter nieder.

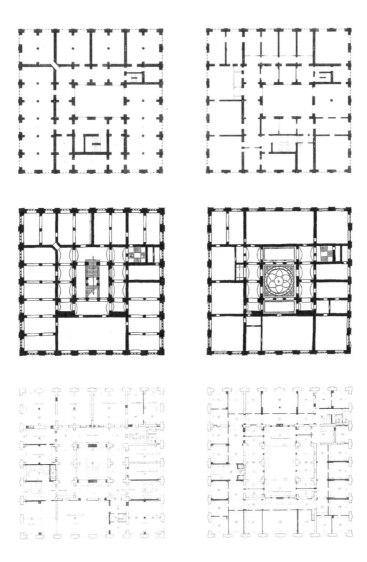

1	Grundrisse der Bauakademie Berlin, erstes und zweites Obergeschoss, nach Emil Flaminius, publiziert in der *Allgemeinen Bauzeitung* 1836
2	Grundrisse des Umbaus der Bauakademie Berlin, erstes und zweites Obergeschoss, Richard Lucae, publiziert in der *Deutschen Bauzeitung* 1876
3	Planung zum Wiederaufbau der Bauakademie Berlin, erstes und zweites Obergeschoss, Richard Paulick, 1952

1	Floor plans of the *Bauakademie* Berlin, second and third floor, according to Emil Flaminius, published in *Allgemeine Bauzeitung* 1836
2	Floor plans of the reconstruction of the *Bauakademie* Berlin, second and third floor, Richard Lucae, published in the *Deutsche Bauzeitung* (specialist magazine) 1876
3	Planning for the reconstruction of the *Bauakademie* Berlin, second and third floor, Richard Paulick, 1952

DAEDALUS AT THE KUPFERGRABEN—
ON THE RELATIONSHIP BETWEEN BUILDINGS
AND INSTITUTIONS USING THE EXAMPLE OF
THE BERLIN BAUAKADEMIE 1836–2021

Stephan Trüby

In the Berlin *Bauakademie* (Building Academy), built between 1832 and 1836 by Karl Friedrich Schinkel, a highly remarkable architecture coincides with an equally remarkable institutional history. Particularly against the background of a possible partial reconstruction of the *Bauakademie* with an unclear usage concept, it is therefore necessary to ask how the building and the institution relate to one another. What could be the architectural elements, by means of which institutions prefer to operate? The following remarks on the *Bauakademie* are formulated against the background of recent institutional-theoretical studies—especially Robert Seyfert's *Das Leben der Institutionen* (2011), which sees the institution "as an arrangement of heterogeneous elements", as "an agent that gives rise to a social effect".[1] Seyfert sees coral as a metaphor of the institution, as it is "simultaneously sedimented and fluid, organic and inorganic, vital and dead".[2] With his focus on institutions as "living phenomena", he opposes an institutional understanding that "understood them either as an auxiliary scaffolding or as a steel casing, as a lifeless shell (of regulations, instructions, orientations, habits, etc.) that one adopts at will or into which one is forced".[3] Above all, Seyfert makes it clear that institutions are "not only limited and protective, but fundamentally Daedalean, i.e., artful, meaningful and inventive".[4] In the words of Seyfert: "They have an affective life that fascinates and repulses us;

they evolve into spaces of their own, which we can find pleasant, effective, uncomfortable, or impractical; they develop
their own temporal structures, which we can or may not
engage in."[5] In the following, the "Daedalean character" of the
main institutions that the *Bauakademie* building housed will
be examined; and this done literally: in passages and
connecting paths, as in Daedalus's labyrinth, which, as we
know according to the myth, was built for locking up the
Minotaur—and which later nearly turned out to be fatal for the
architect when he tried to leave it.

Two institutions, one building:
Schinkel's new construction 1832–1836

The *Bauakademie* institution originated from the building
faculty of the Berlin Academy of Arts; it was founded in 1799
under Friedrich Wilhelm III as a "Builders' General
Educational Institution for all Royal States", based on the
model of the Parisian *Ecole Polytechnique*, founded in 1794.[6]
It was not intended to train private architects, but future
construction officials of the Prussian state, i.e. provincial
builders or surveyors.[7] The newly founded institution
Bauakademie alternated between dependence and autonomy
from the art academy, to which it was still subordinate—as
well as being subordinate to the *Oberbaudepartement*
(construction authority).[8] Students were allowed to enroll from
the tender age of 15 years; for the subject of free-hand drawing, even an age of 12 years was enough.[9] In the year of its
foundation, Schinkel, who was 18 at the time, also enrolled in
the *Bauakademie* to study.[10] Thirty years later, between 1832
and 1836, he built the first new building for his old alma mater:
the "red box" in the Berlin Mitte district, which, with its
reduced, unplastered brick facade and repetitive overall
appearance, can certainly be classified as one of the most
important buildings of the 19th century.

Schinkel's *Bauakademie* was not only the site of the educational institution of the same name, which was located on the second floor, but also the *Oberbaudeputation*, which had been led by Schinkel since 1830 and which, located next to the Schinkel studio and the Schinkel family's apartment, moved into the third floor. Both institutions were already announcing themselves on the north facade in the direction of the square at the *Bauakademie* (today: Schinkelplatz), through a facade without a central focus—but with two adjacent entrance portals in the form of cast iron doors;[11] these were decorated with remarkable terracotta reliefs, which symbolically represented architecture as architectural art (*Bauakademie* portal on the left) or as construction technology (*Oberbaudeputation* portal on the right). According to Elke Blauert, the left portal presents the column rules from Vitruv's *Tenth Book*: On the left side of the portal frame, the Doric column (with the hero Heracles marked by lionskin and club), the Corinthian column (represented by a girl with a basket of acanthus leaves) and the invention of the Corinthian capital by Kallimachos can be seen above an acanthus plant one after another. On the right side of the portal frame, you will find the Egyptian column style and, above it, the Ionic column (symbolized by a girl with ammonite snails in her hair), again ascending above an acanthus plant.[12] On the one hand, in the winding fields of the left portal, Elke Blauert sees Orpheus, the Thracian singer, and Amphion, who built the seven-gate Thebes of the power of his lyre, on the other.[13] A different tone is struck in the case of the right-hand construction-technology portal: In his presentation, Jonas Geist follows the analysis of the founder of Schinkel research, Paul Ortwin Rave, who sees "fantasy, diligence, daring and happiness" embodied in the male terracotta figures, while, in contrast, he sees "calculation and design" in the torch-carrying female ones.[14] Blauert clarifies, but also shows the limits of verified knowledge: "Questions remain unanswered, especially with regard to the right-wing portal. Is the young man on the small Egyptian boat, the portrayal of which is reminiscent of models of Greek classical music, simply a symbol of skill, is the girl on the panther a symbol for luck, and is the man harvesting pomegranates a symbol for diligence? Haven't pomegranates been signs of love and democracy in ancient symbolism since time immemorial?"[15]

The two doors to architecture and construction technology led—surprise—into the same vestibule with two expansive stairs, the left to the second floor of the academy and the right to the third floor of the *Oberbaudeputation* or to the Schinkel apartment (Fig. 1). On the academy floor there was a drawing room and, somewhat smaller, a library, which was also used by the *Oberbaudeputation*. All the rooms on the first floor were accessed by a double-angled hallway, which was located around a courtyard and at one end was also connected to a side staircase. It connected the two main floors with the attic (and its file rooms of the *Oberbaudeputation*) and the ground floor (with shops, a courtyard passage and a supplier entrance). The fact that the *Bauakademie* was *de facto* a grid-like building "without supporting walls" was almost revolutionary.[16] Manfred Klinkott attributes this to the completely different uses in the two main floors, which made it impossible to "place wall over wall and organize the load transfer solely across the wall discs".[17] The third floor was opened up completely differently because of the different usage: only with a straight corridor, which made the enfilades and interconnecting rooms accessible from the office and apartment. Schinkel's official apartment, which took practically the entire fronts to the east to the Spree arm called the Kupfergraben and to the south to Werderstrasse,[18] was, with its approximately 600 square meters, larger than the rooms of the building authority under his direction.[19] After Schinkel's death in 1841, the spacious apartment was divided: Schinkel's widow, Susanne, was granted lifetime residency by the king and, according to Sabine Enders, "continued to live with her children in the suite of rooms to Werderstrasse, including the corner room, while in the work and collection rooms on the Spree the *Schinkelmuseum* was set up, which was open to the public from 1844."[20] This arrangement remained in place for almost twenty years—until Susanne Schinkel died in 1861 and the apartment was used by Friedrich Grund, the academy director from 1867 to 1872.[21]

The *Bauakademie* after the *Bauakademie*:
Lucae's reconstruction in 1874
and what followed

With the founding of the North German Confederation in 1867 and the associated expansion of the Prussian domestic market, the founding of the German Reich in 1871 and the designation of Berlin as the capital, space in the *Bauakademie* building gradually became very limited. The ground-floor shops gave way to offices and the *Schinkelmuseum*, which was moving down; an extension building beyond the Spree Canal was also envisaged. During this time—more precisely: in 1869—the triangular Platz an der Bauakademie, created by Peter Joseph Lenné in 1837, was renamed Schinkelplatz, garnished with a round fountain basin and decorated with three statues of Peter Christian Wilhelm Beuth, Albrecht Daniel Thaer (trade organization) and—in the middle—Schinkel, which are again standing there today. Richard Lucae, director of the *Bauakademie* since 1875, in 1874/75 made a radical reconstruction with the aim of using the building exclusively by the *Bauakademie*—without apartments or shops. In addition to the redesign of many rooms, Lucae was mainly responsible for the installation of the stairwell in the inner courtyard.[22] During the course of this, it also became possible to obtain two new halls on top of each other on the north facade. Lucae's redevelopment turned the rather labyrinthine development of the house into a simple atrium type with a corridor running around two floors and zenithal light exposure—the courtyard was given a glass roof (Fig. 2).

On April 1, 1879 however, the (Royal Prussian) Technical University of Berlin was established with the five departments of architecture, civil engineering, mechanical engineering and shipbuilding, chemistry and metallurgical science as well as general knowledge by combining the *Bauakademie* and the Royal Trade Academy. Five years later, on January 1, 1884, these departments, including the *Schinkelmuseum*, moved into a neo-Renaissance-style monumental building designed by Lucae, whose design was completed after his death by Friedrich Hitzig and Julius Carl Raschdorff. Having just been extensively rebuilt, the *Bauakademie* building was gapingly empty barely fifty years after its opening as a result.[23] Now began what Bodenschatz once called the "carousel of different uses":[24] In 1885, the newly founded Royal Prussian *Messbild-Anstalt* moved in; this public authority for photogrammetry was renamed the *Staatliche Bildstelle* in 1921. The standardized photographs for which this institution was to become known are not only "a valuable fund for the preservation of monuments to this day",[25] but also an important source of information for the current reconstruction project of the *Bauakademie* itself. In 1911, the national gallery's collection of portraits also moved into the building, and later, also the Meteorological Institute of the Friedrich Wilhelms University. The *Messbild-Anstalt* remained in the Schinkel building until 1935.[26]

Previously, however, in 1920, the *Bauakademie* building had found a new, more than episodic use, namely with the German Academy for Politics (DHfP), which was founded in the same year. It emerged from the civic school founded in 1918 by Friedrich Naumann and sought to immunize the Weimar Republic against anti-democratic tendencies in the field of political science. Many names that later became

known in the two German post-war states are associated with
this university: Konrad Adenauer (1876–1967), the first
Chancellor of the Federal Republic of Germany, was a
member of the university's board of trustees.[27] Theodor Heuss
(1884–1963), the first President of the Federal Republic of
Germany, worked from 1920 to 1925 as head of studies at the
DHfP, then until 1933 he was on the board of the university
and also got his doctorate there. Otto Grotewohl (1894–1964),
Prime Minister of the GDR from 1949 to 1964, was a student
of the DHfP. In 1933, the Nazi Reich Ministry of Public
Enlightenment and Propaganda took control of the DHfP, and
Joseph Goebbels became its president. At the same time, the
Schinkelmuseum moved back into the *Bauakademie* building.[28]
An Allied bombing raid on Berlin on 3 February 1945 led to
the partial destruction of the house. This ended the history of
the *Bauakademie*'s use.[29] Jonas Geist summarizes: "Schinkel
himself could only live and work in it for almost five years; it
served as a school of architecture for a whole of 48 years,
and the rooms were rented out over a period of 61 years."[30]

A *Bauakademie* without a *Bauakademie*: From the planned Paulick reconstruction in 1952/53 to the demolition of the GDR Foreign Ministry in 1995

It is part of the specificity of the *Bauakademie* discussion
that—in contrast to the Humboldt Forum or Garrison
Church—a German reconstruction project is not framed as a
subsequent correction of a socialist anomaly, but rather that it
is located in the continuity of a concrete GDR project. We are
talking about Richard Paulick's reconstruction project, which
was carried out from 1950, i.e., started in the year of the
Berlin Palace's demolition. With the exception of the former
palace area, where a parade square based on the Moscow

model was to be built (and was actually realized with the Palace of the Republic and its urban environment), the early GDR years were completely oriented toward the recovery of a nationally charged city history. The theoretical framework for this was provided above all by the so-called "16 Principles of Urban Design" (1950), with which the socialist city was to be committed to classicist traditions according to the Stalinist model: "The central question of urban planning and the architectural design of the city," as stated in the Principles, "is the creation of an individual, unique face of the city. Architecture uses the experience of the people embodied in the progressive traditions of the past." Thus, last but not least, the authors, including Kurt Liebknecht (until 1951, director of the GDR Institute for Urban Development and Building in the Ministry of Construction), turned against Hans Scharoun and his Collective Plan (1949), which was based on the "Athens Charter" and provided for a radical detachment from the naturally evolved layout of the city. The "16 Principles" were declared binding by the *Aufbaugesetz* (Reconstruction Act) passed on September 6, 1950.

In this climate of an architectural-urban-planning left-traditionalism, the Institute for Urban Development and Building Construction and the Institute for Building Administration (Director: Hans Scharoun) of the German Academy of Sciences in Berlin (DAW) were merged into the German Building Academy (DBA) in 1951. Beginning its activities on January 1, 1951, it created three master studios, elected Kurt Liebknecht as the first president and provisionally moved into its seat in the building Hannoversche Strasse 28–30 in Berlin—which Scharoun had already helped to a trussed attic space with studios in 1949. In the medium term, the DBA was to move to the Schinkel building, which was still to be reconstructed and planned by the former Bauhaus member Paulick (1903–1979), one of the directors of the master studios. His project provided for a complete reorganization of the interiors,

including the introduction of a third full-fledged upper floor
(Fig. 3). Paulick placed a central exhibition hall with a glass
ceiling and an atrium above it in place of Lucae's central stair-
way. On the third and fourth floors, Paulick introduced a
two-hip development—with many small office cells to replace
the historic enfilades of the 19th century. He also proposed a
new representative stairwell with lifts on the building's eastern
Spree front, but the project did not come to fruition. It is true
that all the necessary preparations for the reconstruction were
made—molded stones and oak windows were commissioned,
even chandeliers were recreated; the shell construction had
been fully completed and its topping-out ceremony was held
on November 21, 1955. But then the project came to an end,
and that was due to a variety of reasons. One of them was
institutional: "The German Building Academy," summarized
Geist, "had meanwhile been given the task of preparing the
industrialization of the construction industry, and had grown
professionally in such a way that only the management could
have moved into Schinkel's building."[31] And on the other
hand—as Geist also points out—in 1958, the party leadership
of the Socialist Unity Party of Germany (SED) moved to the
nearby extension of the *Reichsbank* building on Kurstrasse,
which had been spared from war. This brought the ruins of the
Bauakademie right into the middle of the security zone of the
power center of the GDR, whose state borders were not yet
secured at that time.[32] In 1956, construction was halted and,
in 1958, the decision was taken to demolish the Schinkel
building. From August 13, 1961 the construction of the Berlin
Wall began; in 1962, the demolition of the *Bauakademie* was
carried out, thereby salvaging individual terracotta parts.[33]
Parts of the portal doors moved to Paulick's Schinkel Pavilion,
built between 1969 and 1972, where they framed the entrance
to the restaurant *Schinkel-Klause* which became well-known
by Erich Honecker and others.

The demolition was intended to make way for the new building of the Ministry of Foreign Affairs of the GDR, which was built between 1964 and 1967 according to the plans of Josef Kaiser, Heinz Aust, Gerhard Lehmann and Lothar Kwasnitza. A significant example of post-Stalinist Eastern modernism emerged: a 145-meter-long and 44-meter-high bar with ten above-ground floors, some of which were covered with white plastic structural elements. The construction was not only remarkable for architectural reasons, but also and especially for urbanistic reasons, since the GDR Foreign Ministry's building equaled an orientation towards the East, symbolized in stone; among the large East Berlin state buildings—as Bodenschatz points out—it signaled "the western end of the new center stretch that extended to Alexanderplatz".[34] Accordingly, the address was no longer Schinkelplatz (which was ultimately not where the building was built) but Marx-Engels-Platz 2. After the fall of the Berlin Wall in 1989, West German stakeholders in particular considered the building with a contempt that is hardly comprehensible today. In 1992, for example, when the Berlin State Conservator publicly reflected on the monument character of Marx-Engels-Platz, as Bodenschatz reports, the reaction from conservative Western CDU politicians such as Dankwart Buwitt came promptly: "As little as art should interfere in politics, so little should politics interfere with art. It is, above all, political in nature to declare the temporal remnants of an injustice system worthy of a monument."[35] But even the experts didn't exactly cover themselves with glory when Julius Posener, for example, wrote in the *Tagesspiegel* daily newspaper on July 9, 1993: "The too long, too tall building of the GDR Foreign Ministry, being mediocre in the worst sense of the term, susceptibly disturbs this sequence of space: It has to go."[36] The decision to demolish was taken in February 1995 and was completed by December 1995.[37]

The difficulty of a new edition
of Schinkel's multi-institutional program:
The planned reconstruction
of the *Bauakademie*

After the construction of the *Bauakademie* in 1836 in a three-fold sense as a Schinkel construction, as well as a double institution of a university and building authority...; after Lucae's reconstruction into a pure *Bauakademie* also in the institutional sense, which was completed in 1874...; after the scientific upswing in the Wilhelminian Era, which, from 1884, led to a *Bauakademie* (in the sense of the building) without a *Bauakademie* (in the sense of the Building Academy institution) and resulted in a completely changed positioning of architecture (namely within the Technical University) in the Berlin university context...; after Paulick's unfinished reconstruction project of 1952/53, which was followed by a *Bauakademie* (in the sense of the German Building Academy) without a *Bauakademie* (in the sense of the building)...; after having to go through these remarkable chapters, a new one is now to come. One that ideally tells of the intellectual potential of the Berlin Republic. One that tells of the role of architecture in the larger context of knowledge production in the 21st century. One that identifies and conveys the architectural and urban-planning challenges of the present and the future—and also presents solutions.

But for about thirty years, since the first reconstruction initiatives in the early 1990s, the emergence of a depressing news culmination of superficial facade nostalgia, conceptual aimlessness and litigation has resulted. In 1994, the *Förderverein Bauakademie* (promotional association) was formed with its historic project to reconstruct an exhibition and event center with as much Schinkel as possible, both outside and inside. From 2001 to 2002, this association also ensured the re-establishment of the north-eastern corner as a model facade and the Red Hall as a model room for the *Bauakademie*. The conservative concern of this association was objectified by the *Bundesstiftung Bauakademie* (Federal Bauakademie Foundation), which was founded in 2019 as a sponsoring organization for the reconstruction of the building. The course of time played—and still plays—into the hands of the agenda of both the association and the federal foundation: From 2001 to 2003, the facades of the neighboring commander's house on the boulevard were reconstructed, in 2008 the Schinkelplatz was restored in historical form and in 2020 also the City Palace facades on the other side of the Kupfergraben. On November 11, 2016, the German Bundestag had already surprisingly decided to release 62 million euros for the reconstruction of the *Bauakademie*—this budget coup is mainly regarded as the work of SPD politician Johannes Kahrs. While Kahrs, a colonel of the reserve and a party member of the conservative Seeheimer Kreis within the SPD, recently said goodbye to both the political and the *Bauakademie* stage, a close associate of him, the SPD politician Florian Pronold,[38] remained closely connected to the construction project: Pronold was even presented as founding director of the *Bauakademie* in September 2019, to the great surprise of the experts. This was followed by an open letter of protest against the appointment, which was signed by pretty much all who held rank and name in the German architecture world. In response, Pronold, a lawyer, sued the partnership company *frei04 publizistik*, which published the letter in its online magazine, *marlowes*, for allegedly "untrue factual claims." In turn, one of the 623 signatories, the Berlin architect Paul Kahlfeldt, fought back and filed an action for a "negative declaratory relief" in order to safeguard a critical accompaniment of the founding director's appointment in the future. He prevailed at first instance, but Pronold appealed against it. In addition, two of Pronold's competitors, Philipp Oswalt and Oliver Elser, brought an action against the appointment procedure. At first instance, the Berlin Labor Court ruled that the Foundation should not fill the management post with Pronold, since the procedure did not correspond to the best selection to be applied to a public office; in the second instance, the State Labor Court of Berlin-Brandenburg upheld this decision—the directorate was subsequently re-posted and in March 2021 filled by Guido Spars, professor in the field of economics of planning and construction at the Bergisch University of Wuppertal.

This appointment could easily be read as a pragmatic political decision for a figures and statistics man and graduate economist, whose primary task will be to build a building within a defined budget. At the same time, however, this appointment can also be understood as a programmatic decision on direction: for a recognized construction expert who locates and anchors the future institution of the *Bauakademie* in a very concrete and realistic social context. With this personnel decision—as a glance at the Spar publication list quickly shows—questions of the land market and land law, whose importance for architectural production in architecture academies such as architecture museums is systematically underestimated and which in the future deserve significantly more public attention, could form a starting point for realistic architectural discourses also within the institution *Bauakademie*. So, is there reason for optimism? In any case, a look back at the double history of the Berlin *Bauakademie* as an institution and a building must have made it clear that, in view of the almost 200-year history of the Berlin *Bauakademie*, the early 21st century should not think itself beneath looking for the possibilities of a Deadalean architectural institution of the present—at the height of the present, facing the future and its challenges and, if possible, without a minotaur of nostalgic bliss.

1   Seyfert, Robert: *Das Leben der Institutionen. Zu einer allgemeinen Theorie der Institutionalisierung*. Weilerswist 2011, p. 20
2   Ibid., p. 26
3   Ibid., p. 209
4   Geist, Jonas: *Karl Friedrich Schinkel: Die Bauakademie. Eine Vergegenwärtigung*. Frankfurt am Main 1995 [1993], p. 13
5   Seyfert 2011, p. 209
6   Bodenschatz, Harald: *"Der Rote Kasten". Zur Bedeutung, Wirkung und Zukunft von Schinkels Bauakademie*. Berlin 1996, p. 34
7   Cf. ibid.
8   Ibid., p. 35
9   Ibid., p. 36
10   Ibid., p. 37
11   "At the 'brazen doors of the architectural school'", as Harald Bodenschatz cited Paul Ortwin Rave, "the 'portrait heads of the most famous builders of all time' were immortalized: 'Iktinos and Vitruv, Nicole Pisano and Arnolfo di Cambio, Brunelleschi and Alberti, Benedetto da Majano, Bramante and Lionardo, Peruzzi and Raffael, Michelangelo and Palladio, Erwin von Steinbach, Dürer and Schlüter […]'." – cf. Bodenschatz 1996, p. 39
12   Cf. Blauert, Elke: "Ikonographie der Bauakademie. Eine Annäherung". In: Idem (ed.): *Karl Friedrich Schinkel's Berliner Bauakademie. In Kunst und Architektur. In Vergangenheit und Gegenwart*. Exhibition catalogue of Kunstbibliothek, Staatliche Museen zu Berlin – Preußischer Kulturbesitz and Grundkreditbank eG at the Kunstforum Berlin, Berlin 1996, p. 26
13   Cf. ibid.
14   Geist 1995, pp. 37 f.
15   Blauert 1996, p. 27
16   Geist 1995, pp. 44 f.
17   Klinkott, Manfred: "Die Bauakademie. Architektur in Spannung und Harmonie". In: Blauert, Elke (ed.): *Karl Friedrich Schinkel's Berliner Bauakademie. In Kunst und Architektur. In Vergangenheit und Gegenwart*. Berlin 1996, pp. 11 f.
18   Cf. Enders, Sabine: "'Bau Academie 2 Treppen hoch.' Friedrich Grund. Director of the Berlin Bauakademie 1866–1873". In: Blauert, Elke (ed.): *Karl Friedrich Schinkel's Berliner Bauakademie. In Kunst und Architektur. In Vergangenheit und Gegenwart*. Berlin 1996, p. 47
19   Cf. Blauert 1996, p. 42
20   Enders 1996, p. 47
21   Cf. ibid.
22   Cf. Geist 1995, p. 67
23   Cf. Bodenschatz 1996, p. 41
24   Ibid., p. 47
25   Blauert 1996, p. 44
26   Cf. ibid.
27   Cf. ibid., p. 45
28   Cf. Bodenschatz 1996, p. 50
29   Cf. Geist 1995, p. 69
30   Ibid.
31   Ibid., p. 73
32   Cf. ibid., p. 74
33   Cf. Bodenschatz 1996, p. 58
34   Ibid., p. 22
35   Dankwart Buwitt in *Frankfurter Allgemeine Zeitung*, February 24, 1992; cit. according to Bodenschatz 1996, p. 15
36   Cit. according to Bodenschatz 1996, p. 23
37   Cf. Bodenschatz 1996, p. 19
38   After his bid for the post of Parliamentary Commissioner for the Armed Forces in the SPD parliamentary group failed in 2020, he resigned his Bundestag mandate angrily after 21 years of being a Member of Parliament and resigned all political positions.

Konstella tionen

KARL FRIEDRICH SCHINKEL
UND DAS BAUEN IM RAUM

Andreas Zeese

Je länger sie weg ist, desto mehr wird sie verklärt. Hierin
ergeht es der Bauakademie kaum anders als dem Bauhaus,
dessen 100-jähriges Gründungsjubiläum vor zwei Jahren
geradezu erschöpfend ausgelotet und zu einem Eckpfeiler
eines modernen, international tragfähigen deutschen Kultur-
verständnisses hochstilisiert wurde. Doch während das
Bauhaus – die Unterrichtsgebäude in Weimar und Dessau
stehen weiterhin[1] – heute vor allem als Institution und erst in
zweiter Linie als gebaute Form memoriert wird, verhält es sich
mit der Bauakademie genau umgekehrt: Sie ist im kulturellen
Gedächtnis Deutschlands heute weniger als Institution verankert, als vielmehr – um es mit Aldo Rossi zu sagen – durch
die Permanenz ihrer Form.[2] Der „Mythos Bauakademie" ist
insofern vor allem der Mythos einer nicht mehr vorhandenen
baulichen Ikone, deren leicht fassbare äußere Erscheinung in
perspektivischen Zeichnungen, Gemälden und Fotografien
überliefert ist.

Zu dieser Ikonenhaftigkeit tragen unterschiedliche
Aspekte bei, die auch heute noch medial vermittelbar und
nachvollziehbar sind: Stringenz der Form, Sichtbarkeit und
Varianz des Materials, Repetition der Elemente, Klarheit der
Linien – und aus all diesem folgend eine gewisse Monumentalität trotz reduzierter Größe. Ob in der Präsentationszeich-
nung Schinkels, den Gemälden Eduard Gärtners oder auch
auf späteren Fotografien: Bei der medialen Vermittlung des
Baus in seiner Umgebung stellt sich ein ähnlicher Effekt ein,
wie ihn Ludwig Mies van der Rohe 80 Jahre später bei der

Präsentation seiner wegweisenden Gebäudestudien suchte
(Glashochhaus 1922, Bürohaus 1923, Kaufhaus Adam 1928):
Das freistehende Gebäude tritt aus unterschiedlichen Blick-
winkeln jeweils in Übereck-Ansicht hervor. Zudem setzt es
sich nicht nur als stereometrischer Körper, sondern auch in
Materialität und Farbigkeit von den kleinteilig gegliederten
Nachbarhäusern ab. Sowohl städtebaulich als auch gestalterisch erscheint der Bau somit als ein in sich ruhendes, non-
relationales Monument, das auf kein anderes Gebäude Bezug
nimmt – sondern allein für sich steht.

Diese räumliche und gestalterische Autonomie der
Bauakademie wirft die Frage nach grundsätzlichen städtebaulichen und funktionalen Ansätzen im übrigen *Oeuvre*
Schinkels auf: Welche Konstellationen sind typisch für Schinkels Architektur? Um dies zu klären, muss zunächst der Blick
auf Schinkels Selbstverständnis als Gestalter geworfen werden.

Rückblick: Schinkel als Raumkünstler – Das Malerische als Prinzip

Karl Friedrich Schinkels planerisches Werk lässt sich nur vor
dem Hintergrund seiner vielschichtigen Begabungen als
Maler, Bühnenbildner und Architekt sowie seiner beruflichen
Tätigkeit als Spitzenbeamter der preußischen Monarchie
verstehen. Diese spezifische Konstellation bildete die Grundlage jener räumlichen Konstellationen, die er in den vier Jahrzehnten seines Wirkens erschuf – sowohl bildnerisch als
auch architektonisch.

Die Komponenten von Schinkels baulichen und räumlichen Konstellationen – Substruktionen, Sockel, Freitreppen,
Säulenvorhallen – entstammen einem breiten Arsenal an
Motiven, die sich der junge Architekt während seiner Ausbildung und auf Reisen aneignete. Ein Großteil dieser Elemente
lässt sich zudem bereits im Entwurf von Schinkels späterem
Lehrer Friedrich Gilly zu einem Denkmal für Friedrich II.

erkennen, das 1797 für den 16-jährigen Schinkel zum architektonischen „Erweckungserlebnis" wurde. Mustergültig für
den angehenden Architekten war vor allem Gillys Ansatz, das
Monument als landschaftliches Element aufzufassen, welches
den Stadtraum Berlins um einen Hochpunkt erweitern und als
Kern für die Entwicklung eines neuen Viertels dienen sollte.
Mit seiner pyramidal gestuften, von einem Peripteros bekrön-
ten Anlage schuf Gilly zudem eine Bühne für das aufstre-
bende Bürgertum, das auf den Treppenanlagen lustwandeln
konnte und einen Aussichtspunkt über Stadt und Landschaft
erhalten hätte. Zwar war Gillys Denkmal in der Flucht der
Leipziger Straße weiterhin der barocken Zentralperspektive
verpflichtet – die rundum geführten, abgewinkelten Freitreppen kalkulierten beim Auf- und Abstieg jedoch sich verän-
dernde Bilder und Blickwinkel mit ein. Durch die individuelle
Bewegung im Raum war damit eine moderne Perspektive
etabliert: Der Flaneur und die Flaneurin wurden zu Regisseu-
ren ihrer eigenen Seherfahrungen.

Auch für den Architekten Schinkel spielte die szenographische Komponente eine entscheidende Rolle: So konnte er
vor 1815 als Maler und Bühnenbildner nicht nur Strategien
der bildnerischen Präsentation von Architektur, sondern überhaupt die Bildwirkung von Bauten und räumlichen Szenerien
erproben.[3] Mit seinen zahlreichen Ölgemälden, den vielen
Bühnenbildern und den großen Dioramen – öffentlich präsen-
tierten, für das damalige Publikum sensationellen Schaubil-
dern, die durch Lichteffekte und Begleitmusik historische
Ereignisse[4] oder landschaftliche Konstellationen[5] vorführten –
schuf er auf zweidimensionalen Bildträgern dreidimensionale
Welten. Diese malerische Produktion von räumlichen Effek-
ten, die den Betrachter und die Betrachterin durch die Wahl
des Motivs, des Standpunkts, des Blickwinkels und des Bild-
ausschnitts für die Szenerie gewinnen und sie in andere
Welten und Zeiten hineinversetzen sollte, war für Schinkel
prägend. Das gleiche Prinzip wählte der Architekt auch bei

der Publikation seiner Entwürfe[6] – hierbei wurde das geplante
bzw. realisierte Gebäude aus einer realistischen Betrachter-
perspektive in einer romantisch belebten Umgebung (Land-
schaft/Stadtraum) dargestellt, wodurch das Bild wie ein
Momentausschnitt während einer Durchwegung des Stadtraums wirkte.

Funktion und Form – Das Gebäude
als funktionaler Hybrid

Das malerische Prinzip und die Bedeutung, die Schinkel der
assoziativen Wirkkraft von Formen und deren Einwirken auf
die menschliche Phantasie beimisst, bestimmen maßgeblich
auch sein architektonisches Verständnis. So konzipiert er
seine Bauten von mehreren Seiten her: Einmal von innen
heraus aus der Funktion; zum anderen von außen her aus
dem Stadtraum. Die Verknüpfung zwischen beiden bildet die
charakteristische Form, die Schinkel als Materialisierung
eines tragfähigen künstlerischen Gedankens versteht. Sie
muss prägnant sein und von Betrachtenden dechiffriert
werden können, um wahrhaft wirksam zu sein:[7] Das kognitive
Verständnis bzw. das Erfühlen des künstlerischen Gedankens
soll die Phantasie des Betrachters und der Betrachterin anregen bzw. diesen Freude an der Erkenntnis von Sinnzusam-
menhängen geben.[8]
   Bei diesem kommunikativen Prozess, in dem das
Bauwerk ein Medium zwischen dem Architekten als Sender
und den Rezipientinnen als Empfängern darstellt, bedient sich
Schinkel mehrerer Elemente. Dabei geht es vor allem um die
Frage der Vermittlungsfähigkeit – wobei er die Forderung
nach einer möglichst klaren, leicht fassbaren Charakterisierung der Gestaltung erhebt: Da bei Werken der Architektur im
Stadtraum „die Standpunkte für die Beschauung unendlich"
seien, plädiert Schinkel für „die möglichste Vereinfachung
aller Formen", weil „die natürlichen Gesetze der Perspektive

[...] ohnehin schon zu einer Tätigkeit der Phantasie auffordern".[9] Grundformen, wie „Cirkel, Quadrat, Oblongum 1:2,
2:3, 1:3" könne das Auge „auch in ihren perspectivischen
Verschiebungen am schnellsten" herausfühlen.[10] Um dieses
„Herausfühlen" bzw. das rationale Erkennen der Grundidee
möglich zu machen, charakterisiert Schinkel seine Bauten
mittels poetischer Elemente und historischer Analogien.[11] Sie
dienen den Betrachtenden als assoziative Anknüpfungs-
punkte zum Verständnis einer Architektur, die immer individu-
ell und nie kopistisch ist.

Bei der grundlegenden Konstellation der zwischen 1816
und 1836 im Berliner Zentrum errichteten Bauten Schinkels
fallen einige Gemeinsamkeiten auf: So handelt es sich häufig
um funktionale Hybride, bei denen durch Kombination unterschiedlicher Nutzungen mustergültige Lösungen für die neuen
Bauaufgaben der bürgerlichen Gesellschaft entwickelt wurden
(Theater, Museum, Schul- und Verwaltungsbauten).[12] Andere
Bauten lassen sich hingegen als ästhetische Hybride apostrophieren, die sich durch die Synthese unterschiedlicher historischer Motive auszeichnen (Neue Wache, Altes Museum).[13]

Trotz aller Gemeinsamkeiten der Bauten – zumeist als
freistehende Einzelbauten symmetrisch gegliedert und klar
konturiert, durch vorgelagerte Platzbereiche ausgezeichnet
und auf einem Sockel stehend – zeigen sich auch Unterschiede: Während die frühen Hybride (Neue Wache 1816–18,
Schauspielhaus 1818–21) Bauten mit bewegter Umfassungs-
linie sind, handelt es sich bei den späteren Projekten (Altes
Museum 1823–30, Bauakademie 1831–35, Bibliothek 1835)
um streng umrissene kubische Baukörper. Dabei werden
prägende klassizistische Elemente, wie vorgesetzte Säulen-
portiken nun entweder als Wandelhallen nach innen gezogen
(Altes Museum) oder entfallen vollständig (Bauakademie,
Bibliothek). Hierin zeigt sich eine sukzessive Reduktion der
Formen vom Vielgliedrigen zum Kubischen, die im Neubau
der Bauakademie kulminiert.

Der Bau im Raum

Auf der anderen Seite bietet sich für die unterschiedliche
Gestaltung der Baukörper eine städtebauliche Deutung an,
wonach die architektonische Form nicht nur einer fortschrei-
tenden Tendenz zur Purifizierung geschuldet, sondern unabhängig vom Entstehungszeitpunkt vor allem szenographisch
motiviert ist (Abb. 1). Da Schinkel den Stadtraum in erster
Linie als einen Handels-, Repräsentations- und Bewegungs-
raum versteht, liegt seinen Bauten die Absicht zugrunde,
zentrale Bedürfnisse der bürgerlichen Gesellschaft – Sehen,
Bewegen und Entdecken – zu befriedigen.

Die von Schinkel geschaffenen Stadträume sind keine
auf einen Punkt hin berechneten Strukturen (wie etwa in der
Barockzeit), sondern laden zur Erkundung und zur Umrun-
dung ein. Die neuen Gebäude dienen ihm als Implantate zur
Schaffung von einprägsamen Konstellationen, die dem Ort
ein charakteristisches Profil geben sollen. Hierdurch wird die
Stadt in ihrem Zentrum zu einer Abfolge von reizvollen Bildern
und visuellen Erlebnissen, die die Passantinnen und Passanten anregen und zum Erkunden auffordern.[14]

Entsprechend vielfältig sind die gestalterischen Ansätze:
So sieht Schinkel in der von langen Straßenfluchten gepräg-
ten Friedrichstadt etwa die Schaffung von *Points de Vue* vor
(Denkmals-/Befreiungsdom 1813–15, Gertraudenkirche 1819,
Hallesches Tor 1819), um das räumliche Potenzial der baro-
cken Stadtstruktur bestmöglich zu nutzen und deren Monoto-
nie aufzubrechen. Bei der Neuen Wache und der
Schlossbrücke (1821–24) greift er hingegen die bestehenden
Typologien der Straße Unter den Linden auf und setzt sie fort:
Während die Brücke die Axialität des Straßenraums unter-
streicht, reiht sich das Wachgebäude in eine Abfolge von
kubischen Kopfbauten ein und behauptet sich im entspre-
chenden Umfeld. Eine andere städtebauliche Rolle nimmt der
Neubau des Schauspielhauses am Gendarmenmarkt ein:

Als zentrales Implantat mit pyramidaler Höhenstaffelung setzt
er die zwei Barockkirchen mit ihren stadtbildprägenden
Türmen in einen neuen Zusammenhang, wodurch auf drei
Seiten des Baus klar definierte Räume unterschiedlichen
Charakters entstehen (Abb. 2). Und mit dem Alten Museum
stellt Schinkel dem mächtigen Barockbau des Stadtschlosses
ein bauliches Gegenüber entgegen, das den zuvor nach
Norden hin offenen Lustgarten wirkungsvoll begrenzt.

Die Kupfergraben-Landschaft –
das griechische Prinzip

Die bedeutendste städtebauliche Schöpfung Schinkels ist
jedoch die sogenannte Kupfergraben-Landschaft zwischen
Museumsinsel und Schleusenbrücke.[15] Zwischen 1816 und
1836 in mehreren Phasen angelegt, handelt es sich dabei um
die bauliche Einfassung jenes schmalen Spreearms (Kupfergraben), der die nördliche Spreeinsel von der Barockanlage
der Dorotheenstadt trennt. Hier greift Schinkel im Bereich des
Lustgartens die Kraftlinien des städtischen Umfelds mit
seinen freistehenden barocken Kuben auf (Zeughaus, Stadtschloss), kann den landschaftlich-offenen Charakter des
Ortes entlang des schrägen Wasserlaufs jedoch bewahren:[16]
Von der Schlossbrücke aus betrachtet, treten sowohl das Alte
Museum als auch der aus drei kubischen Baukörpern bestehende Neue Packhof (1829–31, Abb. 3) in Übereck-Ansicht in
Erscheinung. Auch auf der anderen Seite der Brücke wird das
Prinzip der Reihung von stereometrischen Bauteilen fortge-
setzt: der Kubus der Bauakademie (1831–35) tritt plastisch
hervor, und über der Flucht der Häuser am Schinkelplatz
bereichern die quadratischen Türme der Friedrichwerderschen Kirche (1824–30) auch deshalb die Silhouette, „weil die
Perspective [… sie...] mannigfaltig [...] in ihren Ansichten
gegeneinander verschiebt.“[17] Das Gleiche gilt für die acht
Figurensockel der Schlossbrücke, die – je nach

Standpunkt – eine Vielzahl von Bildern und visuellen Über-
schneidungen ergeben.[18] Und die Gestaltung des Lustgartens
mit Mitteln der Vegetation und Freiraumgestaltung – Öffnungen
für Durchblicke in den flankierenden Baumreihen, Abpflanzen
des Doms mit einer „grünen Wand", gesonderte Baumgrup-
pen etc. – zielt auf die Verknüpfung von „Regelmäßigkeit" und
„Mannigfaltigkeit in den verschiedenen Ansichten".[19]

Insgesamt verkörpert die Kupfergraben-Landschaft auch
auf städtebaulicher Ebene Schinkels Vorliebe für das Griechische bzw. das Mittelalterliche: Nicht die eindimensionale
axiale Anordnung mit zentralen Blickpunkten oder das
Zusammenbinden von Einzelbauten mittels Säulenhallen ist
hier für ihn entscheidend (das römische bzw. barocke Prinzip), sondern die freie Positionierung von Körpern im Raum –
wie sie sich etwa mustergültig bei der Akropolis und der
Agora in Athen zeigt.[20] Durch die Drehung der Gebäudeach-
sen entstehen individuelle, polyrelationale Zwischenräume,
die sich je nach Standpunkt verändern. Zudem stellen sich
bildhafte Überlagerungen und Zusammenklänge von Motiven
ein, die als eine Abfolge von Bildern wahrgenommen werden.
Hierbei gilt für Schinkel dasselbe, was Leo von Klenze Ende
der 1830er Jahre über das Wesen des „malerischen"[21] griechischen Städtebaus schrieb, bei dem er „die reichen und
malerischen Gruppen […] an und über einander gesetzter"
Gebäude bewunderte und den „tief herausfühlenden Sinne"
hervorhob, mit welchem die Griechen „ihre architektonischen
Anlagen und Gruppierungen behandelten."[22]

Schriftliche Äußerungen Schinkels unterstreichen ebenfalls den Stellenwert, den der Architekt einer abwechslungs-
reichen, in Teilen malerischen Gestaltung einer Stadt
beimisst. Die Briefe und Tagebücher seiner Reisen nach
Italien, Frankreich und England belegen die Begeisterung des
Architekten für die Kombination und bildhafte Interaktion von
„charakteristisch" gestalteten Bauteilen in visuell überblickba-
ren Stadt- und Landschaftsräumen (Veduten, Panoramen).[23]

Zur Beschreibung des Zusammenwirkens unterschiedlich
gestalteter plastischer Elemente benutzt er Begriffe aus dem
Bereich der Kommunikation – etwa bei der Charakterisierung
von Warwick Castle in England, dessen Gebäude sich „in
schönster Unterhaltung"[24] um einen Hof gruppieren. Neben
dem Lob für „schöne[n] Gebäudegruppe[n]"[25] in zentralen
Bereichen einer Stadt – siehe etwa die Urteile über den
Camposanto mit Dom, Baptisterium und Turm in Pisa,[26] das
Forum von Pompeji oder den „wunderbar zusammengebau-
t[en] Marktplatz von Pistoia"[27] – kritisiert Schinkel bei Stadtan-
lagen grundsätzlich jegliche „Monotonie und die
Gedanken-Armut", aus der „eine Langeweile" entstehe, „die
oft unerträglich ist."[28] Diese stelle sich dann ein, wenn weder
im Stadtgrundriss noch im Aufriss abwechslungsreiche Strukturen existierten und das Auge keine Anregung finde.[29]

Schließlich lassen sich die für die Kupfergraben-Landschaft charakteristischen städtebaulichen Prinzipien der Indi-
viduierung und Freistellung bei Schinkels Planungen auch auf
architektonischer Ebene erkennen: Etwa in der Verwendung
von freistehenden Glockentürmen (Gertraudenkirche), der
turmartigen Akzentuierung der Gebäudeecken (Neue Wache,
Schloss Tegel) oder der Sequenzierung unterschiedlicher
Gebäudeteile auf einem gemeinsamen Unterbau (Palais-
Projekt Prinz Wilhelm). Zudem bildet Schinkel konsequent
Fugen aus, die unterschiedliche Strukturelemente voneinander trennen (Eckpilaster Altes Museum) bzw. die Gebäude
von den angrenzenden Bauten „freispielen" (Casino Potsdam,
2. Palais-Projekt Prinz Wilhelm).

Vom Malerischen im Städtebau
zum Malerischen in der Architektur

Neue Konstellationen schuf der Architekt auch außerhalb
Berlins – insbesondere im Bereich des herrschaftlichen
Bauens. Die Ausweitung der ab den 1660er Jahren angelegten

Potsdamer Sommerresidenz zu einer weiträumigen Residenzlandschaft geht dabei maßgeblich auf Schinkel zurück. Zusammen mit dem architekturbegeisterten Kronprinzen Friedrich Wilhelm (dem späteren König Friedrich Wilhelm IV.) legte er das bauliche Leitbild für den weiteren Ausbau bis in die 1910er Jahre hinein fest. Mit den Sommerschlössern für die Hohenzollern-Prinzen erweiterte Schinkel nicht nur den Park von Sanssouci nach Süden (Charlottenhof 1827, Römische Bäder ab 1829), sondern schuf direkt am Wasser auch neue Anlagen, die die Havellandschaft kongenial nutzten: So gewährten die an den Hängen des Babelsbergs und des Schäferbergs errichteten „Bruderschlösser" Babelsberg (1834–35) und Glienicke (ab 1825) weite Ausblicke über die Wasserflächen und fungierten zugleich als *Points de Vue* in einem ausgefeilten Netz neuer Blickbezüge, durch die das gesamte Gebiet in romantischer Form künstlerisch überhöht und miteinander in Beziehung gesetzt wurde.

Zwischen den Staatsbauten und den privaten Anlagen zeigen sich einige Unterschiede. So differenziert Schinkel nicht nur zwischen städtischen und ländlichen Typologien, sondern vor allem auch zwischen einem repräsentativen und einem wohnlich-privaten Charakter. Während Schinkel bei öffentlichen Gebäuden im städtischen Bereich eine „Vollständige Symmetrie"[30] propagiert, da diese von zahlreichen Menschen frequentiert würden und leicht verständlich sein müssten, schreibt er asymmetrischen Gruppierungen einen eher wohnlichen Charakter zu: „Überhaupt werden Bauwerke dieser Art das Wohnliche haben und das Individuelle einzelner menschlicher Verhältnisse, [die] erst so interessant seyn können als der Character des Individuums selbst."[31]

De facto lassen sich im Bereich des ländlichen Wohnens mehrere Ansätze feststellen: Diese reichen von streng gegliederten, repräsentativen Schlossbauten über kubische Pavillons mit symmetrisch gegliederten Fassaden bis hin zu additiv komponierten, aus mehreren Bauteilen asymmetrisch

zusammengesetzten Landsitzen. Die räumlichen und städtebaulichen Konstellationen sind dabei unterschiedlich und
hängen vom jeweiligen Umfeld ab. Während der Neue Pavillon
(1824–25) im Garten von Schloss Charlottenburg sich durch
seine blockhafte Form in einem streng architektonisierten
Umfeld gegen die mächtigen Barocktrakte behauptet, treten
die drei Prinzenschlösser zwischen Glienicke und Sanssouci
in einen Dialog mit der umliegenden Park- und Seenlandschaft.

Vor allem die Schlösser Glienicke und Charlottenhof mit
den Römischen Bädern (ab 1826 bzw. ab 1829, Abb. 4)
zeigen dabei mustergültig das Prinzip der „malerischen"
Zusammenstellung von einzelnen Bauteilen, die durch
Elemente der Freiraumplanung, wie Pergolen, Arkaden, Trep-
pen, Rankgerüste, Altane und Lauben mit der Landschaft
verschmelzen. Als „arkadische" Bauten „für den Genuß des
Landlebens"[32] spielen diese Baugruppen mit dem Thema des
Ein- und Ausblicks: Sie sind einerseits als visuelle Bezugs-
punkte in herausgehobene Landschaftsbereiche gesetzt
(Einsehbarkeit) und bieten andererseits entsprechend privile-
gierte Ausblicke (Panorama). Die pittoreske Addition von
Bauteilen samt Nebenbauten in der Parklandschaft lässt die
Landsitze zudem als das Ergebnis eines langjährigen Wachs-
tumsprozesses erscheinen – und bietet gleichsam die
Möglichkeit, sie auch in Zukunft weiterzubauen.[33] Dies funk-
tioniert vor allem bei den asymmetrisch gegliederten Anlagen
Glienicke, Babelsberg und Römische Bäder gut, deren Einzel-
elemente sich pyramidal um einen Turm bzw. um ein erhöh-
tes Zentrum gruppieren.

Die Idee eines solchen visuellen Kraftzentrums innerhalb einer additiv um mehrere Höfe orientierten Anlage findet
sich schließlich auch in Schinkels Residenzplanungen der
1830er Jahre wieder. Ganz gleich, ob diese streng symmetrisch konzipiert (Orianda 1838) oder asymmetrisch organisiert
sind (Akropolis 1834, Residenz eines Fürsten 1835) – immer
existiert zumindest ein vertikaler Gegenpol zu den lagernden,

horizontal gegliederten Hauptmassen der Anlagen. Während Orianda eine konzentrische Struktur mit einem hohen Tempelbau im Zentrum aufweist, sind die Hochpunkte bei der Akropolis und der Fürstenresidenz seitlich angeordnet und umrahmen die niedrigeren Hauptgebäude (Thronsaal etc.). Im Fall der Akropolis entsteht durch die Einfassung der historischen Großbauten aus griechischer Zeit dabei eine sensibel ausponderierte Collage, die Antike und Gegenwart symbolisch in Beziehung setzt.[34]

Zwischen Akropolis
und Bauakademie – Wege ins heute

Zwischen der Collage der „legitimistischen"[35] Akropolis-Planung und der Autonomie der „technizistischen" Bauakademie scheinen – trotz gleicher Entstehungszeit und einiger Gemeinsamkeiten[36] – inhaltlich und gestalterisch Welten zu liegen. Letztlich demonstrieren beide Projekte jedoch das gesamte Spektrum der Konstellationen im Spätwerk Schinkels zwischen Reduktion und Addition, zwischen autonomem Kubus und räumlicher Kombination.

Vielleicht muss man den Blick nur etwas weiten, um zu einer neuen Perspektive zu kommen: Was ist denn Schinkels Kupfergraben-Landschaft vom Packhof im Norden bis zur Bauakademie im Süden anderes als ein künstlerisches In-Beziehung-Setzen eigenständiger Bauteile? Das akropoleische Prinzip der Collage findet hier in einer Neuinterpretation seine Anwendung – und ermöglicht erst die Integration innovativer Architekturen in ein Umfeld historischer Großbauten. Hierin liegt die besondere Leistung Schinkels: Im Abkoppeln der Gesamtwirkung eines Stadtraums von der stilistischen Gleichförmigkeit seiner einzelnen Glieder. Oder anders ausgedrückt: In der Steigerung des ästhetischen Reizes dieses Raums durch die Möglichkeit eines zeitgemäßen Weiterbauens und Hinzufügens.

Somit lässt sich auch die Bauakademie als Teil des Aufbruchs vom barocken Berlin zum „Spree-Athen" der ersten und schließlich zum „Spree-Chicago" der zweiten Hälfte des 19. Jahrhunderts apostrophieren. Das „Prinzip Akropolis" und seine Neuinterpretation in Schinkels Kupfergraben-Landschaft werden in der Folge nicht nur zur Grundlage der Museumsinsel,[37] auf der Einzelbauten von Schinkel über Stüler, Strack und Messel bis hin zu Ungers und Chipperfield nebeneinander stehen. Vielmehr dient es – auch darin analog zur Architektur der Bauakademie – als Referenzpunkt für das Raumverständnis der Moderne („Stadtlandschaft")[38] und der Postmoderne („Stadtarchipel").[39]

Insofern wäre es nur folgerichtig, wenn die Museumsinsel heute jenseits der Schlossbrücke einen zeitgenössischen Konterpart erhielte, der mit den Korridorstrukturen des „kritisch rekonstruierten"[40] Umfelds bricht. Die Konzepte der Studierenden zum Umgang mit dem Geist der Bauakademie zeigen hierzu mögliche Wege auf – und das ohne die Außenerscheinung des Baus zu rekonstruieren.

1 Sowohl der Bau der Kunstgewerbeschule in Weimar (Henry van de Velde, 1905/06) als auch das Bauhaus-Gebäude in Dessau (Walter Gropius, 1925/26) sind seit 1996 Teil der Welterbe-Liste der UNESCO.

2 Rossi, Aldo: *The Architecture of the City*. Cambridge/London 1984 [1966], insb. S. 57–61

3 Siehe u. a. Pundt, Hermann G.: *Schinkels Berlin*. Frechen 2002 [1972], insb. S. 107–120

4 U. a. „Der Brand von Moskau", 1812

5 „Panorama von Palermo", 1808

6 Schinkels *Sammlung Architektonischer Entwürfe* erschien ab 1819 in insgesamt 28 Heften mit 174 Tafeln.

7 Siehe zum Charakteristischen und zur Rezeption von Kunst Schinkels Ausführungen in Peschken, Goerd: *Karl Friedrich Schinkel. Das Architektonische Lehrbuch*. Berlin 2001, S. 49 f., insb. S. 50 (klassizistische Lehrbuchfassung, Heft 2, Bl. 36)

8 Siehe u. a. ebd., S. 149 (technizistische Lehrbuchfassung, Heft 3, Bl. 19). Der Gedanken findet sich aber bereits beim „Religiösen Gebäude", ebd. S. 31 f. (romantische Lehrbuchfassung, Heft 4, Bl. 10, 11). Siehe insbesondere auch Schinkels frühe Gedanken zur Entstehung von Architektur: Schinkel, Karl Friedrich: „Entwurf zu einer Begräbniskapelle für Ihre Majestät die Hochselige Königin Luise von Preußen, 1810". In: Wolzogen, Alfred Freiherr von: *Aus Schinkel's Nachlaß. Reisetagebücher, Briefe und Aphorismen. Mitgetheilt und mit einem Verzeichniß sämmtlicher Werke Schinkel's versehen*. Berlin 1863, Bd. 3, insb. S. 156–158, S. 160; zudem: Ders.: „Gedanken und Bemerkungen über Kunst im Allgemeinen". In: Ebd., S. 345–375, hier S. 364

9 Peschken 2001, S. 87 (klassizistische Lehrbuchfassung, Heft 4, Bl. 41): „Deßhalb sind die einfachsten Formen die angemessensten, die einfachsten Verhältnisse die vorteilhaftesten."

10 Ebd.

11 Siehe hierzu u. a. Forssmann, Erik: „Das Historische und das Poetische". In: Ders.: *Karl Friedrich Schinkel. Bauwerke und Baugedanken*. München u. a. 1981, S. 37–87

12 So schlägt sich etwa die multifunktionale Nutzung des Schauspielhauses mit Konzertsaal, Theatersaal und Magazinbereichen in einem hierarchisierten dreiteiligen Aufbau nieder.

13 Schinkel konzipiert das Wachgebäude – einen zeitgenössischen Funktionsbau mit quadratischer Grundform – in antikisierender Form als Kombination aus griechischen (dorische Vorhalle mit Tympanonbekrönung) und römischen Motiven („Castrum" mit Ecktürmen). Eine ähnlich schöpferische Zusammenstellung findet sich beim Alten Museum, bei dem das griechische Motiv der Säulenhalle (Stoa poikile) mit dem römischen Motiv des überkuppelten Rundbaus (Pantheon) in einem Antentempel kombiniert wird.

14 Dass Schinkel in dieser Form dachte, belegt etwa sein Tagebucheintrag über eine Bootsfahrt auf der Themse in London 1826: „Besonders schöne Bilder bietet eine solche Themsefahrt durch die verschiedenen Brückenbögen dar, welche an Venedig erinnern und köstliche natürliche Rahmen um die einzelnen Veduten der Stadt bilden." Wolzogen 1863, Bd. 3, S. 130

15 Der Terminus „Kupfergraben-Landschaft" geht zurück auf: Peschken, Goerd: „Schinkels Bauakademie in Berlin. Ein Aufruf zu ihrer Rettung. Berlin 1961". In: Ders.: *Baugeschichte politisch. Schinkel. Stadt Berlin. Preußische Schlösser. Zehn Aufsätze in Selbstkommentaren* (= *Bauwelt Fundamente*, Bd. 96). Braunschweig/Wiesbaden 1993, insb. S. 17 ff. Siehe zudem: Ders. [Vorlage über eine Stadtplanung Schinkels, Sitzung am 10.10.1961]. In: *Archäologischer Anzeiger 1962*. Heft 4/1963 (= Beiblatt zum Jahrbuch des Deutschen Archäologischen Instituts), 1963, insb. Sp. 872. Siehe zum Thema auch: Pundt 2002, S. 169–178, 189–197. Wichtige Anregungen zu diesem Thema verdankt der Autor auch einem 2002/03 an der TU Berlin durchgeführten Seminar von Fritz Neumeyer zum Werk Schinkels.

16 Die Einbeziehung vegetativer Elemente und die szenographische Belebung des Wassers in Schinkels Veröffentlichungen samt entsprechender Spiegelungen unterstreichen den landschaftlichen Charakter.

17 Schinkel, Karl Friedrich: *Sammlung Architektonischer Entwürfe. Neue vollständige Ausgabe in CLXXIV Tafeln, Textband*. Berlin 1858, Texts. 7 recto

18 Ihre Aufgabe – so Schinkel – sei es, dem Straßenraum durch die Reihung gleichförmiger Elemente „zu beiden Seiten eine Beschränkung zu geben, weil sonst der Eindruck wüst und leer" werde. Rave, Paul Ortwin: *Berlin. Stadtbaupläne, Brücken, Straßen, Tore, Plätze* (= *Karl Friedrich Schinkel. Lebenswerk* [Bd. 5]). Berlin 1948, S. 64

19 Schinkel, Karl Friedrich: Plan des Lustgarten, Entwurfszeichnung 1828, zit. nach: Rave 1948, S. 112–114, hier S. 113

20 Siehe die Zuordnung von Parthenon, Erechtheion und Propyläen. Schinkel selbst erwähnt als „Beispiel griechischer Freiheit" der Baukörperkombination: „Propyläen in Athen Nike Tempel u. Piedestal des Agrippa". Peschken 2001 (s. Anm. 7), S. 148 (technizistische Lehrbuchfassung, Heft 3, Bl. 19)

21 Klenze, Leo von: *Aphoristische Bemerkungen gesammelt auf seiner Reise nach Griechenland.* Berlin 1838, Bd. 1, S. 410

22 Ebd., S. 417, 418 f. Klenze erwähnt hier zudem noch Beispiele des römischen Städtebaus, wie das Forum in Pompeji, das Forum Romanum und den Palatin in Rom.

23 Die Bauten Roms kommen Schinkel bei seinem ersten Besuch – vermittelt durch die Vielzahl an Stichpublikationen – bereits bekannt vor; ihr Anblick in der Natur hat aufgrund der „malerischen Zusammenstellung" jedoch „etwas Überraschendes" für den jungen Architekten. Schinkel, Karl Friedrich: „Brief an David Gilly" [1804]. In: Ders./Riemann, Gottfried (Hg.): *Reisen nach Italien. Tagebücher, Briefe, Zeichnungen, Aquarelle.* Berlin 1988³ [1979], S. 120. Siehe hierzu auch Rave, Paul Ortwin: „Schinkel in Rom" [1943]. In: Ders.: *Schriften über Künstler und die Kunst.* Ausgewählt, herausgegeben und eingeleitet von Stephan Waetzoldt. Stuttgart 1994, S. 39–43

24 Wolzogen 1863, Bd. 3, S. 70

25 Mackowsky, Hans: *Schinkel. Tagebücher, Briefe.* Frankfurt/Berlin/Wien 1981, S. 127

26 Ebd.

27 Ebd., S. 142

28 Schinkel, Karl Friedrich: „Allgemeines über die Stadt-Anlage von Krefeld, 26.8.1824". Zit. nach Riemann, Gottfried: „Schinkels Aufenthalte im Rheinland". In: Giersberg, Hans Joachim (Bearb.): *Schinkel im Rheinland.* Ausst.Kat. Düsseldorf/Potsdam-Sanssouci, Düsseldorf 1991, S. 49

29 Als Beispiel für die Einförmigkeit einer Stadtanlage nennt Schinkel etwa London, dessen „Ende nirgends abzusehen" sei auch aufgrund der „Menge der leicht und mit ermüdender Monotonie gebauten Wohnhäuser". Wolzogen 1863, Bd. 3, S. 46, 63 f.

30 Peschken 2001, S. 116 (technizistische Lehrbuchfassung, Heft 3, Bl. 14)

31 Ebd.

32 Schinkel 1858, Texts. 11 recto („Charlottenhof bei Potsdam, Seiner Majestät dem Könige Friedrich Wilhelm IV. von Preussen gehörig. Die Gärtnerwohnung.")

33 Ebd.: „Die ganze freundliche Anlage dieser kleinen Villa gestattet, nach dem Gefühl, Vergrößerungen und neue Zusätze im selben Geiste der verschiedenen Räumlichkeiten, […]."

34 Schinkel, Karl Friedrich: „Brief an den Kronprinzen Max von Bayern" [1834]. In: Mackowsky, Hans: *Schinkel. Tagebücher, Briefe.* Frankfurt/Berlin/Wien 1981, S. 181. Schinkel schreibt, dass sich der Architekt bei der Planung an einem solchen historischen Ort „in die Natur dieser Localität vertiefen und ihr mannigfach Gegebenes schön für sein Werk benutzen" müsse: „Schwerlich dürfte dann ein Werk nach den lang abgenutzten neuitalienischen und neufranzösischen Maximen hervorgehen, worin besonders ein Mißverstand in dem Begriff von Symmetrie soviel Heuchelei und Langeweile erzeugt hat und eine ertödtende Herrschaft errang."

35 Zu dieser und zur folgenden Charakterisierung der Phasen im Oeuvre Schinkels siehe Peschken 2001, S. 1

36 Gemeinsamkeiten zeigen sich etwa in der Verwendung innovativer Materialien. So konzipierte Schinkel für die geplante Zarenresidenz Orianda auf der Krim als Zentralgebäude einen „vermittelst großer Spiegelscheiben fast durchsichtige[n] Pavillon in Tempelform". Schinkel, Karl Friedrich: „Schreiben an Kaiserin Alexandra Feodorowna 1838". In: Wolzogen 1863, Bd. 3, S. 336–341, hier S. 338

37　　Initiiert durch Friedrich Wilhelm IV. im Todesjahr Schinkels als „Freistätte für Kunst
　　　und Wissenschaft". Das Zitat: Festschrift zur Feier ihres 50jährigen Bestehens am
　　　2.8.1880. Zur Geschichte der Königlichen Museen in Berlin. Berlin 1880, zit. n.
　　　Gaethtgens, Thomas W.: *Die Berliner Museumsinsel im Deutschen Kaiserreich.*
　　　München 1992, S. 70

38　　Le Corbusier: *Städtebau*. Übersetzt und herausgegeben von Hans Hildebrandt,
　　　Stuttgart/Berlin/Leipzig 1929 [1925], S. 192. In Hildebrandts deutscher Übersetzung
　　　von Le Corbusiers *Urbanisme* (1925, dt. 1929) findet sich – meines Wissens nach –
　　　erstmals der Begriff der „Stadtlandschaft", deren Weite von Le Corbusier der
　　　ungeliebten Korridorstraße entgegengestellt wird. Hans Scharoun verwendet die
　　　Terminologie dann als Leitbegriff für den Kollektivplan zum Wiederaufbau Berlins
　　　1946. Siehe zu Letzterem Lampugnani, Vittorio Magnago: *Die Stadt im*
　　　20. Jahrhundert. Visionen, Entwürfe, Gebautes. Berlin 2010, Band 2, S. 618

39　　Siehe hierzu u. a. Kuehn, Wilfried: „1977. Oswald Mathias Ungers. Grünes
　　　Stadtarchipel". In: Krohn, Carsten (Hg.): *Das ungebaute Berlin. Stadtkonzepte im*
　　　20. Jahrhundert. Ausst.Kat. Berlin, Berlin 2010, S. 206–208

40　　Zum Terminus siehe Stimmann, Hans: „Neue Berliner Büro- und Geschäftshäuser".
　　　In: Ders. (Hg.)/Burg, Annegret: *Berlin Mitte. Die Entstehung einer urbanen Architektur.*
　　　Gütersloh/Berlin u. a. 1995, S. 6, S. 12–18. Der Begriff „Kritische Rekonstruktion"
　　　geht zurück auf die Internationale Bauausstellung 1984/87 in West-Berlin und wurde
　　　durch den Architekten Josef Paul Kleihues geprägt, der für den Bereich Neubau und
　　　für die Südliche Friedrichstadt zuständig war.

1   Karl Friedrich Schinkel (Entwerfer);
     Friedrich Wilhelm Schwechten
     (Stecher): Entwurf zum neuen Theater
     in Hamburg als Szenenbild, 1828
2   Karl Friedrich Schinkel (Entwerfer);
     Normand Sohn (Stecher):
     „Perspectivische Ansicht der Seitenfa-
     cade des Neuen Schauspielhauses
     in Berlin", 1821

1   Karl Friedrich Schinkel (designer);
     Friedrich Wilhelm Schwechten
     (engraver): Design for the new theater
     in Hamburg as scenery, 1828
2   Karl Friedrich Schinkel (designer);
     Normand Sohn (engraver):
     "Perspective View of the Side Facade
     of the Neues Schauspielhaus
     in Berlin", 1821

| 3 | Karl Friedrich Schinkel (Entwerfer); Carl Ferdinand Berger (Stecher): „Perspectivische Ansicht der Neuen Packhofs-Gebäude" in Berlin von der Schlossbrücke aus, 1834 | 3 | Karl Friedrich Schinkel (designer); Carl Ferdinand Berger (engraver): "Perspective View of the New Packhof Buildings" in Berlin from the palace bridge, 1834 |
| 4 | Karl Friedrich Schinkel (Entwerfer); Wischneski (Stecher): „Perspectivische Ansicht von dem Gärtnerhause in Charlottenhof bei Potsdam", 1835 | 4 | Karl Friedrich Schinkel (designer); Wischneski (engraver): "Perspective View from the Gardener's House in Charlottenhof near Potsdam", 1835 |

KARL FRIEDRICH SCHINKEL:
BUILDING WITHIN SPACE

Andreas Zeese

The longer it is gone, the more it is romanticized. In this respect, the *Bauakademie* (Building Academy) is hardly different from the Bauhaus, whose 100th anniversary two years ago was exhaustively explored and has been elevated to be revered as a cornerstone of modern, internationally sustainable German cultural understanding. But while the Bauhaus, whose teaching buildings in Weimar and Dessau[1] still stand, is primarily memorized as an institution and only secondly as a built form today, the *Bauakademie* is exactly the opposite: It is now anchored in Germany's cultural memory less as an institution than it is, as Aldo Rossi used to put it, due to its permanence of form[2]. The "myth of the *Bauakademie*" is, in this respect, particularly the myth of an architectural icon that no longer exists, whose easily comprehensible external appearance has been handed down in perspective drawings, paintings and photographs.

Various aspects contribute to this iconicity, which is still comprehensible and medially communicable today: Stringency of the design, visibility and variance of the material, repetition of the elements, clarity of the lines—and resulting from this, a certain monumentality despite reduced size. Whether in Schinkel's illustrative drawing, in the paintings of Eduard Gärtner, or in later photographs: In medially conveying the building in its surroundings, a similar effect arises, like Ludwig Mies van der Rohe sought 80 years later in the presentation of his groundbreaking building studies (glass skyscraper 1922, office building 1923, Adam department store 1928):

The free-standing building respectively emerges from different angles in an angled-diagonal view. In addition, it breaks away from the small-scale structured neighboring houses not only as a stereometric body, but with regard to materiality and color. Both from an urban-development as well as a design point of view, the building thus appears as a non-relational monument that rests within itself and does not make reference to any other building—but stands solely for itself.

This spatial and creative autonomy of the *Bauakademie* raises the question of fundamental urban and functional approaches in Schinkel's oeuvre: Which constellations are typical for Schinkel's architecture? In order to clarify this, one must first take a look at Schinkel's self-conception as a designer.

Review: Schinkel as a spatial artist—The picturesque as a principle

Karl Friedrich Schinkel's planning work can only be understood against the background of his multifaceted talent as a painter, stage designer and architect, as well as his professional activity as a top official of the Prussian monarchy. This specific constellation formed the basis of the spatial constellations he created during the four decades of his work, both on a visual, as well as on an architectural level.

The components of Schinkel's architectural and spatial constellations—substructures, plinths, open stairways, colonnaded vestibules—come from a wide arsenal of motifs that the young architect acquired during his education and travels. A large part of these elements can already be seen in the design of Schinkel's later teacher, Friedrich Gilly, of a monument to Friedrich II, which became an architectural "epiphany" for the 16-year-old Schinkel in 1797. Gilly's approach to the monument as a landscape element was particularly exemplary for the budding architect, which entailed adding a new landmark to the urban space of Berlin, serving as a center-piece for the new district's development. With its pyramidal stepped peripteros-crowned complex, Gilly also created the stage for the aspiring bourgeoisie, who could stroll along the stairways, providing a vantage point over the city and land-scape. Although Gilly's monument on Leipziger Strasse was still committed to the Baroque central perspective, the all-round angled staircases, however, took into account changing images and perspectives during one's ascent and descent. The individual spatial movement established a modern perspective: the flaneur became the director of his/her own visual experiences.

The scenographic component also played a decisive role for Schinkel as an architect: Before 1815, as a painter and set designer, he was not only able to try out strategies for artisti-cally showcasing architecture, but also to test the artistic effect of buildings and spatial sceneries in general.[3] With his numerous oil paintings, the many sceneries and the large dioramas (publicly presented, sensational diagrams for the audience at the time, which demonstrated historical events[4] or landscape constellations[5] through light effects and accompa-nying music) he created three-dimensional worlds on two-di-mensional canvases. A formative element for Schinkel entailed the picture-perfect production of spatial effects, which was to win the viewer over by selecting the motif, point of view, angle of view and imagery detail and which was intended to whisk the viewer away into other worlds and eras of time. The archi-tect also chose the same principle when publishing his designs[6]—in this case, the planned or materialized building was presented from a realistic viewer's perspective in a romantically animated environment (landscape/urban space), whereby the image came across like a snapshot during a stroll through the urban space.

Function and design: The building
as a functional hybrid

The scenic principle and the importance that Schinkel attaches to the associative power of forms and their influence on the human imagination also determine his architectural understanding. In this way, he conceived his buildings from a plurality of perspectives: on the one hand, from the inside and their function, on the other hand, from the outside, looking at them from the cityscape. The amalgamation of these two perspectives establishes the characteristic form that Schinkel understood as the materialization of a viable artistic thought. In order to be truly effective, it must be concise and able to be deciphered by the viewer.[7] The cognitive understanding or the feeling of the artistic thought is intended to stimulate the imagination of the viewer or to give the pleasure of understanding the contexts at hand.[8]

In this communicative process, in which the building is a medium between the architect as a encoder and the recipient as a decoder, Schinkel uses several elements. The main issue is the question of communicability—and he calls for the clearest possible, easy-to-understand characterization of design: Since in the case of works of architecture in urban space "points of view are infinite", Schinkel advocates "the utmost simplification of all forms" because "the natural laws of perspective [...] already call for an activity of imagination".[9] Basic shapes, such as "circle, square, oblongum 1:2, 2:3, 1:3", can be sensed by the eye "the fastest, even in their perspective shifts".[10] In order to make this "sensing" or the rational recognition of the basic idea possible, Schinkel characterizes his buildings using poetic elements and historical analogies.[11] For the viewer, they serve as an associative link to the understanding of a form of architecture that is always individual and never a copy.

In the basic constellation of Schinkel's buildings erected in the center of Berlin between 1816 and 1836, some similarities stand out: These are often functional hybrids in which exemplary solutions for the new construction tasks of bourgeois society (theater, museum, school and administrative buildings) were developed by combining different uses.[12] Other buildings can be apostrophized as aesthetic hybrids, which are characterized by the synthesis of different historical motifs (*Neue Wache* [New Guard], *Altes Museum* [Old Museum]).[13]

Despite all the similarities of the buildings—usually structured symmetrically and clearly contoured as free-standing individual buildings with distinguishing square areas in front and standing on a pedestal—there are also differences: While the early hybrids (*Neue Wache* 1816–18, *Schauspielhaus* [Theater] 1818–21) are buildings with a fluid perimeter, the later projects (*Altes Museum* 1823–30, *Bauakademie* 1831–35, *Bibliothek* [Library] 1835) are strictly defined cubic constructions. Formative classicist elements, such as column porticoes in front, are either drawn inwards as foyers (*Altes Museum*) or completely omitted (*Bauakademie, Bibliothek*). This shows a gradual reduction of the forms, from the multi-member to the cubic, which culminates in the new building of the *Bauakademie*.

The building in a spatial context

On the other hand, the differing design of these buildings can be interpreted in terms of urban planning; from this point of view, the architectural design is not only due to a progressive tendency toward purification, but is primarily scenographically motivated regardless of the time it was created (Fig. 1). Since for Schinkel, urban space primarily serves the purposes of trade, representation and mobility, his buildings are based on the intention to satisfy the central needs of bourgeois society— visual enjoyment, promenading and exploring.

The urban spaces created by Schinkel are not structures calculated for one point of view (as in the Baroque period), but invite you to explore and circumnavigate. The new buildings serve as incorporations for the creation of memorable constellations, which are to give the place a characteristic profile. This turns the city in its center into a series of delightful images and visual experiences that inspire and encourage passers-by to explore.[14]

Accordingly, the design approaches are just as multifaceted: In this way Schinkel provided for the creation of *points de vue* (Memorial/Liberation Cathedral 1813–15, *Gertraudenkirche* 1819, *Hallesches Tor* 1819) in the Friedrichstadt city district, which is marked by long streetscapes, in order to make the best use of the spatial potential of the Baroque city structure and to break up its monotony. At the *Neue Wache* and the Schlossbrücke (1821–24), on the other hand, he takes up the existing typologies of the street, Unter den Linden, and continues them: While the bridge underlines the axiality of the road space, the guard building is part of a sequence of cubic head buildings and asserts itself in the appropriate environment. The new construction of the theater located at Gendarmenmarkt (square in Berlin) takes on a different urban architectural role: As a central incorporation characterized by pyramidal height graduation, it places the two Baroque churches with their cityscape-defining towers in a new context, thereby creating clearly defined spaces of different character on three sides of the building (Fig. 2). And with the *Altes Museum*, Schinkel contrasts the mighty Baroque building of the *Stadtschloss* (Berlin Palace) with a structural counterpart that effectively limits the *Lustgarten* (Pleasure Garden) that had previously had an open side facing the north.

Kupfergraben landscape:
The Greek principle

The most important urban creation of Schinkel, however, is
the so-called Kupfergraben landscape between Museumsinsel
and Schleusenbrücke.[15] Created between 1816 and 1836 in
several phases, this is the structural enclosure of that narrow
arm of the Spree (Kupfergraben), which separates the northern
Spree island from the Baroque complex of the Dorotheenstadt
city district. Here, Schinkel takes up the lines of force of the
urban environment with its free-standing Baroque cubes
(*Zeughaus* [Arsenal], *Stadtschloss*) in the area of the
Lustgarten, but can preserve the scenically open character of
the place along the sloping course of water:[16] Viewed from
Schlossbrücke, both the *Altes Museum* and the *Neuer Packhof*
(1829–31, Fig. 3) are seen in angled-diagonal view. Also, on
the other side of the bridge, the principle of ordering the
stereometric components is continued: the cube of the
Bauakademie (1831–35) vividly emerges, and over the spac-
ing of buildings at Schinkelplatz, hence, the square towers of
the Friedrichwerder church (1824–30) enrich the silhouette,
"because the perspective diversly shifts [... them...] manifold
in their views against each other."[17] The same applies to the
eight figure bases of the Schlossbrücke, which, depending on
the point of view, result in a variety of images and visual over-
laps.[18] And the design of the *Lustgarten* by means of vegetation and open-space design—openings for views in the
flanking rows of trees, planting of a "green wall" at the cathedral with a separate groups of trees, etc.—aims at the combination of "regularity" and "diversity among the plethora
of views".[19]

Overall, the Kupfergraben landscape embodies Schinkel's
fondness for the Greek and the medieval also on the urban
level: It is not the one-dimensional axial arrangement with
central points of view or the binding of individual buildings

by means of columned halls that is decisive for him here (the Roman or Baroque principle), but the free positioning of bodies within a spatial context, as it is shown exemplary at the Acropolis or at the Agora in Athens.[20] The rotation of the building axes creates individual, polyrelational spaces, which change depending on the point of view. In addition, pictorial overlays and harmonies of motifs arise, which are perceived as a sequence of images. Here, the same is true for Schinkel as it is for Leo von Klenze, who wrote at the end of the 1830s about the nature of "picturesque"[21] Greek urbanism, in which he admired "the rich and picturesque groups [of buildings] set on and over one another" and emphasized the "deeply empathetic sense" with which the Greeks "treated their architectural installations and groupings."[22]

Schinkel's written statements also underline the importance that the architect attaches to a varied, partly picturesque design of a city. The letters and diaries of his travels to Italy, France and England demonstrate the architect's enthusiasm for the combination and pictorial interaction of "characteristically" designed components in visually surveyable urban and landscape spaces (vedutes, panoramas).[23] To describe the interaction of differently designed plastic elements, he uses terms from the field of communication—for example, in the characterization of Warwick Castle in England, whose buildings are grouped "in pleasant conversation with one another" around a courtyard.[24] In addition to the praise for "beautiful groups of buildings"[25] in central areas of a city (see, for example, his judgement of the *Camposanto Monumentale* with the cathedral, baptistery and tower in Pisa,[26] the Forum of Pompeii or the "wonderfully assembled market place of Pistoia"[27]) Schinkel criticizes basically any "monotony and the poverty of thought" in urban complexes from which "a boredom arises".[28] This occurs, he states, when there are no varied structures in the city layout or in the outline and there are no stimuli for the eye to perceive.[29]

Ultimately, the urban principles of individuation and exemption characteristic of the Kupfergraben landscape can also be recognized on an architectural level in Schinkel's plans: For example, in the use of free-standing bell towers (*Gertraudenkirche*), the tower-like accentuation of the building corners (*Neue Wache, Schloss Tegel)* or the sequencing of different parts of the building on a common substructure (palace project for Prince Wilhelm). In addition, Schinkel consistently trains joints that separate different structural elements from each other (corner pilaster of the *Altes Museum*) or "free" the buildings from their adjacent buildings (Potsdam Casino, second palace project for Prince Wilhelm).

From the picturesque in urban construction to the picturesque in architecture

The architect also created new constellations outside Berlin—especially in the field of stately construction. The expansion of the Potsdam summer residence, which had been built from the 1660s onwards, into a large residential landscape is largely due to Schinkel. Together with the architecturally enthusiastic Crown Prince Friedrich Wilhelm (later King Friedrich Wilhelm IV) he laid out the architectural model for further expansion until the 1910s. With the summer castles for the Hohenzollern princes, Schinkel not only extended the park from Sanssouci to the south (*Charlottenhof* 1827, *Römische Bäder* from 1829), but also created new facilities directly on the water, which used the Havel landscape congenially: Thus, the "brother castles" Babelsberg (1834–35) and Glienicke (from 1825) built on the slopes of the Babelsberg and the Schäferberg mountains provided wide views over the water surfaces and at the same time functioned as *points de vue* in a sophisticated network of new visual references, through which the entire area was artistically exaggerated and related in romantic form.

There are several differences between urban buildings and private complexes. Schinkel not only differentiates between urban and rural typologies, but above all also between a representative and a residential-private character. While Schinkel propagates a "complete symmetry"[30] in public buildings in urban areas, as they are frequented by many people and must be easy to understand, he attributes a more homely character to asymmetric groups: "In general, buildings of this kind will have the homely and the individual of individual human relationships that can only be so interesting as the character of the individual himself."[31]

Several approaches can, in fact, be identified in the field of rural living: These range from strictly structured, representative castle buildings to cubic pavilions with symmetrically structured facades all the way to additively composed country estates consisting of several asymmetrically composed components. The spatial and urban constellations are different and depend on the respective environment. While the New Pavilion (1824–25) in the garden of Charlottenburg Palace asserts itself against the mighty Baroque wings in a strictly architectural environment, the three princely castles between Glienicke and Sanssouci enter into a dialogue with the surrounding park and lake landscape.

Especially the castles, Glienicke and Charlottenhof with the Roman baths (from 1826 and from 1829, Fig. 4), show the principle of the "picturesque" composition of individual components, which merge with the landscape via elements of open-space planning, such as pergolas, arcades, stairs, trellis, balconies and arbors. As "Arcadian" buildings "for the enjoyment of rural life",[32] these assemblies play with the theme of insight and outlook: on the one hand, they are placed as visual reference points in elevated landscape areas (viewability) and on the other hand they offer correspondingly privileged views (panorama). The picturesque addition of components and annexes in the park landscape also makes the country estates appear as the result of a long-term growth process—and offers the possibility of continuing to build them in the future.[33] This works particularly well with the asymmetrically structured facilities (Glienicke, Babelsberg and Roman Baths) whose individual elements are grouped pyramidally around a tower or around an elevated center.

The idea of such a visual power center within an additively oriented complex around several courtyards is finally also reflected in Schinkel's residency plans of the 1830s. Whether they are strictly symmetrically conceived (*Orianda* 1838) or asymmetrically organized (Acropolis 1834, *Residenz eines Fürsten* [Princely Residence] 1835), there is always at least one vertical counterpoint to the main masses of the installations, which are horizontally structured. While *Orianda* has a concentric composition with a high temple structure in the center, the high points at the Acropolis and the *Residenz eines Fürsten* are arranged on the side, framing the lower main buildings (throne hall, etc.). In the case of the Acropolis, the framing of the large historical buildings from Greek times creates a sensitively balanced collage that symbolically relates antiquity to the present.[34]

Between the Acropolis and the *Bauakademie*:
Paving the road to the present

Between the collage of the "legitimist"[35] Acropolis planning and the autonomy of the "technicist" *Bauakademie,* despite the same time of origin and some similarities[36], there seem to be worlds in terms of content and design. Ultimately, however, both projects demonstrate the entire spectrum of constellations in Schinkel's late work between reduction and addition, between autonomous cube and spatial combination.

Maybe, one must expand one's view somewhat in order to view things from a new perspective: What is Schinkel's Kupfergraben landscape from the *Packhof* in the north to the

Bauakademie in the south other than an artistic creation of relationships between independent components? The Acropolis' principle of collage is applied here in a new inter-pretation—and only enables the integration of innovative architectures into an environment of large historic buildings. Here is where Schinkel's performance particularly comes to light: In decoupling the overall effect of an urban space from the stylistic uniformity of its individual elements. Or expressed in other words: In increasing the aesthetic appeal of this space via the possibility of contemporary continuation and addition.

Thus, the *Bauakademie* can also be seen as part of the departure from Baroque Berlin to the "Spree-Athens" of the first and finally to the "Spree-Chicago" of the second half of the 19th century. The "Acropolis principle" and its reinterpreta-tion in Schinkel's Kupfergraben landscape will not only become the basis of the Museumsinsel,[37] on which individual buildings by Schinkel to Stüler, Strack and Messel all the way to Ungers and Chipperfield stand side by side. Rather, it serves as a reference point for the understanding of modernism ("urban landscape") and postmodernism ("city archipelago"),[38] also analogous to the architecture of the *Bauakademie*.[39]

In this respect, it would only be logical if the Museumsinsel were to receive a contemporary counterpart beyond the Schlossbrücke today, which breaks with the corri-dor structures of the "critically reconstructed" environment.[40] The students' concepts for dealing with the spirit of the *Bauakademie* show possible ways to do this without recon-structing the exterior appearance of the building.

1   Both the construction of the School of Applied Arts in Weimar (Henry van de Velde, 1905/06) and the Bauhaus building in Dessau (Walter Gropius, 1925/26) have been on the UNESCO World Heritage List since 1996.

2   Rossi, Aldo: *The Architecture of the City*. Cambridge/London 1984 [1966], in particular pp. 57–61

3   See Pundt, Hermann G.: *Schinkels Berlin*. Frechen 2002 [1972] inter alia, in particular pp. 107–120

4   Inter alia "Der Brand von Moskau", 1812

5   "Panorama von Palermo", 1808

6   Schinkel's *Sammlung Architektonischer Entwürfe* (Collection of Architectural Designs) appeared as of 1819 in a total of 28 issues with 174 illustrations.

7   For the characteristic and receptive elements of art, see Schinkel's remarks in Peschken, Goerd: *Karl Friedrich Schinkel. Das Architektonische Lehrbuch*. Berlin 2001, pp. 49 f., in particular p. 50 (classicist textbook version, Book 2, pg. 36)

8   See inter alia, ibid., p. 149 (technically oriented textbook version, Book 3, pg. 19). The idea can already be found in the "Religiöse Gebäude", ibid., pp. 31 f. (romantic textbook version, Book 4, pg. 10, 11). In particular, please also see early thoughts on the creation of architecture: Schinkel, Karl Friedrich: "Entwurf zu einer Begräbniskapelle für Ihre Majestät die Hochselige Königin Luise von Preußen, 1810". In: Wolzogen, Alfred Freiherr von: *Aus Schinkel's Nachlaß. Reisetagebücher, Briefe und Aphorismen. Mitgetheilt und mit einem Verzeichniß sämmtlicher Werke Schinkel's versehen*. Berlin 1863, Vol. 3, in particular pp. 156–158, 160; in addition: Idem: "Gedanken und Bemerkungen über Kunst im Allgemeinen". In: Ibid., pp. 345–375, here p. 364

9   Peschken 2001, p. 87 (classicist textbook version, Book 4, pg. 41): "Therefore, the simplest shapes are the most appropriate and the simplest proportions are the most favorable."

10 Ibid.

11 For more information, see Forssmann, Erik inter alia: "Das Historische und das Poetische". In: Idem: *Karl Friedrich Schinkel. Bauwerke und Baugedanken*. München 1981, pp. 37–87

12 For example, the multifunctional use of the theater with its concert hall, theater hall and magazine areas is reflected in a hierarchical three-part structure.

13 Schinkel designed the guard building—a contemporary functional building with a basic square shape—in an antique form as a combination of Greek (Doric tympanum-crowned vestibule) and Roman motifs ("Castrum" with corner towers). A similarly creative composition can be found at the *Altes Museum*, where the Greek motif of the columned hall (Stoa poikile) is combined with the Roman motif of the domed circular building (Pantheon) in an Antes temple.

14 Schinkel thought in this way, as has been evidenced by his diary entry concerning a boat trip on the River Thames in London in 1826: "A ride on the Thames through the various bridges' arches offers particularly beautiful images, which are reminiscent of Venice and form delicious natural frames around the individual vedutes of the city." Wolzogen 1863, Vol. 3, p. 130

15 The term "Kupfergraben-Landschaft" (Kupfergraben landscape) refers back to: Peschken, Goerd: "Schinkels Bauakademie in Berlin. Ein Aufruf zu ihrer Rettung. Berlin 1961". In: Idem: *Baugeschichte politisch. Schinkel. Stadt Berlin. Preußische Schlösser. Zehn Aufsätze in Selbstkommentaren* (= *Bauwelt Fundamente*, Bd. 96). Braunschweig/Wiesbaden 1993, in particular pp. 17 ff. In addition, see: Idem: [Vorlage über eine Stadtplanung Schinkels, Sitzung am 10.10.1961]. In: *Archäologischer Anzeiger 1962*. H. 4/1963 (= Beiblatt zum Jahrbuch des Deutschen Archäologischen Instituts), 1963, esp. col. 872. For more information on this topic, please also see: Pundt 2002, pp. 169–178, 189–197. The author also owes important suggestions on this topic to a seminar by Fritz Neumeyer on Schinkel's work, which was held at the Technical University of Berlin in 2002/03.

16 The inclusion of vegetative elements and the scenographic revival of water in Schinkel's publications, together with corresponding reflections, underline the landscape character.

17 Schinkel, Karl Friedrich: *Sammlung Architektonischer Entwürfe. Neue vollständige Ausgabe in CLXXIV Tafeln*. Berlin 1858, p. 7 recto

18   Their task, according to Schinkel, is to give the street space "a limitation on both sides" by ordering uniform elements, "because otherwise the impression becomes desolate and empty". Rave, Paul Ortwin: *Berlin. Stadtbaupläne, Brücken, Straßen, Tore, Plätze* (= *Karl Friedrich Schinkel. Lebenswerk* [Bd. 5]). Berlin 1948, p. 64

19   Schinkel, Karl Friedrich: Layout of the Lustgarten, design drawing 1828, cit. according to: Rave 1948, pp. 112–114, here p. 113

20   See the classification of the Parthenon, Erechtheion and Propylaea. Schinkel himself mentions it as an "example of Greek freedom" of the building structure combination: "Propyläen in Athen Nike Tempel u. Piedestal des Agrippa". Peschken 2001 (see note 7), p. 148 (technically oriented textbook version, Book 3, pg. 19)

21   Klenze, Leo von: *Aphoristische Bemerkungen gesammelt auf seiner Reise nach Griechenland*. Berlin 1838, Vol. 1, p. 410

22   Ibid., p. 417, 418 f. Klenze also mentions examples of Roman urban construction, such as the Forum in Pompeii, the Roman Forum and the Palatine in Rome.

23   The buildings of Rome are already familiar to Schinkel on his first visit—mediated by the multitude of stitch publications; however, their sight in nature has "something surprising" for the young architect due to the "painting composition". Schinkel, Karl Friedrich: "Brief an David Gilly" [1804]. In: Idem/Riemann, Gottfried (eds.): *Reisen nach Italien. Tagebücher, Briefe, Zeichnungen, Aquarelle*. Berlin 1988³ [1979], p. 120. For more information, please also see Rave, Paul Ortwin: "Schinkel in Rom" [1943]. In: Idem: *Schriften über Künstler und die Kunst*. Selected, edited and introduced by Stephan Waetzoldt. Stuttgart 1994, pp. 39–43

24   Wolzogen 1863, p. 70

25   Mackowsky, Hans: *Schinkel. Tagebücher, Briefe*. Frankfurt/Berlin/Wien 1981, p. 127

26   Ibid.

27   Ibid., p. 142

28   Schinkel, Karl Friedrich: "Allgemeines über die Stadt-Anlage von Krefeld, Aug 26, 1824". Cited according to Riemann, Gottfried: "Schinkels Aufenthalte im Rheinland". In: Giersberg, Hans Joachim (ed.): *Schinkel im Rheinland*. Exhib. Cat. Düsseldorf/ Potsdam-Sanssouci, Düsseldorf 1991, p. 49

29   As an example of the uniformity of a city complex, Schinkel cites London, for example, whose "end is nowhere to be seen" also due to the "quantity of houses built easily and with tiring monotony". Wolzogen 1863, Vol. 3, pp. 46, 63 f.

30   Peschken 2001, p. 116 (technically oriented textbook version, Book 3, pg. 14)

31   Ibid.

32   Schinkel 1858, text page 11 recto (Charlottenhof near Potsdam, Belonging to His Majesty, King Friedrich Wilhelm IV. of Prussia. The Gardener's Apartment.)

33   Ibid.: "It feels like the whole friendly complex of this small villa allows enlargements and new additions in the same spirit of the different rooms, [...]."

34   Schinkel, Karl Friedrich: "Brief an den Kronprinzen Max von Bayern" [1834]. In: Mackowsky, Hans: *Schinkel. Tagebücher, Briefe*. Frankfurt/Berlin/Wien 1981, p. 181. Schinkel writes that when planning such a historic place, the architect must "deepen into the nature of this locality and use its many things beautifully for his work": "It is difficult to come up with a work according to the long-worn New Italian and New French maxims, in which a misunderstanding in the concept of symmetry in particular has created so much hypocrisy and boredom and a foolish domination."

35   For this and the following characterization of the phases in Schinkel's oeuvre, see Peschken 2001, p. 1

36   Common features can be seen, for example, in the use of innovative materials. For example, Schinkel designed a "large mirrored glass pavilion in temple form for the planned Tsar's residence Orianda in Crimea as a central building". Schinkel, Karl Friedrich: "Schreiben an Kaiserin Alexandra Feodorwona 1838". In: Wolzogen 1863, pp. 336–341, here p. 338

37   Initiated by Friedrich Wilhelm IV in the year of Schinkel's death as a "sanctuary for art and science". The quote: Commemorative publication to celebrate the islands' 50th anniversary on Aug 2, 1880. Zur Geschichte der Königlichen Museen in Berlin (on the history of the royal museum in Berlin), cited according to Gaethtgens, Thomas W.: *Die Berliner Museumsinsel im Deutschen Kaiserreich*. München 1992, p. 70

38　　Le Corbusier: *Städtebau*. Translated and edited by Hans Hildebrandt, Stuttgart/Berlin/
　　　Leipzig 1929 [1925], p. 192. In Hildebrandt's German translation of Le Corbusier's
　　　Urbanisme (1925, German 1929), the concept of the "urban landscape" can (as far as
　　　I know) be found for the first time, as far as Le Corbusier opposes the unbeloved
　　　corridor street. Hans Scharoun then uses the terminology as the guiding concept for
　　　the collective plan for the reconstruction of Berlin in 1946. For more information on the
　　　latter, see Lampugnani, Vittorio Magnago: *Die Stadt im 20. Jahrhundert. Visionen,
　　　Entwürfe, Gebautes*. Berlin 2010, Vol 2, p. 618
39　　For more information, see inter alia Kuehn, Wilfried: "1977. Oswald Mathias Ungers.
　　　Grünes Stadtarchipel". In: Krohn, Carsten (ed.): *Das ungebaute Berlin. Stadtkonzepte
　　　im 20. Jahrhundert*. Exhib. Cat., Berlin 2010, pp. 206–208
40　　For the term, please see Stimmann, Hans: "Neue Berliner Büro- und
　　　Geschäftshäuser". In: Idem. (ed.)/Burg, Annegret: *Berlin Mitte. Die Entstehung einer
　　　urbanen Architektur*. Gütersloh/Berlin inter alia 1995, pp. 6, 12–18. The term "critical
　　　reconstruction" goes back to the International Building Exhibition 1984/87 in West
　　　Berlin and was coined by the architect Josef Paul Kleihues, who was responsible for
　　　the area of new construction and for the southern Friedrichstadt.

Material

NACHAHMUNG ODER „SKLAVISCHE KOPIE"? VON DER AUFLÖSUNG KLASSIZISTISCHER NORMEN UNTER DEN BEDINGUNGEN DER FRÜHEN INDUSTRIEPRODUKTION

Axel Sowa

Johann Joachim Winckelmann, einer der Begründer deutscher Antikenforschung, hat mit seiner Schrift über die Nachahmung griechischer Werke seiner Leserschaft ein Rätsel aufgegeben. „Der einzige Weg für uns, groß, ja, wenn es möglich ist, unnachahmlich zu werden, ist die Nachahmung der Alten [...]".[1] Winckelmanns Aussage ist paradoxal. Entweder ist es unmöglich, die einmal erreichte Blüte griechischer Kunst nachzuahmen, da sie unauflöslich mit dem Kontext ihres Entstehens verbunden ist, oder aber die griechische Kunst kann nachgeahmt werden, da imitative Praktiken zur Verfügung stehen, mit denen es möglich ist, die raum-zeitliche Distanz zwischen Original und Nachahmung zu überwinden.

Winckelmann wie auch andere Theoretiker des Klassizismus haben das Problem erkannt und versucht, das Paradoxon durch die Einführung weiterer Unterscheidungen aufzulösen. Der Größe griechischer Kunst nähert sich Winckelmann spekulativ, im Zuge emphatischer Betrachtungen und Beschreibungen antiker Werke. Diese versteht er als Indizien, welche Rückschlüsse auf die Gemütslagen und Intentionen der antiken Künstler zulassen. Als Grundmotiv des großartigen antiken Schaffens meint Winckelmann einen Hang zur Ausgeglichenheit, zur Bändigung der Affekte, zur Mäßigung der Leidenschaften zu erkennen. „Der Künstler", so Winckelmann, „mußte die Stärke des Geistes in sich selbst fühlen, welche er seinem Marmor einprägete."

Auch Quatremère de Quincy (1755–1849), Sekretär der französischen Académie des Beaux-Arts, schätzt antike Kunst als Ergebnis einer *action de l'esprit*, mittels derer die Annäherung an ein geistiges Ideal erfolgen könne.[2] Folglich geißelt Quatremère jene Künstler, die auf dem Weg imitativer Praktiken zu *fac-similés* gelangen und doch nicht mehr als sklavische Kopien antiker Meisterwerke hervorbringen.[3]

Wickelmanns Paradoxon ließe sich auflösen, wenn Nachahmung eine rein geistige Angelegenheit wäre. Demzufolge könnten klassizistische wie antike Künstler gleichermaßen groß und unnachahmlich werden, wenn sie es verstünden, sich mit künstlerischen Mitteln einem ebenso verbindlichen wie unerreichbaren Ideal zu nähern. In diesem Sinne huldigen die Ästhetiken des Klassizismus einem platonischen, epochenübergreifenden Kunstideal, dem sie universelle Geltung unterstellen. Doch genau dieses Ideal befördert nicht nur den Wissensdurst des klassizistischen Zeitalters, sondern in viel konkreterem Sinn, ein brennendes Verlangen nach antiken Objekten. Im Zuge der archäologischen Kampagnen von Julien-David Le Roy (1724–1803), Sir William Hamilton (1731–1803), James Stuart (1713–1788) und Nicolas Revett (1721–1804) werden die antiken Stätten eingehend beschrieben und vermessen. Von vielen anderen Antikenliebhabern werden sie ausgiebig geplündert. In aufwendig illustrierten Büchern wie *The Antiquities of Athens* oder *Les Ruines des Plus Beaux Monuments de la Grèce* werden die Erkenntnisse aus bauhistorischen Kampagnen festgehalten und befördern ihrerseits die Entstehung privater Sammlungen. Der Besitz antiker Vasen, Skulpturen oder Architekturfragmente wird zum Erweis der Mitgliedschaft in einer stetig wachsenden Geschmacksgemeinschaft der *learned gentlemen* und *connaisseurs.* Die Verfügbarkeit antiker Artefakte bildet nicht nur eine unverzichtbare Grundlage des Antikenstudiums. Sie ermöglicht auch die Perfektionierung imitativer Techniken. Als Beispiel sei hier die Produktion des venetianischen Künstler

Antonio Canova (1757–1822) genannt, dessen Atelier in Possagno im frühen 19. Jahrhundert zur unverzichtbaren Etappe auf der *Grand Tour* wird. Um der steigenden Nachfrage nach Skulpturen in antiker Manier gerecht zu werden, baut Canova sein Atelier zur arbeitsteilig organisierten Manufaktur um. Ausgehend von Wachsmodellen nach antiken Vorbildern werden Tonmodelle in größerem Maßstab hergestellt, von denen wiederum Gipsabgüsse erzeugt werden, welche Canovas Assistenten als Vorlagen für die Steinmetzarbeiten in Marmor dienten. Der Meister selbst behält sich letzte Änderungen vor, um die fast fertigen Skulpturen als seine Schöpfungen zu authentifizieren.[4]

Auch im Bereich der kunstgewerblichen Produktion werden die imitativen Techniken des Abformens und Ausgießens im späten 18. Jahrhunderts weiter perfektioniert. Insbesondere die europäischen Eisenhütten verstehen es, durch Produktinnovationen einer steigenden Nachfrage nach antiken Objekten gerecht zu werden, die durch archäologische Funde längst nicht mehr zu befriedigen ist. Angeregt durch Josiah Wegwoods (1730–95) erfolgreiche Herstellung keramischer Vasen nach antiken Vorlagen produzieren Eisengießereien in Schottland und Frankreich kunstgewerbliche Objekte. Von einem nachzubildenden Vorbild wird zunächst ein Gipsabguss erzeugt und aus ihm ein Gips- oder Holzmodell erstellt, das in den Sand zweier Formhälften gepresst wird, die nach dem Zusammenfügen mit flüssigem Eisen ausgegossen werden. Mit der Gießtechnik gelingt es der frühen Eisenindustrie Serien von identischen Kopien antiker Gemmen und Vasen herzustellen. Indem die aufkommende Eisenindustrie beliebig viele identische Kopien antiker Modelle in Umlauf bringt, unterläuft sie die Vorbehalte klassizistischer Imitationstheorien. Die ersten Modelle einer beginnenden Serienproduktion werden ab den 1820er Jahren in den Handelskatalogen europäischer und nordamerikanischer Eisengießereien dargestellt. Die Auswahl von Objekten im antiken Stil wird bald um gusseiserne Säulen, Treppen, Fassadenelemente, Öfen und Verzierungen erweitert. Mit ihren günstigen Produktserien aus formbarem und in hohem Maße druckbeständigem Material leisten Hüttenwerke einen ersten industriellen Beitrag zum Baugeschehen. Die Katalogware wird über sich stetig verzweigende Vertriebsnetze den stark expandierenden Märkten zugeführt.

Während die liberalen Wirtschaftsordnungen Frankreichs und Englands einer neuen, bürgerlichen Schicht von Industriellen neue Handlungsmöglichkeiten eröffnen, ist die Situation Preußens im ersten Drittel des 19. Jahrhunderts gekennzeichnet durch eine ständische Sozialordnung, durch Zollschranken und vor allem durch die staatliche Lenkung des Geschäftslebens. Auch nach 1815, dem Ende der Befreiungskriege, verfügt Preußen weder über ein kreditwürdiges Bürgertum noch über eine kaufkräftige Schicht selbstbewusster Konsumenten. Wirtschaftsförderung und ökonomische Handlungsmacht verbleiben bis zur Jahrhundertmitte unter obrigkeitsstaatlicher Kontrolle.

Die erste preußische Gießerei im oberschlesischen Gleiwitz nimmt 1794 ihren Betreib auf. Der Aufbau des Werks wird durch den Geheimen Oberfinanzrat Wilhelm Graf von Reden veranlasst, der vom englischen Industriellen John Wilkinson beraten wird. Bald gelingt es den preußischen Eisenhütten in Gleiwitz, Berlin und Sayn bei Koblenz Güsse von hoher Qualität zu produzieren.[5] Eines der bemerkenswerten Erzeugnisse der königlichen Eisengießerei in Berlin ist die gusseiserne Reproduktion der Warwick Vase, die 1771 in den Trümmern der Villa Adriana bei Tivoli gefunden wird.[6] Die kunstvollen Verzierungen der Vase bestehen aus stilisierten Weinreben. Figürliche Darstellungen von Göttern und Satyrn symbolisieren den Zyklus des sich fortwährend erneuernden Lebens.

Die Warwick Vase wird auch auf Tafel Nr. 12 der „Vorbilder für Fabrikanten und Handwerker" gezeigt. Das mehrbändige Musterbuch wird von Christian Wilhelm Beuth in den

Jahren 1821–1837 herausgegeben. Die „Vorbilder" werden
von der technischen Deputation für Gewerbe kostenfrei an
preußische Bibliotheken, Schulen und Ausbildungsbetriebe
verteilt. Mit dem medialen Instrument staatlicher Kulturpolitik
bezwecken die Herausgeber der „Vorbilder" dreierlei: Erstens
soll ein populärwissenschaftliches Bildungsangebot entstehen, das in Form einer grafischen Sammlung antike Objekte
und Bauten darstellt, um die Entstehung eines „guten
Geschmacks" entlang klassizistischer Konventionen zu befördern. Durch die Nachahmung maßgeblicher Werke der Antike
sollen preußische Modelleure, Steinmetze und Tischler ihre
kulturellen Einflussmöglichkeiten erkennen und ausbauen.
Zweitens ist das Vorlagenwerk einem damals noch neuen
Begriff der „Industrie" verschrieben, der in Preußen als Vektor
einer staatlich geplanten, gesellschaftspolitischen Veränderung in Stellung gebracht wird. Im Geist der Aufklärung
plädiert der Pädagoge Christian Daniel Voß 1799 für die
Schaffung von Industrieschulen, in denen die Schüler sowohl
ihr kulturelles als auch ihr technologisches Wissen erweitern
können.[7] Die Einrichtung von Gewerbeschulen durch Beuth
folgt diesem Vorschlag.[8] Und drittens fordert das Tafelwerk
von seinen Rezipienten die Umsetzung der Abbildungen in
dreidimensionale Objekte. Das Beispiel der Warwick Vase
zeigt, dass für die Herstellung kunstgewerblicher Erzeugnisse
durchaus innovative Techniken und Materialien infrage
kommen, die vom Werkstoff der antiken Originale abweichen.
Zur Dekoration von Schloss Glienicke, der Residenz des Prin-
zen Carl von Preußen, gibt Karl Friedrich Schinkel einen
silbernen Tafelaufsatz nach dem Vorbild der Warwick Vase
bei dem Kunstschmied Johann George Hossauer in Auftrag.
Eiserne Reproduktionen der Warwick Vase können über den
Katalog der königlichen-preußischen Eisengießerei in Berlin
für 20 Thaler bestellt werden.

Das Interesse Karl Friedrich Schinkels für die moderne
Serienproduktion kunstgewerblicher Objekte in Gusseisen
beginnt in der Zeit der Befreiungskriege. Schinkel entwirft das
Eiserne Kreuz, die erste militärische Distinktion, die nach
Einführung der allgemeinen Wehrpflicht in Preußen an Solda-
ten aller Dienstgrade verliehen wird. Vermittelt durch das
Material Eisen wird eine symbolische Beziehung zwischen
Individuum und Staat hergestellt. Ebenfalls 1813, nach der
Kriegserklärung des preußischen Königs an Frankreich ruft
Prinzessin Marianne von Preußen zur Aufbesserung des
Rüstungsetats die Aktion „Gold gab ich für Eisen" ins Leben.
Im Verlauf einer patriotischen Tauschaktion übergeben preu-
ßische Bürgerinnen ihren Goldschmuck an die staatliche
Finanzverwaltung und legen sich stattdessen feingliedrigen
Eisenschmuck aus lokalen Eisengießereien zu.[9]

Schinkel experimentiert mit den technischen Möglichkeiten des neuen Materials Gusseisen im Bereich des Möbel-
baus und entwirft 1821 einen Gartenstuhl, der in zahlreichen
Varianten mit jeweils hohen Auflagen editiert wird. Das witte-
rungsunempfindliche Möbelstück kombiniert Vorlagen aus
dem Empire-Stil mit biedermeierlicher Nüchternheit und klassizistischen Dekoren. Erst nach der Rückkehr von seiner
Reise durch England setzt Schinkel gusseiserne Baukompo-
nenten im Berliner Prinz-Albrecht-Palais ein, das in den
1830er Jahren eine dreiarmige Treppe aus Gusseisen erhält.
In zahlreichen Zeichnungen und Stichen erweitert Schinkel
das Formenrepertoire gusseiserner Balustraden und Geländer. Prominente Beispiele sind die Geländer der Schlossbrücke und die der Attika der Bauakademie. Schinkel versäumt
es nicht, den „Vorbildern" eine Tafel mit mustergültigen
Geländern hinzufügen, auf der auch das von ihm selbst
entworfene Geländer des Alten Museums abgebildet ist.

Der deutsche Klassizismus, der mit Winckelmanns
paradoxalem Diktum beginnt, und im Sinne einer idealisti-
schen Ästhetik weiterentwickelt wird, trifft im ersten Drittel

des 19. Jahrhunderts auf eine erste Phase industrieller Expansion. Animiert durch den erzieherischen Elan der Aufklärung versuchen die preußischen Beamten Beuth und Schinkel zwischen Antike und Serienfertigung; zwischen künstlerischer Originalität und industrieller Verfahrenstechnik zu vermitteln. Ihre Sammlung mustergültiger Vorlagen besetzt die Schnittstelle zwischen Angebot und Nachfrage. Sie soll Hersteller wie Konsumenten gleichermaßen auf die Geltung klassizistischer Konventionen einstimmen. Doch die normative Kraft des Musterbuchs reicht nicht aus, um die entstehenden Märkte kunstgewerblicher Objekte dauerhaft zu regulieren. Weder die Vielfalt bürgerlicher Geschmackskulturen noch die industrielle Produktinnovation lassen sich durch staatlich editierte Vorbilder einhegen. In den 1850er Jahren löst das Medium des Handelskatalogs auch in Preußen die letzten Mustervorlagen ab. Durch die Kataloge wird die Kundschaft zu wirtschaftlichem Handeln ermächtigt. Sie hat seither die Wahl.

1   Winckelmann, Johann Joachim: *Gedanken über die Nachahmung der griechischen Werke in der Malerey und Bildhauerkunst.* Dresden/Leipzig 1756, Nachdruck Stuttgart 1969, S. 20

2   Quatremère de Quincy, Chrisostôme: *Essai sur la nature, le but et les moyens de l'imitation dans les Beaux-Arts.* Paris 1923, S. 184 ff.

3   Ebd., S. 86 ff.

4   Honour, Hugh: „Canova's Studio Practice – I: The Early Years". In: *Burlington Magazine.* 114 (828)/1972, S. 146–156, 159

5   Museum für Verkehr u. Technik Berlin (Hg.): *Aus einem Guss: Eisenguss in Kunst u. Technik.* Berlin 1988, S. 156 ff.

6   Sowa, Axel/Schoonman, Jules: „Design by Choice – The Origins of Mass-Customization in Europe". In: Dies. (Hg.): *Bureau Europa.* Maastricht 2015, S. 48 ff.

7   Voß, Christian Daniel: *Versuch über die Erziehung für den Staat.* Halle 1799, S. 280–290

8   Reihlen, Helmut: *Christian Peter Wilhelm Beuth: Eine Betrachtung zur preußischen Politik der Gewerbeförderung in der ersten Hälfte des 19. Jahrhunderts und zu den Beuth-Reliefs von Johann Friedrich Drake.* Berlin 2014, S. 31 ff.

9   Schmidt, Eva: *Der preußische Eisenkunstguss: Technik – Geschichte – Werke – Künstler.* Berlin 1981

| 1 | Gusserzeugnisse der Sayner Hütte bei Koblenz, 1846 | 1 | Cast products from the Sayner Hütte (ironworks) near Koblenz, 1846 |
| 2 | Vorbilder für Fabrikanten und Handwerker: Marmorvase aus der Villa Adriana (auch Hadriansvilla), sog. Warwick-Vase. Johann Mathäus Mauch (Zeichner) 1792–1856; Sellier (Stecher) tätig um 1821; A. Prêtre (Drucker) nachgew. 1821–1854 | 2 | Models for manufacturers and craftsmen: Marble vase from the Villa Adriana (also Hadrian's Villa), so-called Warwick Vase. Johann Mathäus Mauch (draughtsman) 1792–1856; Sellier (engraver) active around 1821; A. Prêtre (printer) verified 1821–1854 |

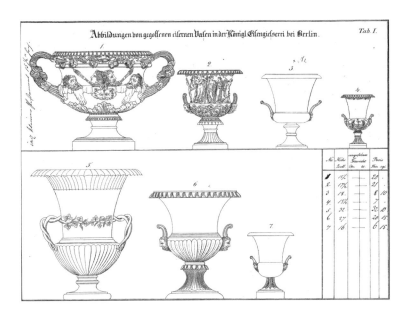

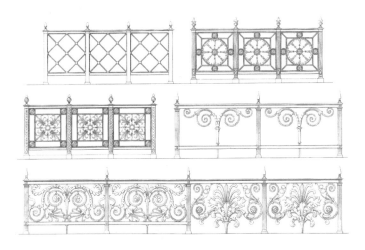

3   Handelskatalog der königlich preußischen Eisengießerei Berlin, Darstellung gusseiserner Vasen in antikem Stil, oben rechts: Die Warwick Vase, ca. 1828

4   Vorbilder für Fabrikanten und Handwerker: Entwürfe für Geländer aus Gusseisen. Karl Friedrich Schinkel (Zeichner); Johann Mathäus Mauch (Stecher); A. Prêtre (Drucker)

3   Trade catalogue of the Royal Prussian Iron Foundry in Berlin, representation of cast-iron vases in antique style, top right: The Warwick Vase, approx. 1828

4   Models for manufacturers and craftsmen: Designs for cast-iron railings. Karl Friedrich Schinkel (draughtsman); Johann Mathäus Mauch (engraver); A. Prêtre (printer)

IMITATION OR "SLAVISH COPY"?
ON THE DISSOLUTION OF CLASSICIST NORMS
UNDER THE CONDITIONS CREATED
BY EARLY INDUSTRIAL PRODUCTION

Axel Sowa

Johann Joachim Winckelmann, one of the founders of German antiquities research, has left a mystery to his readers with his writing on the imitation of Greek works. "The only way for us to become great—yes, if it is possible, to become inimitable—is to imitate the ancients [...]".[1] Winckelmann's statement is paradoxical. Either it is impossible to imitate the flowering once achieved by Greek art, since it is inextricably linked to the context of its emergence, or Greek art can be imitated, since imitative practices are available, by means of which it is possible to overcome the spatial/temporal distance between that which is original and imitation.

Winckelmann, like other theorists of classicism, had recognized the problem and tried to solve the paradox by introducing further distinctions. Winckelmann approached the greatness of Greek art speculatively during the course of emphatically observing and describing ancient works. He saw these as indications that allow conclusions to be drawn about the moods and intentions of artists from ancient times. As a basic motif of great ancient creativity, Winckelmann fancied recognizing a tendency toward balance, toward taming emotions, toward the restraint of passions. "The artist," says Winckelmann, "had to feel the strength of the spirit in himself, which he chiseled into his works of marble." Quatremère de Quincy (1755–1849), secretary of the French *Académie des Beaux-Arts,* also valued ancient art as a result of an "*action de l'esprit*", by means of which the approximation to a spiritual ideal was able to result.[2] As a consequence, Quatremère scourged those artists who, on the path of imitative practices, arrived at *fac-similés* and yet had produced no more than slavish copies of ancient masterpieces.[3]

Winckelmann's paradox could be resolved if imitation were a purely spiritual matter. Consequently, classicist as well as ancient artists could become both great and inimitable if they were able to approach, by artistic means, an ideal that is as binding as it is unattainable. In this sense, the aesthetics of classicism pay homage to a Platonic ideal of art spanning across epochs, to which they allege universal validity. But it is precisely this ideal that promotes not only the thirst for knowledge of the classicist age, but in a much more concrete sense, a burning desire for ancient objects. In the archaeological campaigns of Julien-David Le Roy (1724–1803), Sir William Hamilton (1731–1803), James Stuart (1713–1788) and Nicolas Revett (1721–1804), ancient sites were described and measured in detail. They were extensively plundered by many other antiquity aficionados. Elaborately illustrated books, such as *The Antiquities of Athens* or *Les Ruines des Plus Beaux Monuments de la Grace* recorded the findings of architectural history campaigns and, in turn, promoted the creation of private collections. The possession of ancient vases, sculptures or architectural fragments became the proof of membership in an ever-growing community of learned gentlemen and *connaisseurs*. The availability of ancient artifacts was not only an indispensable basis for the study of antiquities. It also enabled the perfection of imitative techniques. One example is the production by the Venetian artist Antonio Canova (1757–1822), whose studio located in Possagno during the early 19th century became an indispensable stage upon undertaking the *Grand Tour*. In order to meet the growing demand for antique-like sculptures, Canova converted his atelier into a collaboratively organized manufactory. Based on wax models after the ancient model, clay models were produced on a larger scale, from which plaster casts were manufactured, which were in turn used by Canova's assistants as templates for marble stonemasonry. Canova himself added some finishing touches in order to authenticate the sculptures as his creations after their production had almost been completed.[4]

In the field of decorative art as well, the imitative techniques of molding and pouring were further perfected in the late 18th century. The European iron foundries, in particular, innovated their products in order to meet an increasing demand for ancient objects, which could no longer be met by archaeological finds. Having been inspired by Josiah Wedgwood's (1730–95) successful production of ceramic vases according to ancient models, iron foundries in Scotland and France produced art-related objects. In a first step, a gypsum cast was made from a model to be reproduced, from which a plaster or wood model was created, which was then pressed into the sand of two mold halves, which were poured with liquid iron after having been joined. With this casting technology, the early iron industry succeeded in producing identical copies of antique gems and vases in series. As the emerging iron industry circulated as many identical copies of ancient models as it wanted, it undermined the reservations of classicist imitation theories. The first models of a beginning series production had been presented in the trade catalogues of European and North American iron foundries from the 1820s onwards. The selection of objects in antique style was soon to be extended by cast-iron columns, stairs, facade elements, stoves and ornaments. With their low-cost product series made of malleable and highly pressure-resistant material, ironworks made a first industrial contribution to the construction process. The catalogue goods were fed to the rapidly expanding markets via continuously branching distribution networks.

While the liberal economic orders of France and England had been opening up new possibilities for a new bourgeois class of industrialists, the situation of Prussia in the first third of the 19th century was characterized by an estates-based social order, by customs barriers and, above all, by the state management of business life. Even after 1815, the end of the liberation wars, Prussia neither had a creditworthy bourgeoisie nor a wealthy class of self-confident consumers. Economic development and agency remained under the control of the state until the middle of the century.

The first Prussian foundry in Gliwice in Upper Silesia had begun operations in 1794. The construction of the work was initiated by the Secret Chief Financial Councilor, Wilhelm Graf von Reden, who was advised by the English industrialist, John Wilkinson. Soon the Prussian iron foundries in Gliwice, Berlin and Sayn near Koblenz succeeded in producing high-quality castings.[5] One of the remarkable products of the royal iron foundry in Berlin was the cast-iron reproduction of the Warwick Vase, which had been found in the ruins of Hadrian's Villa near Tivoli in 1771.[6] The ornate decorations of the vase consist of stylized wine-making grape vines. Figurative representations of gods and satyrs symbolize the circle of ever-renewing life.

The Warwick Vase is also shown on table no. 12 of the *Vorbilder für Fabrikanten und Handwerker* ("Models for Manufacturers and Craftspersons"). The multi-volume sample book was published by Christian Wilhelm Beuth between 1821 and 1837. The "models" were distributed free of charge by the Technical Deputation for Trade to Prussian libraries, schools and apprenticing companies. With the media instrument of state cultural policy, the editors of the "models" aimed to achieve three things: Firstly, they wanted to establish a popular scientific educational offer, which, in the form of a graphic collection, represented ancient objects and buildings, in order to promote the emergence of a "good

taste" along classical conventions. By imitating important
works of antiquity, Prussian modelers, stonemasons and
carpenters were supposed to recognize and expand their
influential sway on a cultural level. Secondly, the sample
book was dedicated to a then still new concept of "industry",
which was being used in Prussia as the carrier of a state-
planned, socio-political change. In the spirit of the
Enlightenment, the educator, Christian Daniel Voss, pleaded
in 1799 for the creation of industrial schools, in which
students could expand both their cultural and technological
knowledge.[7] The establishment of commercial schools by
Beuth followed this proposal.[8] Finally, thirdly, the sample
volumes demanded that their recipients convert the illustrations into three-dimensional objects. The example of the
Warwick Vase shows that, for the production of decorative
art, innovative techniques and materials that differed from
the materials of the ancient originals were quite worth consid-
ering. For the decoration of Glienicke Castle, the residence
of Prince Carl of Prussia, Karl Friedrich Schinkel commissioned a silver tabletop, modeled on the Warwick Vase, from
the artis blacksmith, Johann George Hossauer. Iron repro-
ductions of the Warwick Vase could be ordered from the
catalogue of the Royal Prussian Iron Foundry in Berlin
for 20 thalers.

   Karl Friedrich Schinkel's interest in the modern serial
production of art-commercial objects in cast iron began at the
time of the liberation wars. Schinkel designed the *Eisernes
Kreuz* ("Iron Cross"), the first military distinction ever to be
bestowed on soldiers of all ranks after the introduction of
general conscription in Prussia. Mediated by the material
iron, a symbolic relationship between the individual and the
state was established. Also in 1813, after the Prussian king's
declaration of war on France, Princess Maria Anna of Prussia
launched the *Gold gab ich für Eisen* ("Gold I gave for iron")
campaign to bolster the armament budget. In a patriotic

swapping campaign, Prussian citizens handed over their gold jewelry to the state treasury and, instead, received fine-grained iron jewelry from local iron foundries.[9]

Schinkel experimented with the technical possibilities of the new material cast iron in the field of furniture construction and, in 1821, designed a garden chair, which was then altered into numerous variants at high production volumes. The weather-resistant piece of furniture combined Empire-style templates with Biedermeier sobriety and classicist decors. It was only after returning from his journey through England that Schinkel used cast-iron construction components in Berlin's *Prinz-Albrecht-Palais*, which received a three-armed cast-iron staircase in the 1830s. In numerous drawings and engravings, Schinkel expanded the repertoire of shapes of cast-iron balustrades and railings. Prominent examples include the railings of the *Schlossbrücke* (Palace Bridge) and the attics of the *Bauakademie* (Building Academy). Schinkel did not fail to add to the "models" an illustrative table with exemplary balustrades, in which the balustrade of the *Altes Museum* (Old Museum), designed by himself, was included.

German classicism, which began with Winckelmann's paradoxical dictum and was further developed in the sense of an idealistic aesthetic, encountered a first phase of industrial expansion in the first third of the 19th century. Animated by the educational vigor of the Enlightenment, the Prussian officials, Beuth and Schinkel, tried to mediate between antiquity and serial production and between artistic originality and industrial process technology. Their collection of immaculate templates was at the crossroads between supply and demand. It had been intended to attune manufacturers and consumers alike to the validity of classical conventions. But the normative power of the model book was not sufficient enough to permanently regulate the emerging markets of art-commercial objects. Neither the diversity of bourgeois taste cultures nor industrial product innovation could be restricted by state-edited models. In the 1850s, the medium of the trade catalogue replaced the last sample templates in Prussia as well. The catalogues empowered customers to become economically active agents. They have had a choice ever since.

1   Winckelmann, Johann Joachim: *Gedanken über die Nachahmung der griechischen Werke in der Malerey und Bildhauerkunst*. Dresden/Leipzig 1756, reprint Stuttgart 1969, p. 20
2   Quatremère de Quincy, Chrisostôme: *Essai sur la nature, le but et les moyens de l'imitation dans les Beaux-Arts*. Paris 1923, pp. 184 ff.
3   Ibid., pp. 86 ff.
4   Honour, Hugh: "Canova's Studio Practice – I: The Early Years." In: *Burlington Magazine*. 114 (828), 1972, pp. 146–156, 159
5   Museum für Verkehr und Technik Berlin (ed.): *Aus einem Guss: Eisenguss in Kunst u. Technik*. Berlin 1988, pp. 156 ff.
6   Sowa, Axel/Schoonman, Jules: "Design by Choice: The Origins of Mass-Customization in Europe." In: Iidem. (eds.): *Bureau Europa*. Maastricht 2015, pp. 48 ff.
7   Voss, Chr. Daniel: *Versuch über die Erziehung für den Staat*. Halle 1799, pp. 280–290
8   Reihlen, Helmut/ Beuth, Christian Peter Wilhelm: *Eine Betrachtung zur preußischen Politik der Gewerbeförderung in der ersten Hälfte des 19. Jahrhunderts und zu den Beuth-Reliefs von Johann Friedrich Drake*. Berlin 2014, pp. 31 ff.
9   Schmidt, Eva: *Der preussische Eisenkunstguss: Technik – Geschichte – Werke – Künstler*. Berlin 1981

Spuren

VON DER SCHINKEL'SCHEN
BAUAKADEMIE
ZUM AUSSENMINISTERIUM
DER DDR

Tanja Scheffler

Für die jüngere Stadtbaugeschichte Berlins waren, neben den Kriegszerstörungen, vor allem die vielen Bauprojekte der immer wieder unterschiedlichen Versionen des „Neuen Berlin" prägend.[1] Sie gingen mit großflächigen Abrisskampagnen und der Überlagerung des althergebrachten Stadtgrundrisses durch völlig neue Baustrukturen einher; dabei etablierte sich mit der Architekturmoderne des 20. Jahrhunderts der bewusste Bruch mit der Geschichte unter gezielter Ausblendung einzelner unerwünschter Zeitschichten.

Das Areal, auf dem früher die Schinkel'sche Bauakademie stand, liegt im historischen Zentrum Berlins. Es befand sich nach 1945 im östlichen Teil der Stadt. Hier wurde nach dem Abbruch des kriegszerstörten Gebäudes der deutlich größere, häufig nur „Außenministerium" genannte Neubau des Ministeriums für Auswärtige Angelegenheiten der DDR errichtet. Er bildete den westlichen Abschluss des damals neu geschaffenen Marx-Engels-Platzes, wurde jedoch wenige Jahre nach der Wende wieder abgerissen. Die bisherigen Anläufe zur Wiedererrichtung der Bauakademie blieben alle weitestgehend ergebnislos; daher wird dieses Areal häufig als „offene Wunde" der neueren Stadtentwicklung angesehen. Dabei lohnt sich ein genauerer Blick auf die komplexe Geschichte dieses Ortes.

Die sozialistische Umgestaltung
des Stadtzentrums

Zwei wichtige Aspekte der ab 1950 für die gesamte DDR
geltenden „16 Grundsätze des Städtebaus" waren die Schaffung von großen zentralen Plätzen für die im sozialistischen
Gesellschaftssystem üblichen Propagandaveranstaltungen
sowie die Errichtung von daran angrenzenden, die überliefer-
ten Bauten deutlich überragenden Höhendominanten, die
neben der städtebaulichen Komposition auch die weithin
sichtbaren Stadtsilhouetten bestimmen sollten.[2] Dafür wurde
in Ost-Berlin 1950 die Ruine des Stadtschlosses gesprengt;
das beräumte Areal wurde im darauf folgenden Jahr zusammen mit dem Lustgarten, der Schloßfreiheit und dem historischen Schloßplatz in Marx-Engels-Platz umbenannt und
diente fortan als Aufmarschplatz für Großdemonstrationen
und Militärparaden. Parallel dazu wurde jahrelang, in immer
neuen gestalterischen Varianten, auch die Errichtung eines
monumentalen Regierungs- und Kulturhochhauses im Stil der
stalinistischen Wolkenkratzer Moskaus („Sieben Schwestern")
geplant.[3]

Während dieser Zeit wurde die Architekturlinie der „Nati-
onalen Traditionen" propagiert, die regionaltypische Stile (in
Berlin: Schinkels Klassizismus) historisierend aufnahm. Die
feierliche Gründungsveranstaltung der Deutschen Bauakademie, der zentralen Forschungseinrichtung der DDR für das
Bauwesen, die von nun an die landesweit geltenden städtebaulichen und architektonischen Leitlinien vorgab, fand im
Dezember 1951 sogar vor einer bühnenbildartigen Kulisse
statt, auf der das von Schinkel entworfene Schauspielhaus
am Gendarmenmarkt zu sehen war.[4] Bei diesem Festakt
kündigte Staats- und Parteichef Walter Ulbricht den Wiederaufbau des kriegszerstörten Gebäudes der Schinkel'schen
Bauakademie offiziell an.[5]

Nach Stalins Tod 1953 forcierte sein Nachfolger Nikita
Chruschtschow jedoch ab 1954/55 den verstärkten Einsatz
von industriellen Montagebauweisen mit vorgefertigten
Elementen („Besser, billiger und schneller bauen"). Diese
neue, von der Sowjetunion zentral vorgegebene Linie wurde
nach und nach im gesamten Ostblock übernommen. Dies
führte zu einem grundlegenden stilistischen Umschwung im
Bereich des Städtebaus und der Architektur. Dabei setzten
sich – statt der vorher üblichen geschlossenen Straßen-
räume – freistehende nachkriegsmoderne Gebäude und das
Konzept der weiträumig-modernen Stadtlandschaft durch.
Dafür wurden ab den frühen 1960er Jahren in zahlreichen
größeren Städten der DDR die althergebrachten Stadtgrund-
risse der Zentrumsbereiche mit neuen Strukturen überbaut.
Auch in Ost-Berlin wurde bei den Planungen für das Areal der
historischen Keimzelle der Stadt auf die überlieferte Bausub-
stanz immer weniger Rücksicht genommen.
    Nach dem großen Ideenwettbewerb zur sozialistischen
Umgestaltung des Stadtzentrums von Ost-Berlin (1958/59)
kam es zu einer schleichenden Abkehr von den monumentalen Hochhausplanungen: Hermann Henselmanns Beitrag
präsentierte eine an aktuellen westlichen Vorbildern orientierte, als „Forum der Nation" bezeichnete Stadtlandschaft mit
einem aufgeständerten Parlamentsgebäude, einer in zwei
Parabelbögen eingehängten Kundgebungshalle und einem
rund 300 Meter hohen, als neue städtebauliche Dominante
gedachten „Turm der Signale". Obwohl Walter Ulbricht und
das Führungspersonal der Deutschen Bauakademie diesen
spektakulären Vorschlag anfangs komplett ablehnten und er
jahrelang in der Schublade verschwand, avancierte er zum
heimlichen Wegbereiter der später realisierten Neugestaltung
der Ost-Berliner Altstadt, bei der auch der fortan die Stadtsil-
houette prägende Fernsehturm errichtet wurde. Im Nachgang
dieses Wettbewerbs geriet die Schinkel'sche Bauakademie in
den Fokus der politischen Debatten zur Gestaltung des neuen

Regierungszentrums am Marx-Engels-Platz – allerdings nicht mehr als wiederaufzubauender Stammsitz der Bauakademie, sondern als städtebaulicher Störfaktor für die immer moderner und weiträumiger werdenden Planungen des neuen Hauptstadt-Forums.

Der Wiederaufbau
der historischen Bauten

Parallel dazu waren bereits ab 1948 einige bedeutende historische Bauten des Straßenzuges Unter den Linden, wie das Zeughaus, aufwändig rekonstruiert worden. Dabei entstand während der stalinistischen Ära in der Nähe des Brandenburger Tores auch ein monumentaler Botschaftsneubau der UdSSR. Schinkels Neue Wache wurde 1956–57 rekonstruiert und später zum Mahnmal für die Opfer des Faschismus und Militarismus umgestaltet. Richard Paulick war – neben seinen vielen anderen Aufgaben – fast zwanzig Jahre lang (1950–69) für den sukzessiven Wiederaufbau und die Neugestaltung des Forum Fridericianum mit der Deutschen Staatsoper, dem Umbau des Prinzessinnenpalais zum „Operncafé" und dem Wiederaufbau des Kronprinzenpalais sowie für die Wiedergewinnung der benachbarten Kupfergrabenlandschaft mit der Schinkel'schen Bauakademie verantwortlich.[6] Unter seiner Leitung wurde ab 1952 mit dem Wiederaufbau dieses kriegszerstörten Gebäudes für eine spätere Nutzung durch die Deutsche Bauakademie mit Ausstellungs- und Konferenzräumen, Büros und einer Bibliothek begonnen.[7] Dabei wurden bis 1956 große Teile der Fassade und des konstruktiven Rohbaus inklusive der Gewölbe instand gesetzt,[8] die Kellerräume für den geplanten Einbau von Kasino und Bibliothek tiefer gelegt, danach aber die weiteren Arbeiten eingestellt.[9]

Im Nachgang des großen städtebaulichen Ideenwettbewerbs, bei dem das Gebäude der Bauakademie bereits in mehreren Entwürfen durch unterschiedliche neue Baustrukturen ersetzt worden war,[10] beschloss das ZK der SED im Dezember 1959: „An der Westseite des Marx-Engels-Platzes, gegenüber dem zentralen Regierungsgebäude, ist das Außenministerium zu platzieren, wozu die Ruine der Schinkelakademie abzuräumen ist."[11] Diese Entscheidung führte sofort zu massivem fachinternen Widerstand und internationalen Protesten, so dass die politische Führung die Möglichkeit einer Verrollung sowie den später auch beschlossenen Wiederaufbau an einem anderen Standort prüfen ließ.[12] Danach wurde die Schinkel'sche Bauakademie mit der Absicht, die wertvollen Fassaden- und bauplastischen Elemente zu bergen und für den späteren Wiederaufbau aufzubewahren, von Juli 1961 bis Februar 1962 abgerissen.[13] Im Laufe der Zeit gelangten die Bau- und Ausstattungsteile des Gebäudes, darunter auch die bekannten Terrakottareliefs und weitere dekorative Elemente der Fassade, in unterschiedliche Hände.[14] Die ab 1965 geplante Rekonstruktion des Gebäudes auf einem nahe gelegenen Grundstück wurde jedoch nicht realisiert.[15] Daher integrierte Paulick beim Wiederaufbau des Kronprinzenpalais (1968–72) ein rekonstruiertes Portal der Schinkel'schen Bauakademie in den dabei neu entstehenden, den Garten zur Friedrichwerderschen Kirche hin abschließenden Pavillonkomplex.[16] Dieser wurde unter dem Namen „Schinkelklause" lange Zeit als Gaststätte genutzt und ist seit einigen Jahren als „Schinkelpavillon" ein Ausstellungsraum für moderne Kunst.

Das Außenministerium
der DDR

Am früheren Standort der Schinkel'schen Bauakademie, auf der Westseite des Kupfergrabens, entstand 1964–67 nach Entwürfen von Josef Kaiser und seinem vielköpfigen Planungskollektiv ein langer, riegelartiger Neubau für das Ministerium für Auswärtige Angelegenheiten der DDR.[17]

Dabei setzte sich der 145 Meter lange und 44 Meter hohe, quer zur Straße Unter den Linden stehende Baukörper durch seine modernistische Gestaltung und seine gewaltigen Dimensionen bewusst von der historischen Bebauung der näheren Umgebung ab. Kaiser hatte – ähnlich wie Oscar Niemeyer bei seinem Entwurf für die Standardministerien in Brasilia (1957)[18] – anfangs noch vorgesehen, die gesamte Hochhausscheibe des Außenministeriums auf schlanken plastisch geformten Mittelstützen aufzuständern und mit einer ornamentalen Fassade zu versehen.[19] Statt dieser sehr ambitionierten Entwurfsvariante wurde später jedoch aufgrund von Budgetkürzungen, dem umfangreichen Raumprogramm und der Vorgabe, hier eine Art monumentale Platzwand zu errichten, ein sehr blockhaftes Gebäude errichtet.[20] Dabei wurde die schlichte Vorhangfassade aus kunststoffbeschichteten Aluminium-Elementen durch plastische Lisenen und zwei umlaufende waagrechte Ornamentbänder akzentuiert, die Höhen der benachbarten historischen Bebauung aufnahmen. In der leicht zurückgesetzten Erdgeschosszone wechselten sich Glas- und Strukturfassadenelemente ab. Der zum Marx-Engels-Platz ausgerichtete Haupteingang wurde durch eine überdachte Vorfahrt betont, im rückwärtigen Gartenbereich gab es einen Konferenzsaal-Anbau. Neben etlichen weiteren baugebundenen künstlerischen Arbeiten befanden sich in diesem Gebäude (in der Eingangshalle, im Empfangs- und Sitzungssaal) auch drei monumentale Wandbilder von Walter Womacka.[21]

Das Ministeriumsgebäude bildete den westlichen Abschluss des neuen (politischen) Zentrumsbereichs Ost-Berlins, der sich vom Marx-Engels-Platz mit dem als südliche Raumkante fungierenden Staatsratsgebäude (1962–64) und dem Palast der Republik (1973–76) über das Marx-Engels-Forum mit der erst 1986 aufgestellten namensgebenden Figurengruppe bis zum großen, mit Neptunbrunnen und weiteren Wasserspielen ausgestatteten Platz rund um den Fernsehturm

(1965–69) und die Marienkirche erstreckte. Seine Errichtung wurde – genauso wie die Anlage des angrenzenden Platzes mit dem späteren Palast der Republik – aufgrund des dafür notwendigen Abrisses der kriegszerstörten historischen Bauten von Anfang an kontrovers gesehen, in Fachkreisen häufig kritisiert und aus westdeutscher Perspektive vehement abgelehnt.[22]

Nach der deutschen Wiedervereinigung entwickelten sich die während der DDR-Zeit nur locker bebaute Spreeinsel und ihr Umfeld zu einem der heiß umkämpften Areale der lokalen Stadtentwicklung. Im Zuge der Planungen für den Umzug von Regierung und Parlament von Bonn nach Berlin ließ die Berliner Senatsverwaltung im Herbst 1990 auch die ehemaligen DDR-Ministerien auf ihren Bauzustand und mögliche Nachnutzungsmöglichkeiten untersuchen. Dabei wiesen Staatsratsgebäude und Außenministerium keine oder kaum bauliche Mängel auf, auch der Instandsetzungsbedarf wurde als gering eingestuft. Dass die Zukunftsperspektive des Außenministeriums jedoch vom weiteren Umgang mit dem gesamten Areal abhing, wurde im Fazit dieser Einschätzung klar: „Das Ministerium für Auswärtige Angelegenheiten ist grundsätzlich gut für Regierungsfunktionen geeignet. Vor einer endgültigen Klärung der Nutzungsfrage ist jedoch vordringlich die Frage der städtebaulichen Neuordnung des Bereiches Marx-Engels-Platz zu klären."[23] Denn bereits damals wurden erste Rufe nach einem Wiederaufbau des Schlosses, kurze Zeit später auch nach dem Wiederaufbau der Bauakademie laut.

Das Gebäude des DDR-Außenministeriums schränkte, wie Bruno Flierl bereits während der Errichtung kritisiert hatte, aufgrund seiner Gebäudelänge und -höhe den freien Blick vom Alexander- und Marx-Engels-Platz auf das Forum Fridericianum und die St.-Hedwigs-Kathedrale sowie den Blick vom Straßenzug Unter den Linden auf das Areal des während der DDR-Zeit zum neuen sozialistischen Stadtzentrum

umgestalteten historischen Stadtkerns ein.[24] Außerdem
passte dieses vom Brandenburger Tor aus gesehen unmittelbar hinter dem wiederaufgebauten Forum Fridericianum gelegene Gebäude aufgrund seiner industriell-modernen Optik
stilistisch nicht zu den nach der Wende rasant einsetzenden
Bestrebungen, durch Rekonstruktionen und historisierende
Neubauten rund um den Schlossplatz wieder das stadträumliche Ambiente einer „historischen Mitte" zu etablieren. Dies
führte zügig zu Abrissforderungen.[25]

 Beschleunigt und legitimiert wurde diese Entwicklung mit
dem damals viel beachteten Spreeinsel-Wettbewerb
(1993/94), bei dem der Abbruch des Palastes der Republik
und des ehemaligen Außenministeriums der DDR in der Wett-
bewerbsausschreibung zwingend vorgegeben und gleichzeitig auch der Abriss des zu diesem Zeitpunkt bereits
denkmalgeschützten Staatsratsgebäudes mit Nachdruck
empfohlen wurde.[26] Daraufhin hatten die meisten teilnehmen-
den Architekten entsprechende Entwürfe geliefert und die
Jury einen diese Vorgaben bedienenden, sich am historischen Stadtgrundriss orientierenden Beitrag prämiert. Dieses
Ergebnis wurde, unter Ausblendung der politischen Vorent-
scheidung, später oft so dargestellt, dass die „Fachwelt" (die
am Wettbewerb beteiligten Architekten und die Jury) für den
Generalabbruch des DDR-Ensembles am Marx-Engels-/
Schlossplatz plädiert hätte.[27] Im Frühjahr 1995 beschlossen
Bundesregierung und Berliner Senat ohne eine genauere
Prüfung potenzieller Zwischennutzungs- oder aber Umbau-
möglichkeiten den Abbruch des Außenministeriums. Das
Gebäude wurde noch im selben Jahr abgerissen. Bereits
konkreter gewordene Nachfolge-Bauprojekte gab es zu
diesem Zeitpunkt nicht.

 Die zentrale Idee des Siegerentwurfs des Spreeinsel-
Wettbewerbs, auf dem Areal des früheren Schlosses einen
Neubau mit ovalem Innenhof zu errichten, wurde später nicht
umgesetzt. Sein städtebaulicher Rückgriff auf den historischen

Stadtgrundriss entfachte jedoch bei der weiteren Stadtent-
wicklung Berlins eine bis heute anhaltende Dynamik. Dieser
Wettbewerb machte – in Bezug auf die großen sozialistischen
Ensembles in den Zentren – auch in anderen Städten der
ehemaligen DDR Abrissforderungen und Tabula-Rasa-
Planungen salonfähig. Dabei tauchte im Kontext der Ideen der
Kritischen Rekonstruktion an vielen Orten die bis heute aktuelle Frage auf, inwieweit auf diesen Arealen nach historischem
Vorbild rekonstruiert, historisierend oder aber zeitgenössisch-
modern neu gebaut werden sollte. Darüber ist man sich auf
dem Friedrichswerder, nachdem dort bereits 1995 für den
angedachten Wiederaufbau der Bauakademie Platz geschaffen wurde, anscheinend bis heute nicht einig.

1   Zu den Planungen der Weimarer Republik u. a.: Wagner, Martin/Behne, Adolf (Hg.):
       Das neue Berlin. Berlin 1929. Während der NS-Zeit die „Germania"-Planungen, ab
       1950 der sozialistische „Neuaufbau Ost-Berlins" als Hauptstadt der DDR, ab 1990 die
       Bauprojekte des wiedervereinigten „Neuen Berlin".
2   Punkt 6 der am 27. Juli 1950 von der Regierung der DDR beschlossenen
       „16 Grundsätze des Städtebaus". In: *Ministerialblatt der DDR*. Nr. 25/1950
3   Menzel, Karl: „Über die wissenschaftlichen Grundlagen für den Neuaufbau Berlins".
       In: *Deutsche Architektur*. Nr. 4/1954, Jg. 3, S. 145–153; Magritz, Kurt: „Die
       sozialistische Umgestaltung des Zentrums von Berlin". In: *Deutsche Architektur*, Nr.
       1/1959, Jg. 8, S. 1–5; Gebhardt, Heinz: „300 Jahre Berliner Stadtzentrum". In:
       Deutsche Architektur. Nr. 1/1959, Jg. 8, S. 6–12
4   Deutsche Bauakademie (Hg.): *Die Aufgaben der Deutschen Bauakademie im Kampf
       um eine deutsche Architektur. Ansprachen gehalten anläßlich der Eröffnung der
       Deutschen Bauakademie am 8. Dezember 1951 in Berlin*. Berlin (Ost) 1952
5   Ulbricht, Walter: *Das nationale Aufbauwerk und die Aufgaben der deutschen
       Architektur. Rede ... anläßlich der Gründung der Deutschen Bauakademie am
       8.12.1951*. Berlin (Ost) 1952, S. 10
6   Hain, Simone: „,Eroica und Pastorale'. Richard Paulicks Wiederaufbau des
       preußischen Staatsforums und der Kupfergrabenlandschaft". In: Flierl, Thomas (Hg.):
       *Bauhaus – Shanghai – Stalinallee – Ha-Neu. Der Lebensweg des Architekten
       Richard Paulick 1903–1979*. Berlin 2020, S. 164–177

7   Bundesstiftung Baukultur (Hg.): *Machbarkeitsunterlage Wiedererrichtung Bauakademie 2017*. Potsdam 2017, S. 20-23

8   Tscheschner, Dorothea: *Das abgerissene Außenministerium der DDR in Berlin Mitte. Planungs- und Baugeschichte, Berlin 2000,* hier: „Der Wiederaufbau und Abriß von Schinkels Bauakademie". S. 40–43; Blauert, Elke: *Karl Friedrich Schinkels Berliner Bauakademie. Ein Beitrag zu ihrem Wiederaufbau.* Berlin 1994, S. 13

9   Tscheschner 2000, S. 116

10   „Ideenwettbewerb zur sozialistischen Umgestaltung des Zentrums der Hauptstadt der Deutschen Demokratischen Republik". In: *Deutsche Architektur.* Nr. 1/1960, Jg. 9, S. 3–36

11   Zit. nach: Landesarchiv Berlin, BPA LAB IV – 2/6 – 814, Beratung über den Aufbau des Stadtzentrums am 21.12.1959 im Hause des Zentralkomitees, abgedruckt in: Tscheschner 2000, S. 104

12   Ebd., S. 41 f.

13   Blauert 1994, S. 14

14   Ebd., S. 17, sowie: Blauert, Elke (07.05.2018): „Was mit der Fassade der Bauakademie geschah: Spur der Steine". https://www.preussischer-kulturbesitz.de/newsroom/dossiers-und-nachrichten/dossiers/dossier-bauakademie/was-mit-der-fassade-der-bauakademie-geschah-spur-der-steine.html (letzter Zugriff: 28.01.2021)

15   Tscheschner 2000, S. 42

16   Möpert, Karl-Günter: „Über das Auffinden der Originalterrakotten und die Rekonstruktion des linken Portals der Schinkelschen Bauakademie vor 30 Jahren". In: Fouquet-Plümacher, Doris (Hg.): *Mythos Bauakademie. Ausstellungkatalog.* Berlin 1998, S. 83–85

17   Kaiser, Josef: „Das Ministerium für Auswärtige Angelegenheiten". In: *Deutsche Architektur.* Nr. 11/1965, Jg. 14, S. 650–653; Ders.: „Das Ministerium für Auswärtige Angelegenheiten in seinen Projektierungsstadien". In: *Deutsche Architektur.* Nr. 11/1965, Jg. 14, S. 654–666

18   Kossel, Elmar: „Oscar Niemeyer und Deutschland. Die Rezeption in der DDR". In: Andreas, Paul/Flagge, Ingeborg (Hg.): *Oscar Niemeyer. Eine Legende der Moderne.* Basel/Boston/Berlin 2003, S. 59–68, hier S. 65

19   Kaiser 1965, S. 658

20   Kossel 2003, S. 65; Tscheschner 2000, S. 71

21   Neumann, Erika: „Sinnbilder unserer Zeit. Zu neuen Wandbildern von Walter Womacka". In: *Bildende Kunst.* Nr. 4/1969, Jg. 23, S. 192–195

22   Blauert 1994, S. 13 f.

23   Senatsverwaltung für Stadtentwicklung und Umweltschutz, Magistratsverwaltung für Stadtentwicklung, Wohnen und Verkehr (Hg.): *Rahmenbedingungen und Potentiale für die Ansiedlung oberster Bundeseinrichtungen in Berlin, Bericht des Arbeitsstabes „Hauptstadtplanung Berlin".* Berlin 1990, Objekt-Teil, Nr. 35: Ministerium für Auswärtige Angelegenheiten [o.S.]

24   Flierl, Bruno: „Städtebaulich-architektonische Analyse der Straße Unter den Linden". In: *Deutsche Architektur.* Nr. 12/1966, Jg. 15, S. 752–761, hier S. 756

25   Julius Posener formulierte am 9. Juli 1993 im *Tagesspiegel* unmissverständlich: „Das zu lange, zu hohe, das im schlimmsten Sinne mittelmäßige Gebäude des DDR-Außenministeriums stört diese Raumfolge empfindlich: es muß weg." Zit. nach Bodenschatz, Harald: *„Der rote Kasten". Zu Bedeutung, Wirkung und Zukunft von Schinkels Bauakademie.* Berlin 1996, S. 23

26   Bodenschatz 1996, S. 14

27   Ebd., S. 10 und S. 14 f.

1	Perspektivische Ansicht der Bauaka- demie, Kupferstich nach einer Zeich- nung von Karl Friedrich Schinkel, 1833
2	Berlin, Blick über die Spree in Richtung Schlossbrücke mit dem Gebäude des ehemaligen Außenministeriums der DDR im Hintergrund, 1993

1	Perspective view of the *Bauakademie*, copper engraving according to a drawing by Karl Friedrich Schinkel, 1833
2	Berlin, view from above the river Spree in the direction of the Palace Bridge with the building of the former Foreign Ministry of the GDR in the background, 1993

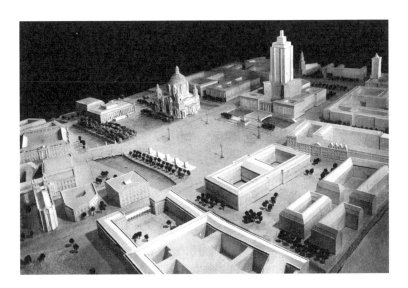

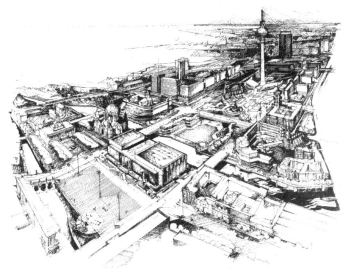

3   Modell der geplanten Bebauung des
    Ost-Berliner Stadtzentrums mit
    stalinistischem Regierungshochhaus
    an der Ostseite des Marx-Engels-
    Platz, 1951

4   Vogelschau des neuen sozialistischen
    Zentrums Ost-Berlins mit der städte-
    baulichen „Raumkante" des Außen-
    ministeriums des DDR (l.) im Westen,
    dem Palast der Republik und dem
    Fernsehturm (r.), Zeichnung: Dieter
    Bankert, 1976

3   Model for the planned development of
    the East Berlin city center with a
    government skyscraper in Stalinist
    style on the east side of the Marx-
    Engels-Platz, 1951

4   Bird's eye view of the new socialist
    center of East Berlin with the urban
    "edge of space" of the Foreign Ministry
    of the GDR (left) in the west, the
    Palace of the Republic and the TV
    tower (right), drawing: Dieter Bankert,
    1976

FROM SCHINKEL'S
BAUAKADEMIE
TO THE FOREIGN MINISTRY
OF THE GDR

Tanja Scheffler

The recent urban history of Berlin has been particularly characterized—in addition to the destructions of war—by the many construction projects of the repeatedly different versions of the "New Berlin".[1] They were accompanied by large-scale demolition campaigns and the superimposition of the traditional city plan with completely new building structures. In addition, the architectural modernism of the 20th century also established a conscious break with history, deliberately ignoring individual unwanted layers of time.

The area on which the Schinkel *Bauakademie* (Building Academy) once stood is located in the historic center of Berlin. After the division of Berlin in 1945, it was located in the eastern part of the city. Here, after the demolition of the war-damaged building, the much larger new building of the Ministry of Foreign Affairs of the GDR was built, often only referred to as the "Foreign Ministry." It formed the western end of the then newly created Marx-Engels-Platz but was demolished a few years after the fall of the Wall. The previous attempts to re-establish the *Bauakademie* have all been largely inconclusive; therefore, this area is often seen as an "open wound" of recent urban development. It is worth taking a closer look at the complex history of this place.

The socialist transformation
of the city center

Two important aspects of the "16 Principles of Urban Design", which applied to the entire GDR from 1950 onwards, included the creation of large central squares for the propaganda events customary in the socialist society, as well as the erection of adjacent constructions with height-dominant features clearly towering over the traditional buildings, which were intended to determine the urban composition as well as the city silhouettes visible from afar.[2] For this purpose, the ruins of the Berlin Palace were blown up in East Berlin in 1950. The cleared area was renamed in the following year together with the *Lustgarten*, the Schloßfreiheit and the historic Schloßplatz to Marx-Engels-Platz and served as a staging place for large demonstrations and military parades from then on. At the same time, for years, in an ever-growing number of new design variants, the construction of a monumental government and culture high-rise building in the style of the Stalinist skyscrapers of Moscow ("Seven Sisters") was also planned.[3]

During this time, the architectural line of the "National Traditions" was propagated, taking up regionally typical styles (in Berlin: Schinkel's classicism) in a historicizing manner. The *Deutsche Bauakademie*, the GDR's central research institution for the construction industry, which laid down the nationally applicable urban planning and architectural guidelines, was founded in 1951. The ceremonial founding event took place in December of the same year in front of a stage-like backdrop, on which the theater on Gendarmenmarkt designed by Schinkel was to be seen.[4] At this ceremony, state and party leader Walter Ulbricht officially announced the reconstruction of the war-damaged Schinkel *Bauakademie* building.[5]

After Stalin's death in 1953, however, his successor Nikita Khrushchev pushed for the increased use of industrial assembly construction methods with prefabricated elements

("Better, cheaper and faster construction") from 1954/55. This new line, centrally defined by the Soviet Union, was gradually adopted throughout the Eastern Bloc. This led to a fundamental stylistic change in the field of urban planning and architecture. Instead of the previously common closed street spaces, free-standing post-war modern buildings and the concept of the spacious and modern urban landscape prevailed. From the early 1960s onwards, in numerous larger cities in the GDR, the traditional city layouts of the central areas were built over with new structures. In East Berlin, too, the planning for the area of the city's historical nucleus took increasingly less account of the traditional building fabric.

After the great competition for ideas for the socialist transformation of the city center of East Berlin (1958/59), there was a creeping departure from the monumental high-rise plans: Hermann Henselmann's contribution presented an urban landscape oriented to current Western models, known as the "Forum of the Nation", with a raised parliament building, an assembly hall suspended in two parabolic arches and a "Tower of Signals" approximately 300 meters high, conceived as a new urban dominant element. Although Walter Ulbricht and the management staff of the *Deutsche Bauakademie* initially rejected this spectacular proposal completely and it disappeared into the drawer for years, it became the secret pioneer of the later-implemented redesign of the East Berlin Old Town, during which the television tower was built, which would shape the city silhouette from then on. In the aftermath of this competition, the Schinkel *Bauakademie* got into the focus of political debates on the design of the new government center on Marx-Engels-Platz—no longer as the headquarters of the *Bauakademie* to be rebuilt, but as an urban-planning disruptive factor in the increasingly modern and extensive planning of the new capital forum.

The reconstruction
of the historic buildings

At the same time, as early as 1948, some important historical buildings of the Unter den Linden street, such as the *Zeughaus*, were extensively reconstructed. During the Stalinist era, a monumental new embassy building of the USSR was built near the Brandenburg Gate. Schinkel's *Neue Wache* was reconstructed in 1956–57 and later transformed into a memorial to the victims of fascism and militarism. Richard Paulick was (in addition to his many other tasks) responsible for almost twenty years (1950–69) for the successive reconstruction and redesign of the Forum Fridericianum with the *Deutsche Staatsoper* (German State Opera), the conversion of the *Prinzessinnenpalais* (Princesses' Palace) into an "opera café", and the reconstruction of the *Kronprinzenpalais* (Crown Prince's Palace) as well as the recovery of the neighboring Kupfergraben landscape with the Schinkel *Bauakademie*.[6] Under his direction, the reconstruction of this war-damaged building for later use by the *Deutsche Bauakademie* with exhibition and conference rooms, offices and a library began in 1952.[7] Until 1956, large parts of the facade and the structural shell, including the vaults, were repaired[8] and the basement rooms were lowered for the planned installation of the casino and library, but then the further work was stopped.[9]

In the aftermath of the large urban planning ideas competition, in which the building of the *Bauakademie* had already been replaced in several designs by different new building structures,[10] the Central Committee of the Socialist Unity Party of Germany decided in December 1959: "On the west side of Marx-Engels-Platz, opposite the central government building, the Foreign Ministry is to be placed, for which the ruins of the *Schinkelakademie* have to be cleared."[11] This decision immediately led to massive expert resistance and

international protests to such an extent that the political leadership checked the possibility of moving the building or recon-
structing it at another location.[12] Thereafter, the Schinkel
Bauakademie was demolished from July 1961 to February
1962 with the intention of recovering the valuable facade and
architectural elements and preserving them for later reconstruction.[13] Over the course of time, the components and
furnishings of the building, including the well-known terracotta
reliefs and other decorative elements of the facade, passed
into different hands.[14] However, the reconstruction of the
building on a nearby plot planned from 1965 was not implemented.[15] For this reason, Paulick integrated a reconstructed
portal of the Schinkel *Bauakademie* during the reconstruction
of the *Kronprinzenpalais* (1968–72) into the newly created
pavilion complex, which concluded the garden towards the
Friedrichwerder church.[16] For a long time, this was used as a
restaurant called *Schinkelklause* and, since several years,
assumed the function of *Schinkelpavillon*, an exhibition space
for modern art.

The Foreign Ministry
of the GDR

At the former site of the Schinkel *Bauakademie*, on the west
side of the Kupfergraben, a long, bolt-like new building for the
Ministry of Foreign Affairs of the GDR was built in 1964–67
according to designs by Josef Kaiser and his many-headed
planning collective.[17] The 145-meter-long and 44-meter-high
building located perpendicularly to the street Unter den Linden,
deliberately set itself apart from the historic development of
the surrounding area due to its modernist design and enor-
mous dimensions. Kaiser had initially planned—similar to
Oscar Niemeyer in his design for the standard ministries in
Brasilia (1957)[18]—to stand the entire building block of the
Foreign Ministry on slim, plastically shaped central supports

and to provide it with an ornamental facade.[19] Instead of this
very ambitious design variant, however, a very blocky building
was later erected due to budget cuts, the extensive room
program and the requirement to build a kind of monumental
wall here.[20] The simple curtain wall made of plastic-coated
aluminum elements was accentuated by plastic lesenes and
two circumferential horizontal ornamental bands, which took
up heights of the neighboring historic buildings. At the slightly
recessed ground floor zone, glass and structural facade
elements alternated. The main entrance facing Marx-Engels-
Platz was accentuated with a covered driveway; in the rear
garden area, there was a conference hall extension. In addition to several other building-related artistic works, there were
also three monumental murals by Walter Womacka in the
entrance hall, the assembly and conference room.[21]

The ministry building formed the western end of the new
(political) central area of East Berlin, which stretched from
Marx-Engels-Platz with the State Council building (1962–64),
which functioned as the southern edge of this square, and the
Palace of the Republic (1973–76), to the Marx-Engels-Forum
with the eponymous group of figures, which was not erected
until 1986, to the large square around the Television Tower
(1965–69), which was equipped with the Neptune Fountain,
and other water features, and the *Marienkirche* (St. Mary's
Church). The construction of the ministry building—as well as
the construction of the adjacent square with the later Palace
of the Republic—was seen controversially from the outset due
to the necessary demolition of the war-damaged historical
buildings, often criticized in professional circles and vehemently
rejected from a West German perspective.[22]

After German reunification, the Spreeinsel (island),
which was redesigned during the GDR period in a spacious
urban landscape, and its surroundings developed into one of
the hotly contested areas of local urban development. During
the planning for the relocation of the government and

parliament from Bonn to Berlin in the autumn of 1990, the Berlin Senate Administration also examined the former GDR ministries for their building condition and potential re-use possibilities. The State Council building and the Ministry of Foreign Affairs had no or only minor structural defects, and the need for repairs was also classified as low. However, the fact that the future prospects of the Foreign Ministry depended on the further handling of the entire area became clear in the conclusion of this assessment: "The Ministry of Foreign Affairs is basically well suited for government functions. Before a final clarification of the question of use, however, the question of the urban realignment of the Marx-Engels-Platz area must be clarified as a matter of urgency."[23] Even then, the first calls for the reconstruction of the Berlin Palace were made, and a short time later also for the reconstruction of the *Bauakademie.*

The building of the GDR Ministry of Foreign Affairs, as Bruno Flierl had already criticized during its construction, restricted the unobstructed view from Alexanderplatz and Marx-Engels-Platz to the Forum Fridericianum and St. Hedwig's Cathedral as well as the view from the Unter den Linden street to the area of the historic city center, which had been transformed into a new socialist city center during the GDR period.[24] In addition, this building, which is located directly behind the rebuilt Forum Fridericianum as seen from the Brandenburg Gate, did not fit stylistically with the rapidly beginning efforts after the fall of the Wall to re-establish the urban ambience of a "historic center" through reconstructions and historicizing new buildings around the Schlossplatz. This quickly led to demolition demands.[25]

This development was accelerated and legitimized with the then much-noticed Spreeinsel competition (1993/94), in which the demolition of the Palace of the Republic and the former Foreign Ministry of the GDR was mandatory in the competition tender and the demolition of the State Council building, which was already listed at that time, was emphatically recommended.[26] As a result, most of the participating architects delivered corresponding designs and the jury awarded a contribution based on these specifications, which drew its inspiration from the historic city plan. This result was then often presented as a proof that the "experts" (the architects and the jury) pleaded for the general demolition of the GDR ensemble at Marx-Engels-/Schlossplatz.[27] In the spring of 1995, the Federal Government and the Berlin Senate decided to demolish the Foreign Ministry without a more detailed examination of potential temporary uses or conversion possibilities. The building was demolished in the same year. At this time, there were no follow-up construction projects that would already have become more concrete.

The central idea of the winning design of the Spreeinsel competition to erect a new building with an oval courtyard on the site of the former palace was not implemented. However, its urban planning recourse to the historic city plan sparked a dynamic that continues to this day in the further urban development of Berlin. In relation to the large socialist ensembles in the centers, this competition made demolition demands and tabula rasa plans acceptable also in other cities of the former GDR. As a result, the question arose in the context of the ideas of critical reconstruction whether these areas should be reconstructed according to historical models, historicized or rebuilt in a contemporary/modern manner. This question is still current today in many places. Even on the Friedrichswerder, after space had already been created there in 1995 for the planned reconstruction of the *Bauakademie*, there is apparently still no agreement on this.

1   Concerning the plans of the Weimar Republic, among other things: Wagner, Martin/ Behne, Adolf (eds.): *Das neue Berlin*. Berlin 1929. During the Nazi era the "Germania" plans, from 1950 the socialist "reconstruction of East Berlin" as the capital of the GDR, from 1990 the construction projects of the reunified "New Berlin".

2   Point 6 of the "16 Grundsätze des Städtebaus" (16 Principles of Urban Planning) adopted by the government of the GDR on July 27, 1950. In: *Ministerialblatt der DDR*. No. 25/1950

3   Menzel, Karl: "Über die wissenschaftlichen Grundlagen für den Neuaufbau Berlins". In: *Deutsche Architektur*. No. 4/1954, year 3, pp. 145–153; Magritz, Kurt: "Die sozialistische Umgestaltung des Zentrums von Berlin". In: *Deutsche Architektur*. No. 1/1959, year 8, pp. 1–5; Gebhardt, Heinz: "300 Jahre Berliner Stadtzentrum". In: *Deutsche Architektur*. No. 1/1959, year 8, pp. 6–12

4   Deutsche Bauakademie (ed.): *Die Aufgaben der Deutschen Bauakademie im Kampf um eine deutsche Architektur. Ansprachen gehalten anläßlich der Eröffnung der Deutschen Bauakademie am 8. Dezember 1951 in Berlin*. Berlin (East) 1952

5   Ulbricht, Walter: *Das nationale Aufbauwerk und die Aufgaben der deutschen Architektur. Rede … anläßlich der Gründung der Deutschen Bauakademie am 8.12.1951*. Berlin (East) 1952, p. 10

6   Hain, Simone: "'Eroica und Pastorale'. Richard Paulicks Wiederaufbau des preußischen Staatsforums und der Kupfergrabenlandschaft". In: Flierl, Thomas (ed.): *Bauhaus – Shanghai – Stalinallee – Ha-Neu. Der Lebensweg des Architekten Richard Paulick 1903–1979*. Berlin 2020, pp. 164–177

7   Bundesstiftung Baukultur (ed.): *Machbarkeitsunterlage Wiedererrichtung Bauakademie 2017*. Potsdam 2017, pp. 20–23

8   Tscheschner, Dorothea: *Das abgerissene Außenministerium der DDR in Berlin Mitte. Planungs- und Baugeschichte*. Berlin 2000, here: "Der Wiederaufbau und Abriß von Schinkels Bauakademie", pp. 40–43; Blauert, Elke: *Karl Friedrich Schinkels Berliner Bauakademie. Ein Beitrag zu ihrem Wiederaufbau*. Berlin 1994, p. 13

9   Tscheschner 2000, p. 116

10   "Ideenwettbewerb zur sozialistischen Umgestaltung des Zentrums der Hauptstadt der Deutschen Demokratischen Republik". In: *Deutsche Architektur*. No. 1/1960, year 9, pp. 3–36

11   Cited according to: Landesarchiv Berlin, BPA LAB IV – 2/6 – 814, Consultation on the construction of the city center on December 12,1959 in the house of the Central Committee, reprinted in: Tscheschner 2000, p. 104

12   Ibid, pp. 41 f.

13   Blauert 1994, p. 14

14   Ibid., p. 17, as well as: Blauert, Elke (May 7, 2018): "Was mit der Fassade der Bauakademie geschah: Spur der Steine". Stiftung Preußischer Kulturbesitz. https://www.preussischer-kulturbesitz.de/newsroom/dossiers-und-nachrichten/dossiers/dossier-bauakademie/was-mit-der-fassade-der-bauakademie-geschah-spur-der-steine.html (last accessed January 28, 2021)

15   Tscheschner 2000, p. 42

16   Möpert, Karl-Günter: "Über das Auffinden der Originalterrakotten und die Rekonstruktion des linken Portals der Schinkelschen Bauakademie vor 30 Jahren". In: Fouquet-Plümacher, Doris (ed.): *Mythos Bauakademie. Ausstellungkatalog*. Berlin 1998, pp. 83–85

17   Kaiser, Josef: "Das Ministerium für Auswärtige Angelegenheiten". In: *Deutsche Architektur*. No. 11/1965, year 14, pp. 650–653; Idem: "Das Ministerium für Auswärtige Angelegenheiten in seinen Projektierungsstadien". In: *Deutsche Architektur*. No. 11/1965, year Berlin 14, pp. 654–666

18   Kossel, Elmar: "Oscar Niemeyer und Deutschland. Die Rezeption in der DDR". In: Andreas, Paul/Flagge, Ingeborg (eds.): *Oscar Niemeyer. Eine Legende der Moderne*. Basel/Boston/Berlin 2003, pp. 59–68, here p. 65

19   Kaiser 1965, p. 658

20   Kossel 2003, p. 65; Tscheschner 2000, p. 71

21   Neumann, Erika: "Sinnbilder unserer Zeit. Zu neuen Wandbildern von Walter Womacka". In: *Bildende Kunst*. No. 4/1969, year 23, pp. 192–195

22   Blauert 1994, pp. 13 f.

23   Senatsverwaltung für Stadtentwicklung und Umweltschutz, Magistratsverwaltung für Stadtentwicklung, Wohnen und Verkehr (ed.): *Rahmenbedingungen und Potentiale für die Ansiedlung oberster Bundeseinrichtungen in Berlin, Bericht des Arbeitsstabes „Hauptstadtplanung Berlin"*. Berlin 1990, object part, No. 35: Ministry of Foreign Affairs [n.p.]
24   Flierl, Bruno: "Städtebaulich-architektonische Analyse der Straße Unter den Linden." In: *Deutsche Architektur*. No. 12/1966, year 15, pp. 752–761, here p. 756
25   Julius Posener stated unequivocally in the *Tagesspiegel* on 9 July 1993: "The too long, too tall building of the GDR Foreign Ministry, being mediocre in the worst sense of the term, susceptibly disturbs this sequence of space." Cited according to Bodenschatz, Harald: *"Der rote Kasten". Zu Bedeutung, Wirkung und Zukunft von Schinkels Bauakademie*. Berlin 1996, p. 23
26   Bodenschatz 1996, p. 14
27   Ibid., p. 10 and pp. 14 f.

Land
schaft

VOM HAVEL-LANDSCHAFTSPLAN ÜBER DAS GRÜNE STADTARCHIPEL BERLIN ZUR WESTBERLINER BIOTOPKARTIERUNG – WIDERSTANDSGRADE

Sandra Bartoli

Der Havel-Landschaftsplan: Widerstandsgrade

In ihrem Text zu Gärten aus dem späten 18. und frühen 19. Jahrhundert und deren Beziehung zu architektonischen Strukturen erwähnt Monique Mosser, dass

in der harmonischen Fusion des unsichtbaren Gerüsts des pflanzlichen und der leitenden Linien des architektonischen Elements ein tiefgreifender struktureller Einklang entsteht. Eine derartige Verschmelzung lässt sich beispielsweise in den großen Gärten der italienischen Renaissance oder des französischen Klassizismus sowie im 18. Jahrhundert in den weitläufigen öffentlichen Parkanlagen erkennen, die am Rand der Stadt geschaffen wurden (Parc de Blossac in Poitiers, Promenade du Peyrou in Montpellier usw.). Als unregelmäßige Gartenanlagen in Europa modern wurden, bedeutete dies für das Verhältnis von Architektur und Gartenkunst eine große Änderung [...]. Der Herzog von Harcourt fasst [diese Veränderung] folgendermaßen zusammen: ‚Die Engländer richten sich auf dem Rasen ein.' Es handelt sich nicht unbedingt um eine Spaltung zwischen zwei Welten, die sich getrennt entwickeln, sondern vielmehr um die Etablierung eines subtileren Dialogs, der auf ‚Entsprechungen' beruht. Die wesentliche

Veränderung findet in der ,Betrachtung' statt. Die alte
Position der Kontrolle (wie in den geometrischen Land-
schaftsgärten Frankreichs) macht einem Konzept des
Entdeckens und der gegenseitigen Bereicherung in
einem kunstfertigen und fließenden Spiel von Kontrasten
und Übergängen Platz.[1]
Diese Veränderung ästhetischer Vorlieben wird oft von städtebaulichen Absichten geleitet, die mit den vorgefundenen
Eigenschaften der Landschaft in einer Choreographie historischer Referenzen überlappen; das Erleben wird durch Sichtachsen, aber auch notwendigerweise durch Formen des
Spazierens und Entdeckens und der individuellen Selbstre-
flektion geformt. Diese sorgsam errichteten architektonischen
Strukturen bilden formell eine Antithese zu der informelleren,
natürlicheren Landschaft der Umgebung, und gerade durch
dieses Maß an (formellem) Widerstand entsteht eine umfas-
sende Beziehung. Dies gilt für viele große Gartenanlagen in
Europa, etwa die Parks von Rousham House oder Castle
Howard in England. Im Fall von Berlin wurde die Havellandschaft schrittweise anhand einer Stadt- und Landschaftsplanung entwickelt, die nach und nach entstand.

Das Großprojekt zur Umgestaltung der Havellandschaft
begann mit dem *Verschönerungsplan der Umgebung von
Potsdam*, der von dem Gartenarchitekten Peter Joseph
Lenné im Jahr 1833 konzipiert und großteils unter Lennés
Leitung bis zum Ende der Regierungszeit des preußischen
Königs Friedrich Wilhelm IV 1858 fortgeführt wurde. Der Plan
bezog viele bestehende landschaftsarchitektonische Werke
und Gebäude in Potsdam ein und weitete in nie dagewesener
Weise seinen Einflussbereich entlang der Havel aus, bis er
schließlich die Verbindung zu Berlin herstellte. Obwohl der
Plan hauptsächlich von Lenné entworfen wurde, ist auch der
ästhetische Einfluss des Architekten Karl Friedrich Schinkel
spürbar. Offenbar waren ihre ästhetischen Grundsätze und ihr
ästhetisches Verständnis sehr ähnlich, und sie erarbeiteten

einige der einflussreichsten Erweiterungen des Plans.
Gemeinsam entwickelten sie ein System, um „[Gegenstände]
der Natur bei der Komposition von Gebäuden"[2] einzubeziehen
und die Besonderheiten der existierenden Landschaft zu
betonen. Bei der Umgestaltung von Schloss Charlottenhof in
Potsdam nahe Berlin, an der sie beide mitwirkten, konnten sie
das Projekt nach moraltheoretischen Überlegungen entwickeln;
sie entwarfen die Vision einer idealisierten Gesellschaft der
Vernunft, deren Architektur von der Hütte (dem Gartenhaus)
bis zum Palast reichte und im Garten zu einem Ganzen
verwoben wurde. Diese große informelle Gartenlandschaft
sollte nicht nur menschlichen Aktivitäten eine Struktur geben,
sondern als intellektuelles und großräumiges Prinzip die klei-
neren architektonischen Formen und ihre tägliche Nutzung
ordnen. Zudem ermöglicht sie die visuelle Kontemplation
historischer Epochen, etwa im Blick vom Palast auf die nahe
Kuppel des Neuen Palais, das in der Formensprache der
Architektur die Vergangenheit verkörperte.[3]
    Als wichtigsten konzeptuellen Grundsatz verfolgte
Lenné (wie auch Schinkel) das Prinzip, sich nicht nur auf
einen Garten oder ein einzelnes Gebäude zu konzentrieren,
sondern die gegebene umliegende Landschaft grundlegend
einzubeziehen und in einem umfassenden Konzeptentwurf
neu zu kontextualisieren, in diesem Fall im *Verschönerungs-*
plan der Umgebung von Potsdam. Der Plan integriert die
Insel Potsdam in ihre landschaftliche Umgebung und
verstärkt den Zusammenhang zwischen den bestehenden
königlich-preußischen Parks, der bewirtschafteten Landschaft
der Forste und dem 875 Hektar großen Wildpark südwest-
lich von Park Sanssouci durch neu konzipierte Parks. Jedes
architektonische und strukturelle Element wird also im
Kontext einer Beziehung begriffen und diese Beziehung
nach dem Grad des Widerstands geordnet, den die Landschaft bietet.

In den folgenden Jahrzehnten setzte dieser Plan die
Entwicklung eines konzeptuellen Ansatzes in Gang, der zur
Regierungszeit von Friedrich Wilhelm III konzipiert und unter
der Ägide von Friedrich Wilhelm IV erweitert wurde; er setzte
die architektonischen Strukturen von Schinkel, Lenné und
Persius ins Verhältnis und verband Berlin und Potsdam[4]
sowie die natürliche und die konstruierte Landschaft entlang
der Havel. Diese Landschaft wird zu einer physischen Erzäh-
lung, die zu Fuß oder zu Pferd erschlossen wird. Das Ergebnis ist eine Karte von Sichtachsen, die auf Gebäude wie auch
auf Elemente der natürlichen Landschaft verweisen: Diese
Orte symbolisieren alte Geschichte, exotische Reisen und die
römische Antike, eine idealisierte italienische Landschaft und
künstliche Ruinen, aber auch die ungezähmte Natur, deren
Schönheit durch den Blick unterstrichen wird – das Verständnis ist offenkundig bildnerischer Art.

Dieser Plan sollte bestehende Orte mit anderen verbinden, die neu errichtet oder für diesen Zweck umgebaut
wurden. Hierzu gehören die Glienicker Brücke (von Schinkel),
Schloss Glienicke, die Heilandskirche (von Friedrich August
Stüler), das Gärtner- und Maschinenhaus, die Teufelsbrücke
sowie die Orangerie und Treibhäuser im Park Glienicke (von
Friedrich Ludwig Persius), die gesamte Pfaueninsel mit dem
Schlösschen, das als Ruinenarchitektur aus Holz einen Stein-
bau nachahmt, sowie weiteren, in eine exquisite Wildnis
eingebetteten Gebäuden, die Umgestaltung rund um Park
Sanssouci, die Römischen Bäder, die Landschaft des Ruinen-
bergs (1841) und die neue Verbindung zum Pfingstberg, die
mit der Aussicht auf die Havellandschaft vom Belvedere-
Pavillon (1847–63) ihren Höhepunkt findet.[5] Gemeinsam
gehörten diese Arbeiten zu einer langfristigen und in Phasen
angelegten landschaftsgestalterischen Planung, was die
Annahme nahelegt, dass Schinkel und Lenné dem gebauten
und dem natürlichen Raum gleiches Gewicht zubilligten.[6]

Die Havellandschaft und das Grüne
Stadtarchipel Berlin

Das städtebauliche Konzept *Die Stadt in der Stadt – Berlin das Grüne Stadtarchipel – Ein Stadträumliches Planungskonzept für die zukünftige Entwicklung Berlins* wurde 1977 während einer Sommerakademie in Berlin vorgestellt und 1978 von Oswald Mathias Ungers und Rem Koolhaas zusammen mit Peter Riemann, Hans Kollhoff und Arthur Ovaska in der Fachzeitschrift *Lotus International* veröffentlicht. In diesem Text wird das Modell der Havellandschaft ausdrücklich als Grundlage des Konzeptvorschlags genannt. Gleichzeitig bezieht er sich spezifisch auf die in Westberlin herrschenden Bedingungen: einer schrumpfenden, von einer Mauer umgebenen Stadt mit zahllosen aufgegebenen Freiflächen, die eine Folge der Zerstörung im Zweiten Weltkrieg sind, aber allgemein auch als wertvolle Besonderheiten wahrgenommen werden. Der Plan eines grünen Archipels definiert ein polyzentrisches System urbaner Situationen und macht so einen Vorschlag, den fragmentierten Zustand der Stadt auf eine neue Ebene zu heben; dieses System umfasst eine charakteristische architektonische Morphologie (unabhängig vom Entstehungszeitpunkt), soziale Durchmischung und Kohäsion und vielfältige Nutzungsmöglichkeiten. Es werden architektonische Inseln definiert, die von einer vielschichtigen, halb verwilderten Landschaft umgeben sind, die sie „antithetisch ergänzt".
Die siebte und neunte von insgesamt elf Thesen des Textes sind einer Beschreibung dieser ununterbrochenen Landschaft als einem beständigen Zustand der Verwandlung gewidmet; einer Verwandlung, die eine facettenreiche Nutzung durch den Menschen und andere (d. h. Tiere, Pflanzen und andere Organismen) möglich machen sollte. „Hier sollte zugelassen werden, dass zum Teil wertlose Strukturen sich allmählich in Natur- und Grünland zurück verwandeln bzw. auf einen Wiederaufbau verzichtet wird. Das betrifft vor allem die

Gebiete Kemperplatz, Görlitzer- [sic] und Potsdamer Bahnhof,
sowie zu einem späteren Zeitpunkt das Tempelhofer Flugfeld."
Die Stadt als grünes Archipel wird durch die Struktur der
natürlichen Landschaft und der Grünflächen definiert, die die
Stadtinseln trennen.[7] Für eine Definition dieser grünen Struktur befassten sich die Autoren mit Lennés Plan für die Havellandschaft und ließen sich davon inspirieren, wie dieser
bestehende Naturwälder, landwirtschaftlich genutzte Flächen,
Gemüse- und Obstgärten sowie Wasserstraßen aus dem
frühen 19. Jahrhundert zu einer „humanistischen Bildungslandschaft" integrierte. In diese Landschaft eingestreut waren
architektonische Strukturen wie Zitate aus verschiedenen
Zeitaltern und Stilepochen, etwa „das romantische Schlossfragment der Pfaueninsel, die neoklassizistische Heilandskirche, die an islamische Architektur erinnernde
Landschaftskirche St. Peter u. Paul, die klassizistischen
Objekte des Glienicker Parks, das neogotische Schloss
Babelsberg, Stülers im spätitalienischen Stil konzipiertes
Hofgärtner- und Maschinenhaus und schließlich die klassizis-
tischen Denkmäler in Potsdam", die zwischen Potsdam und
Berlin „ein Archipel von Architekturereignissen bilden".[8]
    Anschließend führt der Text das Konzept eines
„System[s] modifizierter Natur" mit einem Katalog neuer Land-
schaftstypen ein, der unter anderem eine Mischung des Urba-
nen und des Ländlichen in den alten Schrebergartenkolonien,
isolierte Industrieflächen mit dichter Vegetation, suburbanes
Leben, landwirtschaftlich genutzte Flächen, die alle Teile der
Stadt durchziehen, und Wildparks, die als Ergänzung zu
Naturschutzgebieten den internen Tourismus innerhalb der
Begrenzungen der Berliner Mauer ankurbeln sollen, enthält.
Der klassische Dualismus zwischen Natur und Kultur oder
Natur und Metropole wird verworfen, da er die real in der
Stadt herrschenden Bedingungen nicht widerspiegeln kann;
somit entwickelt der Plan eines grünen Stadtarchipels ein
grundlegend neues System von Natur und Kultur. Außerdem

schlägt der Plan ein Infrastrukturnetz vor, das Mobilität auf
der Höhe des 20. Jahrhunderts (!) ermöglichen soll; es sieht
ein gut ausgebautes System von Autobahnen, aber auch
sämtliche verfeinerten Annehmlichkeiten eines automobilen
Lebensstils vor und ähnelt darin der Faszination des Archi-
tekturkritikers für das Los Angeles der Autokinos und Drive-
in-Banken. Ein weiteres wesentliches typologisches Element
im Plan für ein grünes Stadtarchipel sind die grünen
Zwischenräume. Diese grünen Zwischenräume sind wesentliche Voraussetzung für eine andere Art von urbanem Leben,
für das örtlich ungebundene Freizeitaktivitäten – etwa ein
mobiles Leben in Zelten oder Wohnmobilen – eine große
Rolle spielen.[9]

Wenn der Plan für ein grünes Stadtarchipel sich in direk-
ter historischer Nachfolge zum Havel-Landschaftsplan und
damit zu Lennés und Schinkels architektonischem Verständnis sah, lässt sich angesichts dieser faszinierend ungewöhnli-
chen Landschaftstypen argumentieren, dass dieses Modell
aus dem 19. Jahrhundert für die Autoren des Plans die wich-
tigste konzeptuelle Quelle war, um zu einer überzeugenden
Interpretation der sehr urbanen Bedingungen im West-Berlin
der 1970er Jahre zu gelangen. Dabei wurden die ganz spezifischen Eigenschaften seiner Freiflächen berücksichtigt, die
von einer Ästhetik des Malerischen kaum weiter entfernt
hätten sein können. Post-industriell, vom Krieg und sehr sichtbar von der Zerstörung geprägt, waren weite Teile der städtischen Landschaft und Freiflächen West-Berlins Schutthaufen
und von Ruderalvegetation bedeckte Brachen.

West-Berlins neues ökologisches Versprechen und die Biotopkartierung

1988 beschreibt Wim Wenders in einem Interview für die
Architekturzeitschrift *Quaderns* mit Hans Kollhoff die räumlichen Qualitäten, die er in Westberlin sah, und erläutert seine

Entscheidungen bei der Auswahl der Location für den Zirkus
in seinem Film *Der Himmel über Berlin* (1987):

> Ich habe diesen Ort gewählt, gerade weil er so isoliert
> ist, weil er gerade in Berlin so einzigartig ist, wo alles nur
> Erdenkliche zu finden ist und wo eine furchtbare
> Verwandlung stattfand. Er liegt am Ende der Friedrich-
> straße, wo die Straße tatsächlich endet und in den
> Mehringplatz mündet. […] Im Norden dieses Platzes
> liegt ein großes offenes Niemandsland, über das wirklich
> nur Trampelpfade führen; wenn man in der Mitte steht,
> dort wo der Zirkus war, hat man in alle vier Richtungen
> einen völlig anderen Blick; wirklich merkwürdige Blicke
> auf die Vergangenheit oder auf das, was von der
> Vergangenheit noch bleibt, Zeugen allen Geschehens.
> Man findet hier etwas, das in Berlin ganz einzigartig und
> in anderen Städten selten vorhanden ist – ich meine
> diese ganz offenen, leeren Seiten- und Rückwände von
> Gebäuden, die Brandschutzmauern, die einst hinter
> anderen Gebäuden verborgen waren. [...] Wochenlang
> liefen wir durch die Stadt auf der Suche nach einem
> Standort für den Zirkus, und das schien mir der leerste
> Ort von allen. In der Stadt als Zentrifuge war dies der
> friedliche Kern, das Auge des Hurrikans. Eine große
> Stille herrschte auf dem Platz, und plötzlich erschienen
> Kaninchen und Mäuse, und sogar unsere Elefanten
> konnten sich dort bewegen.[10]

Wenders beschreibt weiter, was für ihn die urbanen Qualitäten Westberlins ausmacht:

> Es wäre schön, wenn es andere Städte mit so vielen
> friedvollen Plätzen oder verborgenen Flecken gäbe wie
> Berlin. Dass eine Stadt wie Berlin noch immer derart
> viele dieser aufgelassenen Flächen besitzt, ist sehr
> ungewöhnlich. Es gibt unzählige Orte wie den mit Blick
> auf die Friedrichstraße und den Potsdamer Platz, der
> auch im Film vorkommt. In anderen Städten, in New

York, Tokio, Paris, London – in London gibt es das vielleicht ein Stück weit, wenn auch nur wenig, am Stadt-
rand – sieht man niemals plötzlich den Horizont, wie er
sich über einer leeren, von Gestrüpp und Unkraut über-
wucherten Fläche ausbreitet. Das Ungewöhnlichste an
Berlin ist für mich die Tatsache, dass es immer noch
diese kleinen verwilderten Flächen gibt.[11]

Die Bedingungen in West-Berlin regten unterschiedliche
Vorstellungen und Visionen zum Charakter einer Stadt an,
wie hier von Wenders beschrieben; mit diesen Bedingungen
war auch der Plan für ein grünes Stadtarchipel konfrontiert,
der sie mithilfe der strukturierenden Vorgaben aus Lennés
Havel-Landschaftsplan produktiv nutzen konnte. Es gibt
jedoch noch einen dritten Fall, in dem dieses Verständnis der
spezifischen Bedingungen in West-Berlin auf eine neue
Ebene gehoben wurde und einem neuen, radikaleren Plan
seine Form gab: den Plan der *Pflege- und Entwicklungsmaß-
nahmen für Biotoptypen*, kurz *Biotopkartierung West-Berlin*,
der nach zwanzigjähriger Arbeit 1984 veröffentlicht wurde. Im
Anschluss an die oben beschriebenen Großprojekte ist die
Biotopkartierung West-Berlin eine kühne und äußerst radikale
Fortsetzung ihrer Absichten und obendrein eine höchst anre-
gende Antwort auf eine andere Art der Planung in einer Stadt,
die unter dem aktuellen Blickwinkel des ökologischen Zusam-
menbruchs als Ort wertvoller Biotope wahrgenommen wurde.

   In Städten wie London und Berlin verwandelten sich
zerbombte Gelände und brachliegende, mit Schutt bedeckte
Freiflächen nach dem Zweiten Weltkrieg innerhalb weniger
Jahre in wilde, mit Ruderalpflanzen bewachsene Gärten. In
einzigartiger Weise waren die Pflanzen, die dort wuchsen, für
die städtische Umgebung absolut exotisch, da die Bomben in
dieser Hinsicht wie Zeitmaschinen gewirkt hatten: Sie hatten
seit Jahrhunderten in der Tiefe schlummernde Pflanzensamen
an die Oberfläche geschleudert, wo sie plötzlich keimen konnten. Manche dieser Pflanzen waren selbst auf dem Land selten

zu finden. Dieses außergewöhnliche Phänomen hatte die
Aufmerksamkeit von Naturforschern, Botanikern und Umwelt-
schützern erregt, die sich nach dem Bau der Berliner Mauer
1961 dem städtischen Raum zugewandt hatten, da dieser zu
einem spannenden und einmaligen Forschungsgebiet gewor-
den war. Es wurde beschlossen, erstmalig die „Werkzeuge"
der Stadtplanung anzuwenden und die neuen Informationen
mithilfe eines Grundrissplans der Stadt zu erfassen: Zum ersten
Mal wurde eine Stadt als ein komplexes System von Biotopen
dokumentiert. Die Kartierung war als Hilfsmittel für Projektie-
rungs- und Planungszwecke vorgesehen; ihre Verwendung
war jedoch radikal, da sie die gesamte Stadt in botanischen,
ökologischen und zoologischen Kategorien erklärte und ein
größeres System der Natur in einer anthropogenen Umgebung definierte, das über den Menschen hinausgeht.[12]

Am 30. Januar 1979 verabschiedete das Berliner Abge-
ordnetenhaus ein Naturschutzgesetz, das den Berliner Senat
verpflichtete, ein *Landschafts- und Artenschutzprogramm* für
West-Berlin zu entwickeln. Dieses Programm wurde für eine
rein städtische Umgebung erarbeitet und war das erste seiner
Art in der Bundesrepublik Deutschland. An seiner Erstellung
war ein großes Team aus den Bereichen der Ökologie, Bota-
nik und Landschaftsplanung beteiligt, das durch zahlreiche
naturinteressierte Laien unterstützt wurde. Gemeinsam arbeiteten sie daran, die gesamte Stadt im Rahmen eines ganz
spezifischen *Landschaftsschutzes* zu erfassen, dessen
Hauptaufgabe die Pflege und Entwicklung von städtischen
Tier- und Pflanzenbiotopen war, ohne dabei jedoch die
menschlichen Bewohnerinnen und Bewohner aus den Augen
zu verlieren. Städtische Biotope wurden also auf Anweisung
der Behörden geschützte Räume.[13] Die Leitlinien des
Programms wurden vom Berliner Senat in Auftrag gegeben
und veröffentlicht; sie können als Definition und gesetzliche
Festschreibung einer Ästhetik der Verwahrlosung und der
natürlichen Zerfallsprozesse gelesen werden. Im Gegensatz

zu herkömmlichen Konzepten für die Pflege von Freiflächen gestatteten sie, Wildnis als vollwertigen Bestandteil der städtischen Umgebung wahrzunehmen. Erstmalig wurde Berlin, eine gebaute Umgebung, als Ort mit einer eigenen Reihe von Biotopen, eigenem Klima und eigener Natur begriffen. Genau diese von Wenders erwähnte reich gegliederte Verwahrlosung, die sich auch im Plan für das grüne Stadtarchipel in der Beschreibung der Freiflächen findet – wenn man seine ästhetischen Grundlagen berücksichtigt –, ist überraschenderweise auch Teil von Lennés Havelplan. Ein Beispiel hierfür ist das *Lehrbuch der schönen Gartenkunst*, ein von Lennés Schüler Johann Heinrich Gustav Meyer 1860 verfasstes und illustriertes Buch malerischer Landschaften; es ist nicht nur ein praktisches Handbuch, das Landschaftstypologien von unberührten Naturräumen definiert, sondern auch ein Werk, das natürliche Prozesse in einen ästhetischen Rahmen fasst. Diese Landschaftstypologien spiegeln entsprechend des herrschenden Zeitgeistes der Empfindsamkeit rein menschliche Emotionen wider; dennoch wirkt es heute fast unheimlich, wie dieselben Typologien eine ästhetische Brücke zu den spezifisch städtischen Freiflächenbiotopen und deren sichtbaren Naturprozessen in der *Biotopkartierung* und im *Artenschutzprogramm* schlagen. Ein neues Verständnis von Stadt wird also über einhundert Jahre später, mit den Anfängen der modernen Umweltschutzbewegung und der Stadtökologie in West-Berlin, neu definiert; es verweist auf einen grundsätzlichen Paradigmenwechsel, bei dem sich der traditionelle Gegensatz zwischen Stadt und Natur auflöste. Dies ist eine wesentliche und bislang zu wenig beachtete Reaktion auf die heute so dringende Aufgabe, angesichts der ungeheuren Erderwärmung und ökologischen Katastrophe das Städtische neu zu denken.

[Dieser Text wurde ursprünglich in englischer Sprache verfasst.]

1   Mosser, Monique: „The picturesque in the city". In: *Lotus International*. Nr. 30, Mailand 1981, S. 29
2   Schönemann, Heinz: „Lenné und die neue Gartenzeit". In: Günther, Harri/Harksen, Sybille (Hg.): *Peter Joseph Lenné – Katalog der Zeichnungen*. Tübingen/Berlin 1993, S. 8
3   Ebd.

4   Dieses groß angelegte Programm hatte auch den Zweck, eine Verbindung zur Spree, zu Schloss Charlottenburg und zum alten Zentrum von Berlin herzustellen. Schinkel unterstützte den Plan durch eine Anbindung des Berliner Zentrums mithilfe der Schlossbrücke und der Fortführung der Hauptverkehrsstraßen Unter den Linden und Potsdamer Straße.

5   Günther, Harri: „Lenné in Potsdam". In: Günther/Harksen 1993, S. 21

6   Schinkels Bauwerke beispielsweise wirken in die Landschaft versunken und von ihr umgeben. Ähnlich wie Palladios Villen in der venezianischen Landschaft sind sie, um mit den Worten des postmodernen Autors Mark Leyner zu sprechen, unendlich dichte Punkte und definiert durch ihre formell errichtete Konzentration wie auch durch ihre kontextuelle Einzigartigkeit; sie suggerieren die Vorstellung von städtischem und ländlichem Leben inmitten einer wilden und teilweise bewirtschafteten Landschaft.

7   „Das Konzept der Stadt in der Stadt, bestehend aus einer Collage verschiedenartiger Stadteinheiten, wird antithetisch ergänzt durch das Areal zwischen der Stadtinseln. Hier sollte zugelassen werden, dass zum Teil wertlose Strukturen sich allmählich in Natur- und Grünland zurückverwandeln bzw. auf ein Wiederaufbau [sic] verzichtet wird. Das betrifft vor allem die Gebiete Kemperplatz, Görlitzer- [sic] und Potsdamer Bahnhof, [sic] sowie zu einem späteren Zeitpunkt das Tempelhofer Flugfeld. Die Stadtinseln würden also durch Natur- und Grünstreifen voneinander getrennt, wodurch die Struktur der Stadt in der Stadt definiert und die Metapher der Stadt als ein grünes Archipel erklärt wird." Ungers, Oswald Mathias/Koolhaas, Rem et al. (Hg.): *Die Stadt in der Stadt – Berlin das Grüne Stadtarchipel – Ein Stadträumliches Planungskonzept für die zukünftige Entwicklung Berlins.* Manuskript, Berlin 1977, These 7. Siehe auch eine kritische Ausgabe: Hertweck, Florian/Marot, Sébastien (Hg.): *The City in the City – Berlin: A Green Archipelago.* Zürich 2013

8   „Die Geschichte Berlins zeigt die Entwicklung einer Stadt von vielen Orten. Die Unterschiedlichkeit und Vielfältigkeit die sich in den historisch gewachsenen Stadtteilen manifestiert, macht die Bedeutung Berlins und die städtebauliche Qualität aus. Es ist eine Stadt in der sich gegensätzliche Elemente von jeher artikulierten, und in der Versuche der Vereinheitlichung unter einem einzigen Prinzip erfolglos blieben. Berlin folgte immer schon nicht nur eine [sic] Idee, sondern setzte sich aus mehreren divergierenden Ideen zusammen. These und Antithesen entsprachen sich hier wie das Ein- und Ausatmen. [...] Geschichtlich gesehen transformiert das Modell auch das von Wilhelm IV entworfene Konzept für die Havellandschaft zwischen Berlin und Potsdam. [...] Die Gestaltung der Havellandschaft enthält den Schlüssel für die Idee von Berlin als einem Archipel von vielen Orten und Plätzen. Neben allen praktischen und rationalen Argumenten ist die Berlin Idee auch der Ausdruck der humanistischen Tradition übertragen auf die heutige Zeit." Ebd., These 9

9   „Die grünen Zwischenräume bilden ein System modifizierter Natur, und enthalten einen Typenkatalog, der von suburbanen Gebieten über Parkflächen, Waldgebiete bis zur urbanisierten landwirtschaftlichen Nutzung reicht (Schrebergärten). Die Suburbs könnten von unterschiedlicher Dichte sein und bereits vorhandene Gebiete integrieren. Die landwirtschaftlich genutzten Flächen könnten alle Teile der Stadt durchziehen und gleichzeitig eine zusätzliche Industrie- und Beschäftigungsquelle schaffen, wie das bereits beispielhaft für New York geplant ist. Die als Natur-schutzgebiete reservierten Waldflächen könnten durch Wildparks ergänzt werden und sich stimulierend auf eine Form des internen Tourismus auswirken. Die Polarität zwischen Natur und Kultur, oder Natur und Metropole. die heute in den meisten Fällen fehlt, oder verschwommen ist, erhält durch dieses Konzept einen neuen Impuls. Da solch ein Natur-Kultur-System grundsätzlich entworfen werden müsste, d. h. rein synthetischer Natur ist, wurde es durch seinen reichhaltigen Gegensatz das Erlebnis der Metropole eher intensivieren als herabmindern." Ebd., These 7

10   Wenders, Wim/Kohlhoff, Hans: „The City. A Conversation". In: *Quaderns – New Narrations.* Nr. 177, 1988, S. 66

11   Ebd., S. 70

12   Sukopp, Herbert et al.: *Grundlagen für das Artenschutzprogramm Berlin.* Landschaftsentwicklung und Umweltforschung, Schriftreihe des Fachbereichs Landschaftsentwicklung der TU Berlin, Nr. 23, Bd. 2. Berlin 1984, S. 3–4. Eine ausführliche geschichtliche Darstellung und Analyse dieses Projekts siehe Lachmund, Jens: *Greening Berlin: The Co-production of Science, Politics, and Urban Nature.* Cambridge, MA 2013

13   Sukopp 1984, S. 53–55

Alte Eiche, Pfaueninsel.
Sandra Bartoli, 2014

Ancient Oak, Pfaueninsel.
Sandra Bartoli, 2014

*FROM THE HAVEL
LANDSCAPE PLAN TO THE BERLIN GREEN
ARCHIPELAGO TO THE WEST BERLIN
BIOTOPE MAP:
DEGREES OF RESISTANCE*

Sandra Bartoli

The Havel landscape plan:
Degrees of resistance

Monique Mosser, writing about late 18th—and early 19th—century gardens in their relationship to architectural structures, mentions that

> a profound structural understanding between the vegetable element and the architectural one [is set up] in a fusion of the invisible framework of the one and the guiding lines of the other. Such a fusion may be found, for example, in the great gardens of the Italian Renaissance or of French classicism and, in the 18th century, in the wide public walks created at the margin of the city (Blossac Parc at Poitiers, Peyron Garden at Montpellier, etc.). With the spread of the fashion of the irregular gardens in Europe, the relationship between architecture and garden underwent a profound change […]. The duke of Harcourt sums up [this change] with this formula: 'The English make their home on a lawn.' This is not really a split between two worlds that have gone their own way, but rather, the establishment of a more subtle dialogue based on 'correspondences.' The essential change is one that takes place in the 'view.' The old position of control

(such as in the French geometric garden and landscape) gives way to discovery and mutual enrichment in
a skillful and fluid play of contrast and transition.[1]
This change in taste is often guided by urbanistic intentions
that overlap with the found qualities of the landscape in a
choreography of historical references, guided by sight lines
but also necessarily through forms of strolling, discovery, and
individual self-reflection. These carefully constructed architectural structures were formally antithetical to the more informal,
more natural surrounding landscape, and it is through this
degree of (formal) resistance that an encompassing relationship was established. This is the case of many large gardens
in Europe, such as Rousham or Castle Howard in England. In
the case of Berlin, it is the development of the Havel landscape in stages through an urban and landscape plan defined
in increments.

The large project of the Havel landscape began with the
Verschönerungsplan der Umgebung von Potsdam (*Plan for
the Embellishment of Potsdam and Surroundings*), conceived
by landscape architect Peter Joseph Lenné in 1833 and
continued, mostly under Lenné's lead, until the end of the
government of the Prussian king, Friedrich Wilhelm IV, in 1858.
The plan integrated many existing landscape architectural
works and buildings in Potsdam while unprecedently expanding its area of influence along the Havel river, reaching out and
connecting to the city of Berlin. Even if the plan was primarily
drafted by Lenné, it also implements the aesthetic influence of
architect Karl Friedrich Schinkel. The two seemed to share
similar aesthetic principles and sensibilities and achieved
some of the most influential increments of this plan. Together,
they developed a system for including "elements of nature in
the composition of buildings" and a practice of enhancing of
the features of the existing landscape ("[Gegenstände] der
Natur bei der Komposition von Gebäuden," original quote by
Schinkel).[2] In their collaboration for the Charlottenhof palace

near Berlin in Potsdam, they were able to develop a moraliz-
ing project, envisioning an idealized society of reason where
the architecture ranged from the hut (the garden house) to the
palace, and the whole interlaced in the garden. This large
informal garden landscape (*Gartenlandschaft*) is meant not
only to structure human activities but to become the intellectual and vast spatial principle that orders the smaller architectural forms, as well as daily use; furthermore, it is also a
machine to visually contemplate different historical periods,
for example the view from the palace to the nearby dome of
the *Neues Palais*, which architecturally was meant to symbolically embody the past.[3]

The most important conceptual principle for Lenné,
which was also shared by Schinkel, was that rather than
concentrating on a garden or a singular building, one needed
to fundamentally take into account the larger existing landscape, which was re-set in a comprehensive conceptual plan,
in this case the *Plan for the Embellishment of Potsdam and
Surroundings*. The plan integrates the island of Potsdam into
its surrounding landscape, in which the correspondence
between the existing Prussian royal parks, the cultured landscape of the forests and the 875 hectares of forest (*Wildpark*)
south-west of Sanssouci Garden are strengthened through
newly envisioned parks. Thus, every architectural and structural singularity is understood in terms of a relationship, and
the relationship is ordered in degrees of resistance
by landscape.

This plan sets in motion a conceptual aim developed
throughout later decades. Conceived at the time of Friedrich
Wilhelm III, the plan was extended under the aegis of
Friedrich Wilhelm IV, establishing a relation between the
architectural structures by Schinkel, Lenné, and Persius
connecting Berlin and Potsdam[4] and the natural and
constructed landscape along the Havel waterway. This landscape becomes a physical narration, perceived by walking or

riding. The result is a map of sight lines directed to the buildings but also natural landscape accretions: these are places signifying ancient history, exotic travels, Roman antiquity, an idealized Italian landscape, and constructed ruins but also an unruly nature enhanced in a view—the sensibility is obviously pictorial.

This plan was meant to link existing places with others that were newly built or remodelled for this purpose. These include Glienicke bridge (by Schinkel), Glienicke palace, *Heilandskirche* (by Friedrich August Stüler), the *Hofgärtner- und Maschinenhaus* (gardener and machine house), the Devil's Bridge, Orangery and greenhouse in Glienicke Park (by Friedrich Ludwig Persius), the entire island of Pfaueninsel with its ruinous castle built out of wood mimicking stone and other buildings embedded in an exquisite wilderness, the rework around the Sanssouci Garden, the Roman Baths, the landscape of the Ruinenberg (1841), and the new connection to the Pfingstberg hill, here culminating in the view of the Havel landscape from the Belvedere pavilion (1847–63).[5] Altogether, these works were part of a long-term terraforming plan in stages, making it easy to assume that for Schinkel and Lenné, built and natural space were equal in their power.[6]

The Havel landscape and the Berlin
green archipelago

Die Stadt in der Stadt – Berlin das Grüne Stadtarchipel – Ein Stadträumliches Planungskonzept für die zukünftige Entwicklung Berlins (*The City in the City. Berlin: A Green Archipelago*) was a concept plan presented during a Berlin summer school in 1977 and subsequently published by Oswald Mathias Ungers and Rem Koolhaas, with Peter Riemann, Hans Kollhoff, and Arthur Ovaska in 1978 in the magazine *Lotus International*. In the text, it is explicitly stated that this concept proposal is based on the Havel landscape model. But this proposal was also specific to the conditions of West Berlin, a city in degrowth surrounded by a wall and abundant in derelict open areas, the outcome of the destruction of the Second World War but also generally perceived as precious anomalies. The green archipelago plan was a proposal to enhance the city's fragmentary conditions by defining a polycentric system of urban situations that devised a characteristic architectural morphology (regardless of its time of provenance), a social mixture and cohesion, and a complexity of use. In this plan, these became defined architectural islands that were "antithetically completed" by a multi-layered and surrounding semi-wild landscape. The seventh and nineth out of the eleven theses in the text are dedicated to describing this uninterrupted landscape as a constant state of transformation enabling multifaceted human and more than human use (i.e., animals, plants, and other organisms). "Structures of no value are left to decay and return to the natural vegetation, with this relinquishing their reconstruction. These places include Kemperplatz, Görlitzer and Potsdamer Bahnhof, and in a later moment, also Tempelhof Airport." The city as a green archipelago is defined by the structure of the natural landscape and green areas that separate these city-islands.[7] To define this green structure, the project looked into Lenné's plan for the Havel landscape, taking inspiration in the way it integrated and put existing natural forests as well as farmed land, productive gardens, orchards, and waterways of the early 19th century, devising a "humanistic cultural landscape." This landscape, interspersed with architectural structures like quotations from different eras and styles, "such as the romantic palace fragment on the Pfaueninsel, the neoclassic *Heilandskirche*, the 'landscape church' of St. Peter and Paul reminiscent of islamic architecture, the classicist elements of the Glienicke Park, the neogothic palace of Babelsberg, the *Hofgärtner- und Maschinenhaus* in a late Italian style, and ultimately the neoclassicist monuments in

Potsdam, all form an archipelago of architectural events"
between Potsdam and Berlin.[8]

The text continues, introducing the idea of a "system of
nature modified" with a catalog of new landscape types,
including the mixing of urban and rural with the old garden
colonies, isolated industrial plants within the dense vegetation,
suburban life, farmed areas that stretch through the city, and
wild parks that would be added to protected nature reserves
to stimulate internal tourism within the boundaries of the
Berlin wall. The classic dualism between nature and culture,
nature and metropolis, is dismissed as it is unable to reflect
the existing conditions of the city; the green archipelago plan
thus devises the design of a fundamentally new nature-culture
system. Furthermore, the plan proposes a network of infrastructure for mobility at the height of the 20th century(!) that
consists of an extensive highway system but also with all the
rarefied amenities that come with an automobile lifestyle, not
unsimilarly to the architectural critic Reyner Banham's fasci-
nation for Los Angeles, such as drive-in cinemas and drive-in
banks. Another essential typological element in the green
archipelago plan are the greenways. These spaces are intrinsic
to a different type of urban dweller who is keenly interested in
temporary leisure activities, enabled by the very greenways
themselves, such as a mobile life of camping with tents and
recreational vehicles.[9]

At the face of these intriguingly anomalous landscape
typologies, if the green archipelago plan claims a direct
historical continuation of the Havel landscape plan and therefore of Lenné and Schinkel's architectural sensibilities, one
can also argue that this 19th- century model served as the
most significant conceptual conduit for the authors of the
green archipelago plan in accessing a compelling interpretation of the very urban conditions of West Berlin in the 1970s.
Taking in the very specific qualities of its open areas, these
were as alien to picturesque aesthetics as they were

post-industrial, post-war, and quite visibly post-destruction, as much of the interior landscape and open areas of West Berlin were rubble mounds and fallow land covered in ruderal vegetation.

West Berlin's new ecological promise and its Biotope Map

In a 1988 interview for the architectural magazine *Quaderns* with Hans Kollhoff, Wim Wenders describes the spatial qualities he saw in West Berlin and explains the decisions he made in choosing the location for the circus in his film *Wings of Desire* (*Der Himmel über Berlin*, 1987):

> I chose this place precisely because it is isolated, because of its uniqueness especially in Berlin where everything imaginable can be found and where a terrible transformation took place. It's at the end of the Friedrichstrasse, where the street really ends and runs into a square [Mehringplatz] […] To the north of that square lies a large open no-man's-land where there are only really dirt paths and if you stand in the middle, where the circus was, you have completely different views coming out of four directions; really strange views of the past or of what still remains of the past, witnesses of everything that has happened. One can see something there that is uniquely Berlin and is rarely found in other cities—I mean the fully open, empty side and back walls of buildings, fire protection walls, that used to be covered by other buildings. […] For weeks we went all over the city looking for a site for the circus, and this struck me as the emptiest place of all. In the city as centrifuge, this was the peaceful core, the eye of the hurricane. A great tranquility reigned in the square, and suddenly rabbits and mice appeared, and even our elephant could move about there.[10]

Wenders continues in his understanding of West Berlin's urban qualities:

> I would like there to be other cities with so many peaceful places or hidden spots like Berlin. It's highly unusual that a city like Berlin should still have such deserted lots everywhere. There are lots of areas like the one overlooking Friedrichstrasse and Potsdamer Platz which also appears in the film. In other cities, in New York, Tokyo, Paris, London—in London there is perhaps something of this, although very little, on the outskirts—there is never the possibility to see all of a sudden the horizon sweeping over an empty, bushy, weedy area. I think the most extraordinary thing about Berlin is that it still contains these little wild areas.[11]

The conditions of West Berlin stimulated different sensibilities and visions of cities, as here described by Wenders; these conditions also confronted the green archipelago plan and were harnessed with the help of the structuring contingency presented in Lenné's Havel landscape plan. But there is a third instance that took this sensibility for the specific contingency of West Berlin to the next level, shaping a new and more radical plan: the *West Berlin Biotope Map* published in 1984. Adjacent and lateral to the above large projects, the *West Berlin Biotope Map* presents a daring and most radical continuation of their intentions, and furthermore, a most enticing response to a different planning of the city, a city of valuable biotopes under the current perspective of ecological collapse.

In cities like London and Berlin after the Second World War, bombed sites and derelict areas covered in rubble became wild ruderal gardens over a few years. Uniquely, the plants that grew here were completely exotic to the urban environment because the bombs in this specific context acted like time machines when plant seeds, buried for centuries, were brought to the surface and allowed to germinate. Some of these plants were hard to find even in the countryside. This extraordinary phenomenon drew the attention of naturalists, botanists, and ecologists who, after the building of the Berlin Wall in 1961, turned to the urban space because it had transformed into an exciting and unprecedented field of research. For the first time, they decided to adopt instruments from urban planning and used a ground figure plan of the city to chart this new information: without a previous example, a city was documented as a complex system of biotopes. The map was meant as a tool for projection and planning; its use, however, was radical because it explained the entire city through botanical, ecological, and zoological categories and defined a larger, more-than-human system of nature in an anthropogenic environment.[12]

On January 30, 1979, the Berlin House of Representatives approved a nature conservation act that bound the Berlin Senate to develop the *Artenschutzprogramm*, a landscape program together with a species protection program for West Berlin. This program, developed for a purely urban environment, was the first one in the Federal Republic of Germany. It was prepared by a large team of ecologists, botanists, and landscape planners with the support of many citizen naturalists. They worked to gather the entire city under a specific kind of *Landschaftsschutz* (nature protection law), whose primary assignment was the care and development of the city's biotopes of flora and fauna but without excluding human inhabitants. Urban biotopes thus became sanctioned spaces through the directives of the administration.[13] Commissioned and published by the Berlin Senate, the program's guidelines can be viewed as defining and legislating an aesthetics of neglect and natural processes of decay, which allows for wilderness to be considered a full part of the urban environment, in contrast to traditional notions for the maintenance of open spaces. Berlin, a built environment, was understood for the first time as a place with its own set of biotopes, climate, and nature. The same richly structured dereliction mentioned by Wenders, and in the description of open areas in the green archipelago plan, if considered in its aesthetic foundation, is surprisingly also part of Lenné's Havel plan. In fact, an example is the book of painterly landscapes written and illustrated in 1860 by Lenné's disciple, Johann Heinrich Gustav Meyer, *Lehrbuch der schönen Gartenkunst*, not only does it present a pragmatic manual defining typologies of landscapes found in unruled natural landscapes, but it is also a device that includes natural processes within an aesthetic framework. In the empathic fashion of the time, these landscape typologies reflect mere human emotions, but it seems uncanny now to see the same typologies making an aesthetic bridge to the specific urban biotopes of open spaces and their visible natural processes of the *Biotope Map* and *Artenschutzprogramm*. A new principle of the city is thus redefined over a hundred years later at the beginnings of the modern environmental movement and the birth of urban ecology in West Berlin, demonstrating a fundamental paradigm shift where the conventional antagonism between city and nature was dissolved. This is an essential and overlooked response to the urgency we are facing today in redefining what is urban at the face of imposing global warming and ecological catastrophe.

1   Mosser, Monique: "The picturesque in the city". In: *Lotus International.* No. 30, Milan 1981, p. 29

2   Schönemann, Heinz: "Lenné und die neue Gartenzeit". In: Günther, Harri/Harksen, Sybille (eds.): *Peter Joseph Lenné – Katalog der Zeichnungen.* Tübingen/Berlin 1993, p. 8

3   Ibid.

4   This large scheme also had the purpose of making a connection to the Spree river, Schloss Charlottenburg, and the ancient core of Berlin. Schinkel aided the plan by connecting the core of Berlin with the building of the Schlossbrücke, and the continuation of the main road Unter den Linden and Potsdamer Strasse.

5   Günther, Harri: "Lenné in Potsdam". In: Günther/Harksen 1993, p. 21

6   As an example, Schinkel's buildings appear immersed and circumscribed in the landscape. Similarly to Palladio's villas in the Venetian landscape, these are, paraphrasing postmodernist author Mark Leyner, infinitely dense dots, defined by their formally built concentration but also by their contextual uniqueness, suggesting the idea of centers of urban and rural life amidst a wild and in part farmed landscape.

7   "Das Konzept der Stadt in der Stadt, bestehend aus einer Collage verschiedenartiger Stadteinheiten, wird antithetisch ergänzt durch das Areal zwischen der Stadtinseln. Hier sollte zugelassen werden, dass zum Teil wertlose Strukturen sich allmählich in Natur- und Grünland zurück verwandeln bzw. auf ein Wiederaufbau verzichtet wird. Das betrifft vor allem die Gebiete Kemperplatz, Görlitzer- und Potsdamer Bahnhof, sowie zu einem späteren Zeitpunkt das Tempelhofer Flugfeld. Die Stadtinseln würden also durch Natur- und Grünstreifen voneinander getrennt, wodurch die Struktur der Stadt in der Stadt definiert und die Metapher der Stadt als ein grünes Archipel erklärt wird." Ungers, Oswald Mathias/Koolhaas, Rem et al. (eds.): *Die Stadt in der Stadt – Berlin das Grüne Stadtarchipel – Ein Stadträumliches Planungskonzept für die zukünftige Enwticklung Berlins*. Manuscript, Berlin 1977, Thesis 7. Also in a critical edition: Hertweck, Florian/Marot, Sébastien (eds.): *The City in the City – Berlin: A Green Archipelago*. Zürich 2013

8   "Die Geschichte Berlins zeigt die Entwicklung einer Stadt von vielen Orten. Die Unterschiedlichkeit und Vielfältigkeit die sich in den historisch gewachsenen Stadtteilen manifestiert, macht die Bedeutung Berlins und die städtebauliche Qualität aus. Es ist eine Stadt in der sich gegensätzliche Elemente von jeher artikulierten, und in der Versuche der Vereinheitlichung unter einem einzigen Prinzip erfolglos blieben. Berlin folgte immer schon nicht nur eine Idee, sondern setzte sich aus mehreren divergierenden Ideen zusammen. These und Antithesen entsprachen sich hier wie das Ein- und Ausatmen. [...] Geschichtlich gesehen transformiert das Modell auch das von Wilhelm IV entworfene Konzept für die Havellandschaft zwischen Berlin und Potsdam. Hier entstand im 19. Jahrhundert eine humanistische Bildungslandschaft mit geschichtlichen Erinnerungsstücken aus unterschiedlichen Stilepoche, in der das romantische Schlossfragment der Pfaueninsel, die neoklassizistische Heilandskirche, die an islamische Architektur erinnernde Landschaftskirche St. Peter u. Paul, die klassizistischen Objekte des Glienicker Parks, das neogotische Schloss Babelsberg, Stüler's im spätitalienischen Stil konzipierte Hofgärtener u. Maschinenhaus und schliesslich die klassizistischen Denkmäler in Potsdam als spezielle Orte eingelagert sind und ein Archipel von Architekturereignissen bilden. Die Gestaltung der Havellandschaft enthält den Schlüssel für die Idee von Berlin als einem Archipel von vielen Orten und Plätzen. Neben allen praktischen und rationalen Argumenten ist die Berlin Idee auch der Ausdruck der humanistischen Tradition übertragen auf die heutige Zeit." Ibid., Thesis 9

9   "Die grünen Zwischenräume bilden ein System modifizierter Natur, und enthalten einen Typenkatalog, der von suburbanen Gebieten über Parkflächen, Waldgebiete bis zur urbanisierten landwirtschaftlichen Nutzung reicht (Schrebergärten). Die Suburbs könnten von unterschiedlicher Dichte sein und bereits vorhandene Gebiete integrieren. Die landwirtschaftlich genutzten Flächen könnten alle Teile der Stadt durchziehen und gleichzeitig eine zusätzliche Industrie- und Beschäftigungsquelle schaffen, wie das bereits beispielhaft für New York geplant ist. Die als Naturschutzgebiete reservierten Waldflächen könnten durch Wildparks ergänzt werden und sich stimulierend auf eine Form des internen Tourismus auswirken. Die Polarität zwischen Natur und Kultur, oder Natur und Metropole, die heute in den meisten Fällen fehlt, oder verschwommen ist, erhält durch dieses Konzept einen neuen Impuls. Da solch ein Natur-Kultur-System grundsätzlich entworfen werden müsste, d. h. rein synthetischer Natur ist, wurde es durch seinen reichhaltigen Gegensatz das Erlebnis der Metropole eher intensivieren als herabmindern." Ibid., Thesis 7

10 Wenders, Wim/Kolhoff, Hans: "The City. A Conversation". In: *Quaderns – New Narrations*. No. 177, 1988, p. 66

11 Ibid., p. 70

12 Sukopp, Herbert et al.: *Grundlagen für das Artenschutzprogramm Berlin*. Landschaftsentwicklung und Umweltforschung, Schriftreihe des Fachbereichs Landschaftsentwicklung der TU Berlin, Nr. 23, Bd. 2. Berlin 1984, pp. 3–4. For a thorough history and analysis of this project, see Lachmund, Jens: *Greening Berlin: The Co-production of Science, Politics, and Urban Nature*. Cambridge, MA 2013

13 Sukopp 1984, pp. 53–55

BAUAKADEMIE
28.03.2020

Armin Linke

DIF_000716_237

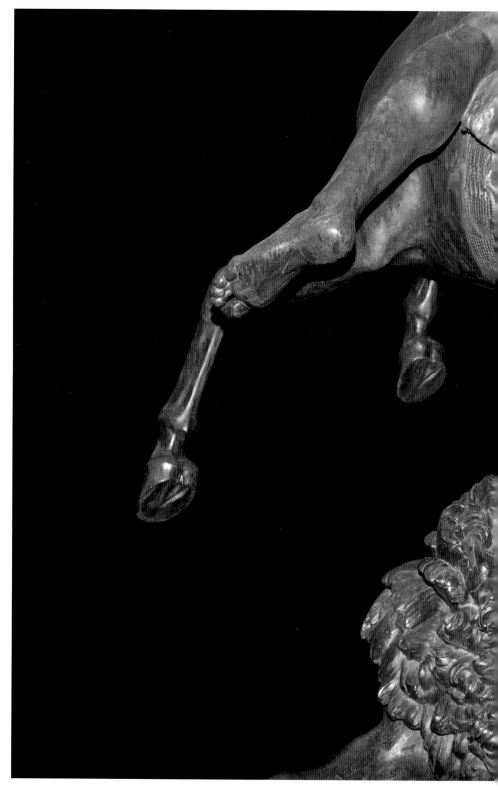

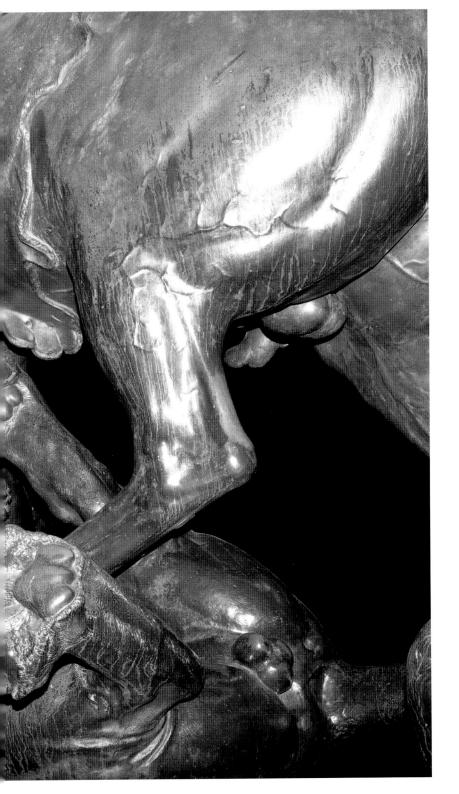

DIF_000728_31

DIF_000728_44

DIF_000716_32
Karl Friedrich Schinkel, *Schauspielhaus*,
Berlin, Germany, 2020

DIF_000716_92
Karl Friedrich Schinkel, *Schauspielhaus*,
Berlin, Germany, 2020

DIF_000716_216
Schinkelplatz, Allegorical reliefs for the Beuth
Sculpure. Gropius (producer of silk, gold and
silver fabrics) and the factory inspector of the
district of Wedding inspect a jaquard weaving
loom. A boy fills the quill shuttle with a new
quill. On the right-hand side, four men are
listening to a chemistry lecture at the
Gewerbeinstitut, Berlin, Germany, 2020

DIF_000716_233
Schlossbrücke, "Athena unterrichtet den
Jungen im Waffengebrauch",
Berlin, Germany, 2020

DIF_000716_237
Schlossbrücke, "Nike richtet den
Verwundeten auf", Berlin, Germany, 2020

DIF_000716_250
Schlossbrücke, "Der junge Held wird von
Athena beschützt", Berlin, Germany, 2020

DIF_000716_270
Altes Museum, "Löwenkämpfer",
Berlin, Germany, 2020

DIF_000716_290
Karl Friedrich Schinkel, *Altes Museum*,
Berlin, Germany, 2020

DIF_000716_300
Altes Museum, "Amazone zu Pferde",
Berlin, Germany, 2020

DIF_000716_308
Altes Museum, "Amazone zu Pferde",
Berlin, Germany, 2020

DIF_000728_31
Karl Friedrich Schinkel, *Bauakademie*,
model facade, Berlin, Germany, 2020

DIF_000728_44
Karl Friederich Schinkel, *Bauakademie*,
Berlin, Germany, 2020

DIF_000728_62
Karl Friedrich Schinkel, *Bauakademie*,
model facade, Berlin, Germany, 2020

DIF_000728_26 (front cover)
Karl Friedrich Schinkel, *Bauakademie*,
model facade, Berlin, Germany, 2020

DIF_000716_291 (back cover)
Karl Friedrich Schinkel, *Altes Museum*,
Berlin, Germany, 2020

DIF_000716_271 (flaps)
Altes Museum, "Löwenkämpfer",
Berlin, Germany, 2020

Monumen te

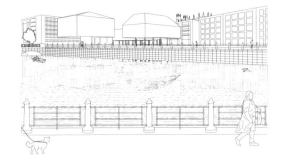

BAU|AKADEMIE
Kristina Mosor, David Qiu

Der Blick auf das Stadtbild Berlins zeigt ein sich stetig verän-
derndes Gefüge aus stabilen und labilen Elementen. In
Abwesenheit von Kontinuität und Homogenität entstehen
ungewöhnliche Freiräume in der dichten Struktur. Wir verstehen die Stadt als Erzähl- und Handlungsraum, als eine Bühne
der Interaktion. Die Menschen sind Akteurinnen und Akteure
in einer szenographischen Stadtlandschaft. Die Stadt
verändert sich fließend, die Bauten werden monumentaler,
die Leere wird mächtiger. Es werden zwei gleichwertige
Möglichkeiten für ein Neudenken der „Bau|Akademie" darge-
stellt. Die Entwürfe bewegen sich in einem Spannungsfeld,
welches durch die konträren Begriffe „das Körperhafte" und
„die konstruktive Figur" erzeugt wird. Wie könnten diese
beiden architektonischen Ausformulierungen, welche
Eigenschaften wie Instabilität, Spontanität und Freiheit neu
verhandeln, in den Raum gesetzt werden? Wie viel
Monumentalität braucht der Ort? Wie viel Leere ist notwen-
dig? These 1: Am Ufer der Spree zeigt die „Bau|Akademie"
ihre klar definierte Körperlichkeit. Die „Bau|Akademie" als
Stadthaus für alle wird selbst zum Teil der Stadtstruktur. Hier
wird Baukunst nicht nur gezeigt, sondern vor allem produziert.
Die freie Mitte bringt die Werkräume in Dialog mit der
Gesellschaft. These 2: Aus dem Ort der Leere wächst eine
sichtbare konstruktive Figur empor. Sie organisiert, trägt,
überspannt und verbindet. Sie ist ein lebender Organismus,
die Spontanität will und Aneignung verlangt, um ihr Potenzial
zu entfalten. Durch die Nutzerinnen und Nutzer ist er verän-
derbar, anpassungsfähig und programmierbar.

BAU|AKADEMIE
Kristina Mosor, David Qiu

A view of the cityscape of Berlin shows a constantly changing structure of stable and unstable elements. In the absence of continuity and homogeneity, unusual open spaces are created in the dense structure. We see the city as a narrative and action space, as a stage of interaction. People are actors in a scenic urban landscape. The city is fluidly changing, the buildings are becoming more monumental, the emptiness is becoming more powerful. There will be two equivalent possibilities for rethinking the "Bau|Akademie". The designs move in a field of tension, which is created by the contrasting terms "the bodily" and "the constructive figure". How could these two architectural formulations, which renegotiate properties such as instability, spontaneity and freedom, be put into the room? How much monumentality does the place need? How much emptiness is required? Thesis 1: On the banks of the Spree, the "Bau|Akademie" shows its clearly defined physicality. The "Bau|Akademie" as a townhouse for all becomes part of the city structure itself. Here, architecture is not only shown, but above all produced. The free center brings the work rooms into dialogue with society. Thesis 2: A visible constructive figure grows up from the place of emptiness. It organizes, carries, spans and connects. It is a living organism that wants spontaneity and demands appropriation in order to develop its potential. It is changeable, adaptable and programmable by the users.

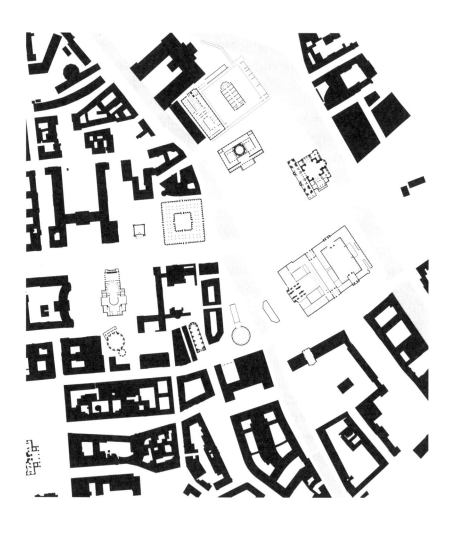

Lageplan öffentliche Gebäude   Site map of public buildings   1:8000

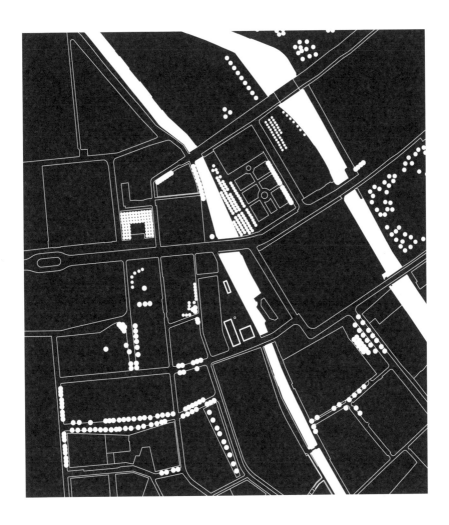

Lageplan Baumbestand   Site map of tree population   1:8000

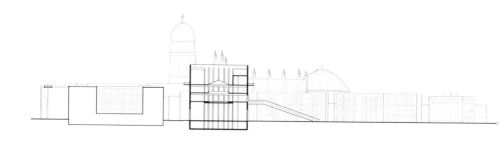

Oben: Süd-Nord-Schnitt
Unten: Lageplan

Top: South-north section
Bottom: Site plan

1:2500 ☉

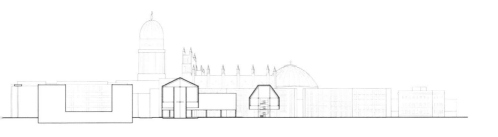

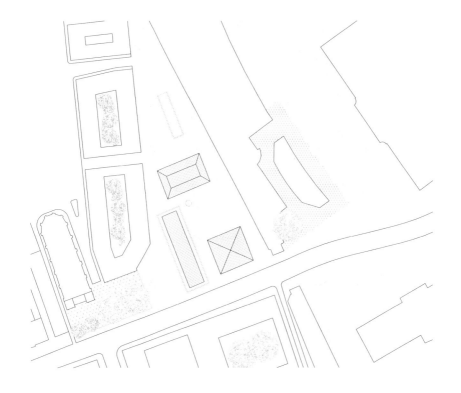

Oben: Süd-Nord-Schnitt
Unten: Lageplan

Top: South-north section
Bottom: Site plan

1:2500

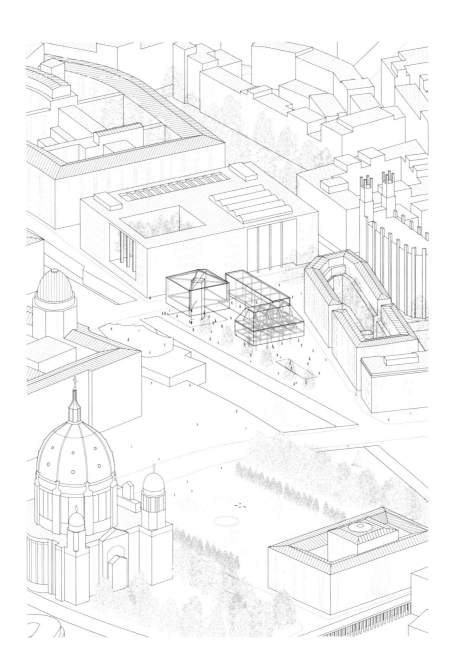

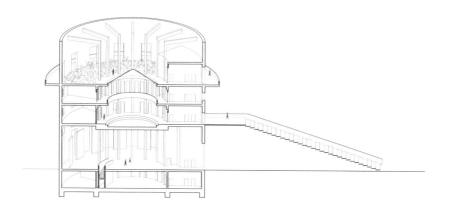

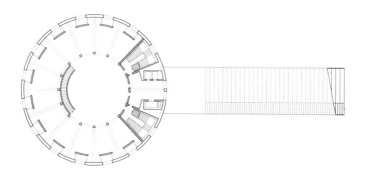

Oben: Süd-Nord-Schnitt
Unten: Erdgeschoss

Top: South-north section
Bottom: Ground floor

1:1000

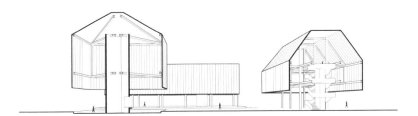

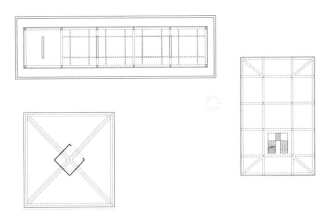

Oben: Süd-Nord-Schnitt
Unten: Erdgeschoss

Top: South-north section
Bottom: Ground floor

1:1000

OMNIDOM
Winfried E. Ebert

Das große Denkmal wurde errichtet. Ein Mahnmal nie dagewesener Größe. Es erzählt von der Eingängigkeit von Dogma
und fanatischer Überzeugung, von verfestigtem Wahn und
dem Stottern der Geschichte, von der Ähnlichkeit historischer
Ereignisse. Es nimmt Platz ein und bildet imposanten Raum.
Wie kann einem Denkmal Architektur implementiert werden,
ohne die Raumwirkung zu invertieren? Überlasse es der
Struktur, deren Schnitt eine vertikale Stadtstraßenerweiterung
abbildet, deren Ansicht das Stadtbild selbst dominiert, eine
Spitze im Ort. Zwei Durchlaufträger werden zwischen den
Stelen aufgelagert und von diesen die unterliegenden
Geschoße abgehängt. Die Stelen werden Kerne für Lastenab-
tragung und Versorgung. Überlasse es dem Raum, der mit
seiner Begrenzung ein Sich-Verlieren ermöglicht, den physischen Zugang zu einer metaphysischen Ebene, das körperli-
che Betreten eines fremden Gedankens ermöglicht; das
Monument ist ein Objekt des Denkens und schließt Architektur mit ein; es ist Architektur. Überlasse es der Substanz,
die den Menschen anzieht, die betreten und untersucht und
wieder verlassen wird, intensiv erlebt und beiläufig erobert.
Eine örtliche Manifestation, welche den Strom der Zeit akzele-
riert. Eine Gestalt, deren Gravitation das Eindringen des
Wesens bestimmt und eine subjektive Singularität entstehen
lässt, welche den Lauf des Werdens und Vergehens in Frage
stellt, das vertraute Gefühl der Kontinuität unterbricht und das
Andauernde mit dem Momentanem kontrapunktiert.

OMNIDOM
Winfried E. Ebert

The great monument was erected. A memorial of unprecedented greatness. It tells of the catchiness of dogma and
fanatical conviction, of entrenched delusion and the stuttering
of history, of the similarity to historical events. It takes up
room, forming an imposing space. How can architecture be
implemented without inverting the spatial effect of a monument? Leave it up to the structure, the sectional cut of which
depicts a vertical urban street extension, the view of which
dominates the cityscape itself, a high point at the location.
Two continuous beams are placed between the steles and the
underlying floors are suspended from them. The steles
become cores for load transfer and supply lines. Leave it up
to the space, which, with its limitation, allows for loss of one
another, physical access to a metaphysical plane, the physical entry of a foreign thought; the monument is an object of
thought and includes architecture; namely being architecture.
Leave it up to the substance, which attracts the human being,
which is entered and examined and abandoned again,
thereby being intensively experienced and adopted in passing. A local manifestation that accelerates the flow of time. A
figure whose gravity determines the penetration of the being
and creates a subjective singularity that calls into question the
course of becoming and passing, interrupts the familiar feeling
of continuity and contrasts the continuous with the momentary.

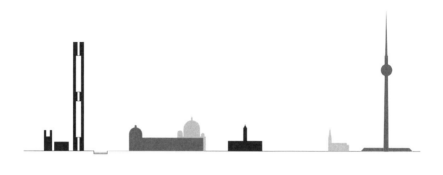

Oben: West-Ost-Schnitt
Unten: Lageplan

Top: West-east section
Bottom: Site plan

1:10000
1:2500

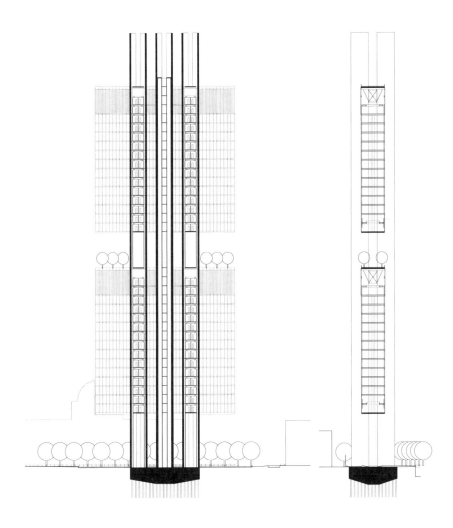

Links: Nord-Süd-Schnitt   Left: North-south section
Rechts: West-Ost-Schnitt   Right: West-east section   1:2500

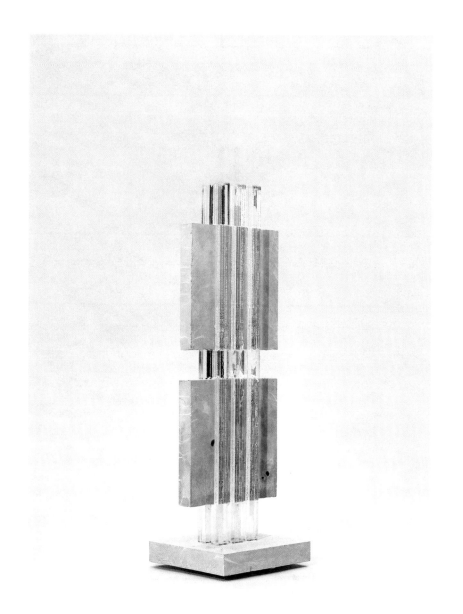

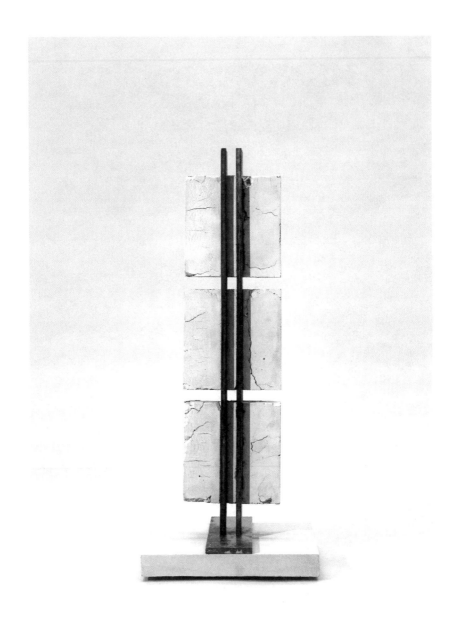

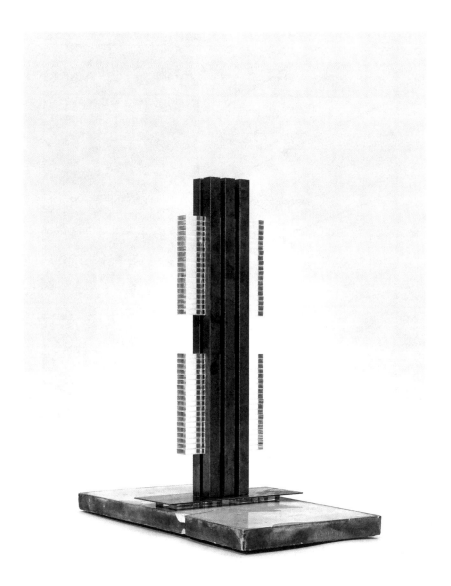

Passagen

BAUSTATION
Veronika Wladyga

Die Rufe nach einer Rekonstruktion der Bauakademie werden, nicht zuletzt dank einer Gerüstattrappe, die das Gebäude seit vielen Jahren in das kollektive Gedächtnis der Berlinerinnen und Berliner zurückholt, immer lauter. Der Entwurf „Baustation" bewegt sich sowohl thematisch als auch wörtlich auf mehreren Ebenen. Zwischen den bereits vorhandenen repräsentativen Gebäuden in Berlin Mitte soll sich ein weiterer Baukörper zurücknehmen und stattdessen ein freier Platz zum Verweilen entstehen. Die oberirdische Ebene manifestiert sich in Form eines Sockels, dessen Umriss jenem der ehemaligen Bauakademie entspricht. Der Sockel ist frei zugänglich und wird zu einem öffentlichen, abgehobenen Platz, der den Ort für alle als Aussichts- und Verweilort erfahrbar macht. Abseits des Sockels kann von drei verschiedenen Orten über Zugänge, die an Abgänge zu U-Bahn-Stationen erinnern, ein unterirdischer Bereich begangen werden. Es erschließen sich drei Passagen, die unter dem Sockel zusammenlaufen. An diesem Kreuzungspunkt öffnet sich ein Hof, der den Sichtbezug zu den Besucherinnen und Besuchern auf dem Sockel herstellt und Tageslicht in die unterirdischen Räume leitet. Statt eines Bahnhofs finden die Besucherinnen und Besucher hier das eigentliche Gebäude vor, nämlich das mit Ausstellungsräumen und Veranstaltungsbereichen unterirdisch angesiedelte Museum. Die Idee der Niederschwelligkeit einer U-Bahn-Passage soll hier den Respekt vor der Institution Museum nehmen und diese für alle öffnen.

BUILDING STATION
Veronika Wladyga

The calls for a reconstruction of the *Bauakademie* are getting increasingly louder—last but not least, thanks to a mock-up scaffolding that, for many years, has brought the building back into the collective memory of the Berlin inhabitants. The "Baustation" (Building Station) architectural design moves both thematically and literally on several levels. Between the already existing representative buildings in the Berlin Mitte city district, another building is to be discreet and, in its place, a free space to hang out is to be established. The above-ground level manifests itself in the form of a base, the outline of which corresponds to that of the former *Bauakademie*. The base is freely accessible and becomes an elevated square open to the public, thereby making the location accessible to everyone as a vantage point and a place to hang out. Apart from the base, an underground area can be walked in from three different places via entrances reminiscent of exits to subway stations. They lead into three passages which converge under the base. At this junction, a courtyard opens up, which establishes the visual reference to the visitors on the pedestal and directs daylight into the underground rooms. Instead of a train station, visitors will find the actual building here, namely the museum, which is located underground with exhibition rooms and event areas. The idea of the low-thresh-old element of a subway passage is supposed to reduce the overbearing nature of the institution museum here and open this for everyone.

268

Oben: Süd-Nord-Schnitt
Unten: Lageplan

Top: South-north section
Bottom: Site plan

1:2500 ○

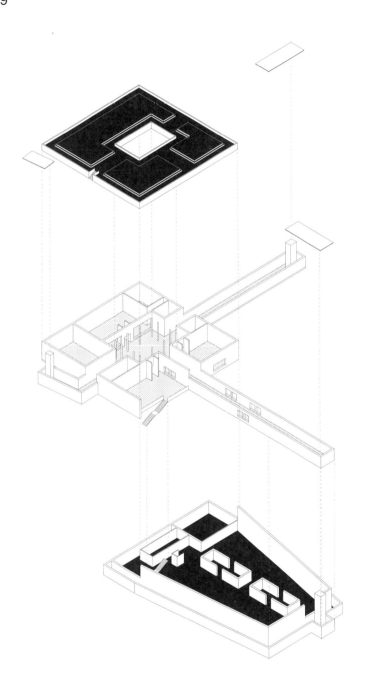

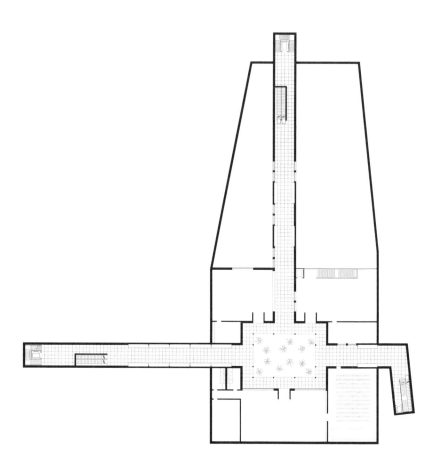

Oben: 1. Untergeschoss   Top: First basement floor
Unten: West-Ost-Schnitt   Bottom: West-east section   1:1000

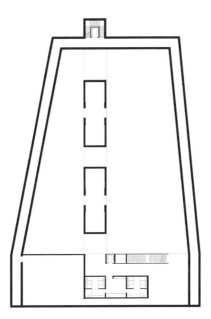

2. Untergeschoss   Second basement floor   1:1000 ⏱

BAUFORUM BERLIN
Leon Scheufler

Die dialektische Behandlung von Berlin Mitte als scheinbar
gewachsene Collage aus Zeitschichten und politischen Systemen bestimmt die Auseinandersetzung mit dem Bauplatz als
historisches Stadtelement im zeitgenössischen Kontext. Die
Morphologie der ehemaligen Bauakademie wird aufgenommen und durch verschiedene architektonische Elemente
ergänzt. Das „Bauforum Berlin" dient als Plattform für den
Austausch bestehender baukultureller Netzwerke, die den
transdisziplinären Dialog suchen. Dabei soll die hybride Form
zwischen Arbeits-, Ausstellungs- und Wissensproduktion die
Bevölkerung einbeziehen, indem die Innenbereiche mit dem
öffentlichen Raum verzahnt werden. Die Architektur bietet
eine klare Abfolge von Sequenzen, die sich als räumliches
Gefüge in die Stadtlandschaft einbetten, wobei der öffentliche
Raum des Schinkelplatzes als raumtypologische Gegenüber-
stellung zum Lustgarten eine neue Bedeutung erhält. Mit dem
Prinzip „Raum im Raum" werden einerseits Zonierungen
vorgenommen und andererseits die Sichtbeziehung der
Räume untereinander gestärkt. Die Architektur bildet als Infra-
struktur einen zunächst unspezifischen Rahmen, der durch
Aneignung verschiedener Nutzerinnen und Nutzer erobert
werden kann. Ausgangspunkt des Entwurfs war die Bewegung
im Stadtraum, die als alltägliches, scheinbar banales Handeln
Aufschluss über die Wahrnehmung von Raum gibt.

BERLIN BUILDING FORUM
Leon Scheufler

The dialectical treatment of the Berlin Mitte city district as a
seemingly grown collage of time layers and political systems
determines the examination of the building site as a historical
element of the city in the contemporary context. The morphology of the former *Bauakademie* is taken up and supplemented
by various architectural elements. The "Bauforum Berlin"
(Berlin Building Forum) serves as a platform for the exchange
of existing cultural networks that are looking for transdisciplinary dialogue. Joining the production of work, exhibition
and knowledge in a hybrid form is intended to involve the
population by interlinking the interior areas with public space.
The architecture offers a clear succession of sequences that
embed themselves as a spatial structure in the urban landscape, whereby the public space of the Schinkelplatz takes
on a new meaning as a spatial-typological comparison to the
Lustgarten. With the principle of "space within space", zoning
is carried out on the one hand and the visual relationship of
the rooms among one another is strengthened on the other.
As infrastructure, the architecture forms an initially non-specific
framework, which various users can appropriate and take
over. The starting point of the design was the movement in
urban space, which, as an everyday seemingly banal action,
sheds light on the perception of space.

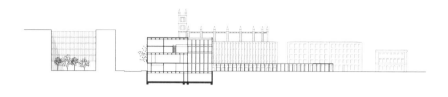

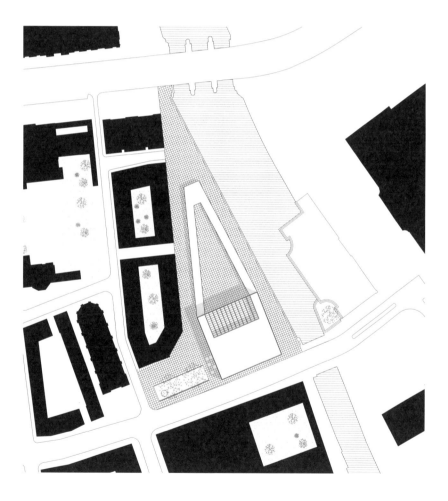

Oben: Süd-Nord-Schnitt
Unten: Lageplan

Top: South-north section
Bottom: Site plan

1:2500

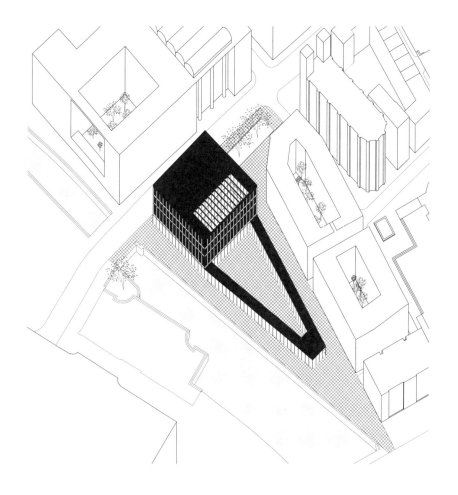

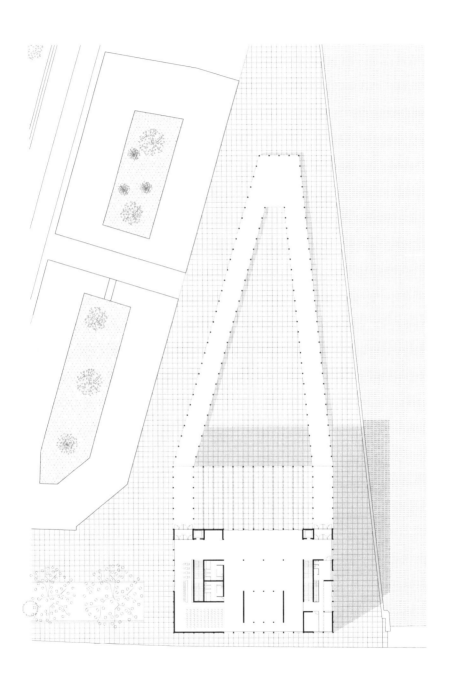

Erdgeschoss Ground floor 1:1000

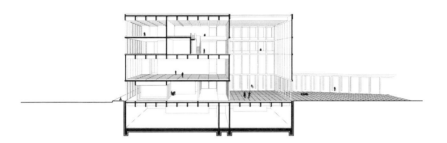

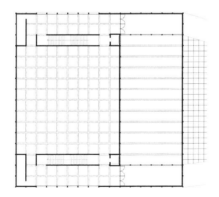

Oben: Süd-Nord-Schnitt   Top: South-north section
Unten: 1. Obergeschoss   Bottom: First upper floor   1:1000 ◔

EINBLICKE
David-Manuel Hein

Der Entwurf stellt sich mit seiner organischen Formensprache klar gegen den Gedanken der Rekonstruktion der Bauakademie und bezieht stattdessen das rekonstruierte Fragment, die „Musterecke", in die Überlegungen mit ein. Inhaltlich bezieht sich der Entwurf zentral auf den Pioniergeist der historischen Bauakademie und schlägt vor, an diesem Ort Arbeitsräume für Studierende und Berufseinsteigende aus den Bereichen Architektur und Gestaltung zu schaffen. Zusätzlich sollen Ausstellungsräume entstehen, in denen die baukulturelle Landschaft Deutschlands in wechselnden Ausstellungen von diversen Institutionen beleuchtet wird. Das raumbildende Element des Entwurfes ist eine Doppelhelix, die sich, aus zwei ineinander verschränkten Rampen gebildet, durch das ganze Gebäude zieht. Die beiden so entstandenen Wege spannen großzügige Innenräume auf. Sie sind die Arbeitsbereiche der neuen Bauakademie und werden nur über eine der Rampen erschlossen. Die zweite führt durch die Ausstellungsräume. Öffnungen entlang dieses Weges ermöglichen immer wieder Einblicke in die Werkräume der neuen Bauakademie und lassen so die Akteurinnen und Akteure des Lernens und Bauens selbst zu einem Teil der Ausstellung werden. Da das Gebäude offen und zugänglich für alle sein soll, wurden die Rampen so geplant, dass sogar die Zufahrt mit Fahrrädern in die Räume der Bauakademie möglich ist. Beide Wege münden schließlich auf dem Dach und lassen Akteurinnen und Akteure sowie Besucherinnen und Besucher auch physisch aufeinandertreffen.

INSIGHTS
David-Manuel Hein

With its organic formal language, the design "Einblicke" (Insights) clearly opposes the idea of reconstructing the *Bauakademie* and instead incorporates into its considerations the reconstructed fragment—the "model facade". In terms of content, the design refers centrally to the pioneering spirit of the historic *Bauakademie* and proposes to create working spaces for students and newcomers from the fields of architecture and design. In addition, exhibition rooms are to be created in which the landscape of German building culture is illuminated and examined within the scope of varying exhibitions by various institutions. The spatial element of the architectural design is a double helix, which, composed of two interlocking ramps, runs through the entire building. The two paths formed in this manner span across spacious interior rooms. They are the working areas of the new *Bauakademie* and are only accessible via one of the ramps. The second leads through the exhibition rooms. Openings along this path allow for an insight into the workrooms of the new *Bauakademie*, thereby transforming the learning and building participants themselves into a part of the exhibition. Since the building is to be open and accessible to all, the ramps were planned in such a way that even bicycle access to the spaces of the *Bauakademie* is possible. Both paths eventually lead to the roof, thereby allowing participants and spectators to physically meet.

Oben: Süd-Ansicht
Unten: Lageplan

Top: South view
Bottom: Site plan

1:2500

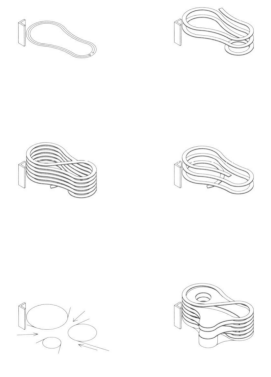

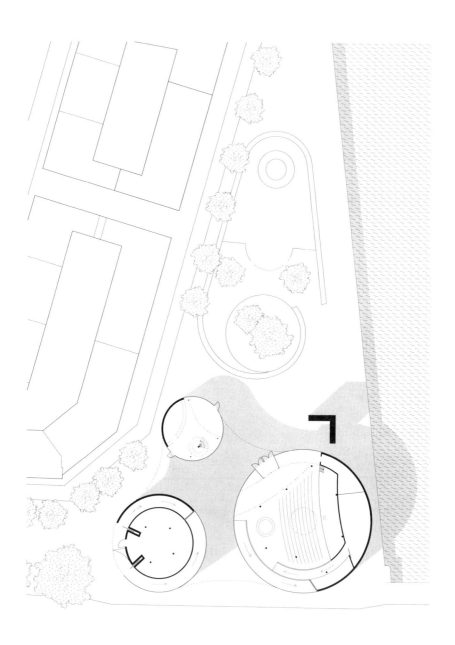

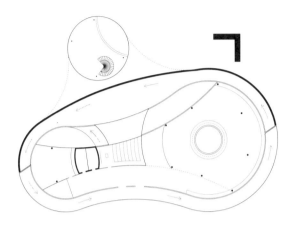

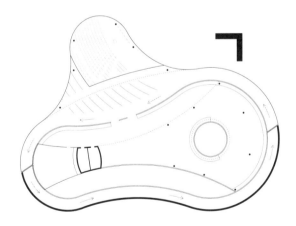

Oben: 1. Obergschoss
Unten: 2. Obergeschoss

Top: First upper floor
Bottom: Second upper floor

1:1000

West-Ost-Schnitt   West-east section   1:1000

OPEN STAGE ACADEMY
Antonia Maisch

Als markanter Baustein in der Berliner Stadtlandschaft zieht die neue Bauakademie bereits aus weiter Ferne die Blicke der Passantinnen und Passanten auf sich. Eine offene Bühne mitten im Stadtraum ermöglicht dies. Über Rampen und Ebenen erhebt sich der nördlich gelegene Schinkelplatz als treppenartige Ausstellungs- und Performancefläche bis in das Innere des quadratischen Kubus der „Open Stage Academy". Durch das Höhenspiel entstehen unter und über der Schräge einzigartige räumliche Situationen. Die dynamische Bewegung aktiviert allseitig die umliegenden Stadträume und fokussiert diese im Inneren des Gebäudes. In der neuen Bauakademie finden Designprozesse, Ausstellungen sowie Vorträge und Diskussionen synchron ihren Raum. Als erste von drei Gebäudezonen öffnet sich das „Open House" als kommunikative Erdgeschosszone zum Werderschen Markt. Die darüber ansteigende „Open Stage" integriert den Schinkelplatz in ihr multifunktionales Raumkonzept. Ihre Schrägen und Ebenen im Innen- und Außenraum können aufgrund der modularen Holzbausteine als vielseitige Ausstellungsfläche genutzt werden. Die mit einer Ziegelfassade umhüllte „Creative Zone" als Ort für künstlerische Entstehungsprozesse rundet konstruktiv den Laborcharakter durch offene und dynamisch bespielbare Ebenen ab. Durch das historisch bedingte Konstruktionsraster passt sich die mit großzügigen Freitreppen erschlossene Raumstruktur multifunktional an die unterschiedlichen Aufgabenstellungen an: verschiedene architektonische Arbeitsweisen, wechselnde Ausstellungen oder mannigfaltige, schrille Installationen.

OPEN STAGE ACADEMY
Antonia Maisch

Being recognized as a distinctive component in Berlin's urban landscape, the new *Bauakademie* attracts the attention of passers-by from afar. An open stage centrally located within the urban environment makes this possible. Spanning across ramps and at various levels, Schinkelplatz to the north rises up as a stair-like exhibition and performance area extending into the interior of the quadric cube of the "Open Stage Academy". The vertical clearance creates unique spatial situations under and above the diagonal plane. The dynamic motion activates the surrounding urban spaces on all sides and focuses them within the building's interior. In the new *Bauakademie*, design processes, exhibitions as well as lectures and discussions find their space at the same time. As the first of three building zones, the "Open House" opens up to the Werderscher Markt (city square) as a communicative ground-level zone. The "Open Stage" above it integrates the Schinkelplatz into its multifunctional spatial concept. Due to the modular wooden building elements, their diagonal planes and level planes in the interior and exterior space can be used as an exhibition space with a wide range of uses. The "Creative Zone" encased in a brick facade as a place for artistic creative processes rounds off the laboratory character on a constructive level by means of open and dynamically usable level planes. On account of the historically resulting construction raster, the room structure, which is accessible with spacious open staircases, adapts to the different tasks in a multifunctional manner: different architectural working methods, changing exhibitions or manifold, shrill installations.

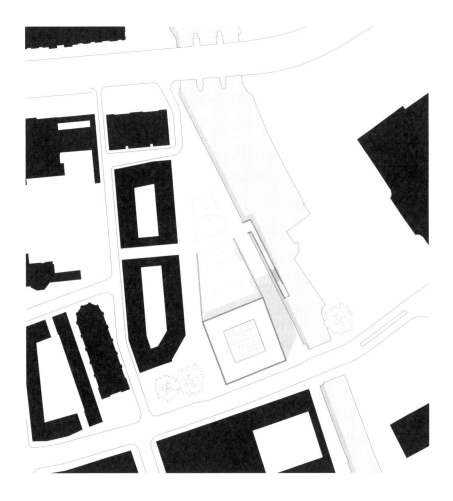

Oben: Süd-Nord-Schnitt
Unten: Lageplan

Top: South-north section
Bottom: Site plan

1:2500

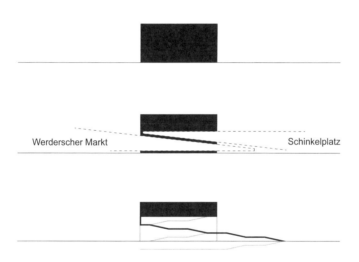

Werderscher Markt   Schinkelplatz

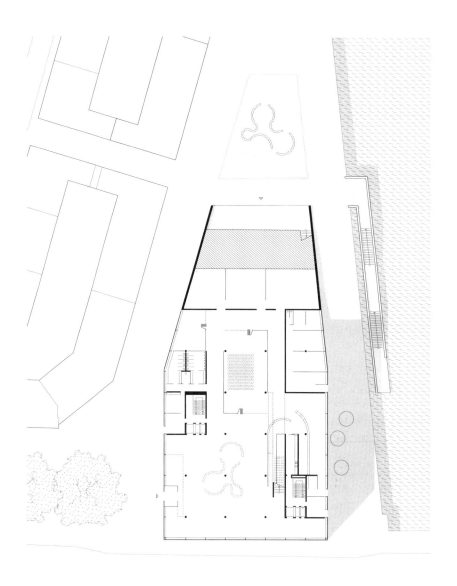

Erdgeschoss   Ground floor   1:1000 ○

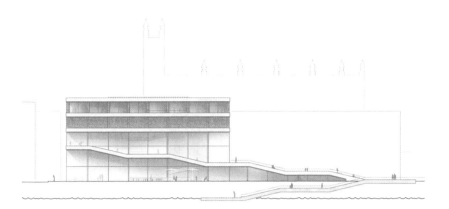

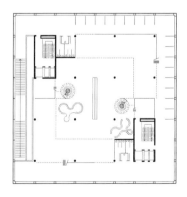

Ost-Ansicht
2. Obergeschoss

East view
Second upper floor

1:1000

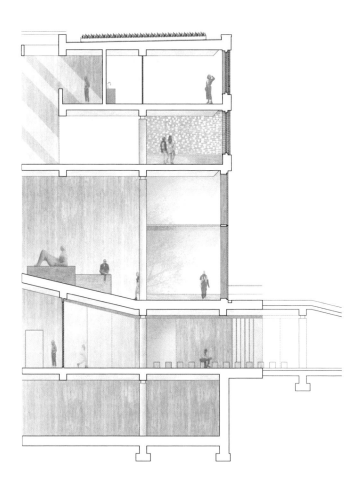

Fassadenschnitt   Facade section   1:250

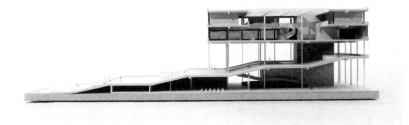

Konstella
tionen

BAUAKADEMIE ZENTRUM
Lucia dela Dueña Sotelo

Die Einwohnerinnen und Einwohner sind diejenigen, die eine
Stadt lebendig machen. Der Schinkelplatz ist momentan ein
Ort, an dem Menschen nur vorbeiströmen, ohne ihm Beach-
tung zu schenken. Das neue „Bauakademie Zentrum" am
Schinkelplatz soll künftig zwei konträre Stadträume, die
Kupfergrabenlandschaft und das naheliegende Wohnviertel,
verbinden und als lebendiger Ort mit seiner Geschichte
verwachsen. Der Entwurf nimmt die städtebauliche Idee
Schinkels einer nicht axialen Blickführung wieder auf und
versucht der städtebaulichen Funktion der ehemaligen
Bauakademie als wichtigem Baustein in der Konstellation der
Museumsinsel im heutigen Kontext gerecht zu werden. Eine
Reduktion der ursprünglichen Gebäudegrundfläche im
Rastersystem der Bauakademie vergrößert den umliegenden
öffentlichen Platz, die Überhöhung des ursprünglichen Volu-
mens betont die Wichtigkeit des Baukörpers im städtischen
Gefüge. Leitmotiv des Entwurfs sind Offenheit und Transpa-
renz. Das Bauwerk ist über den umlaufenden Arkadengang
von allen vier Seiten gleichermaßen zugänglich. Die vorge-
lagerten Arkaden sollen das Eintreten niederschwelliger gestalten sowie den Blick der Passanten auf die belebten
Innenräume lenken. Der neue Ort als weiteres Zentrum Berliner Stadtkultur soll zum Anziehungspunkt heterogener Besu-
chergruppen werden.

BUILDING ACADEMY CENTER
Lucia dela Dueña Sotelo

The inhabitants are the ones who bring a city to life. The Schinkelplatz is currently a place where people only pass by without paying any attention to it. In the future, the new "Bauakademie Zentrum" (Building Academy Center) at Schinkelplatz will connect two contrasting urban spaces, the Kupfergraben area and the nearby residential district, and merge it with its history as a lively place. The design takes up Schinkel's urban design idea of a non-axial view and tries to do justice to the urban function of the former Building Academy as an important building element in the constellation of the Museumsinsel (Museum Island) in today's context. A reduction of the original building floor area in the raster system of the Building Academy increases the surrounding public space, the exaggeration of the original volumetric area emphasizes the importance of the building in the urban structure. The guiding theme of the draft is openness and transparency. The structure is equally accessible from all four sides via the surrounding arcade. The arcades are intended to provide for low-threshold access and to draw the attention of passers-by to the lively interiors. The new location as another center of Berlin city culture is to become a magnet for heterogeneous visitor groups.

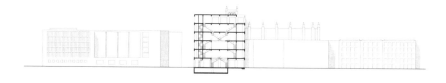

Oben: Süd-Nord-Schnitt
Unten: Lageplan

Top: South-north section
Bottom: Site plan

1:2500 ☺

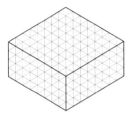

Ursprüngliches Volumen der Bauakademie
/ Original volume of the Bauakademie

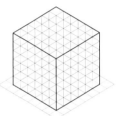

Volumensanpassung an heutige städtebauliche Situation
/ Volume adjustment to current urban development

Rückzugsraum / Retreat area

Schwellenraum / Threshold space

Hauptraum / Main area

Zonen der Begegnung und des Rückzugs
/ Zones of encounter and retreat

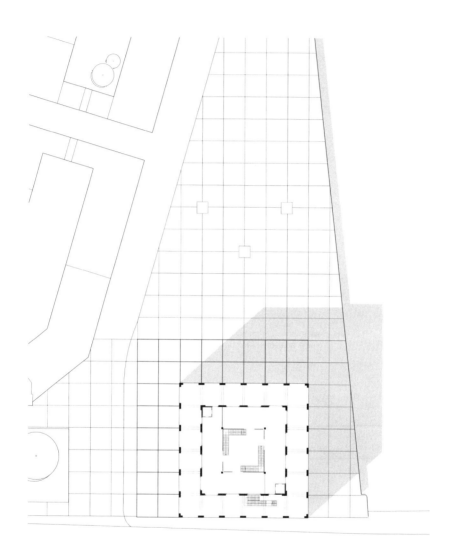

Erdgeschoss · Ground floor · 1:1000

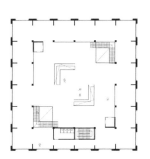

Oben: West-Ost-Schnitt
Unten: 4. Obergeschoss

Top: West-east section
Bottom: Fourth upper floor

1:1000

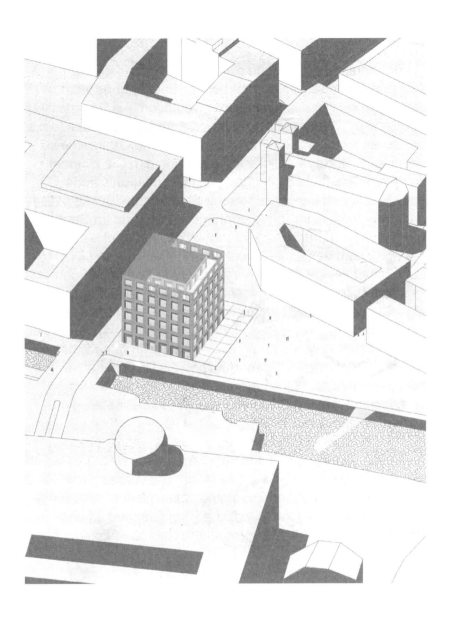

WERKRAUM
Phillip Bollinger

Mit der heutigen Bebauung rund um den Schinkelplatz hat sich das Raumgefüge gegenüber der Entstehungszeit der ursprünglichen Bauakademie völlig verändert. Als Reaktion fügt der Entwurf „Werkraum" auf Basis der Original-Bauakademie Schinkels eine klare und doch gänzlich neue Geometrie in diese veränderte räumliche Konstellation ein. Die Übersetzung von Schinkels landschaftlichem Verständnis findet sowohl durch das topographische Element des Sockels als auch durch die Anordnung überlagerter Ebenen im Stadtraum ihren Ausdruck. Anders jedoch als in Schinkels Entwürfen entspringt der Sockel nicht einer domestizierten Landschaft, vielmehr ist er eine kraftvolle Setzung in den Stadtraum. In dem Verständnis des Sockels als infrastrukturelles Element schließt er beide benachbarten Plätze, definiert somit deren räumliche Begrenzung und dient durch seine vielfach gerichtete Erschließung als Vermittler im öffentlichen Raum. Er behält seine Primärfunktion als Display und ermöglicht es dem darauf platzierten Würfel, sich in seiner klaren und doch abstrakten Geometrie nahtlos in das heterogene Umfeld einzufügen. Der Würfel selbst ist reine Hülle um einen stützenfreien Raum und erinnert an die Typologie einer Werkhalle. Die Großzügigkeit des unprogrammierten Raums lässt viel Spielraum für mögliche Szenarien. Die vorgelagerte Baumgruppe erzeugt im Zusammenspiel mit der Platzanlage und dem Gebäude landschaftliche Raumsequenzen und bettet den Entwurf in das vorhandene Raumgefüge ein.

WORKSHOP SPACE
Phillip Bollinger

With the current development around the Schinkelplatz, the spatial structure has completely changed compared to the time of the original *Bauakademie*. In response, the architectural design "Werkraum" (Workshop Space) based on Schinkel's original *Bauakademie* adds a clear yet completely new geometry to this altered spatial constellation. The rendering of Schinkel's landscape understanding finds expression via both the topographical element of the base and via the arrangement of superimposed levels within urban space. Unlike Schinkel's architectural designs, however, the base does not originate from a domesticated landscape. Rather, it is a powerful setting in the urban space. In the understanding of the base as an infrastructural element, it closes off both adjacent spaces, thereby defining their spatial limitation and serving as an intermediary within public space by means of its multiple alignments. It retains its primary function as a display and allows the cube placed on it to fit seamlessly into the heterogeneous environment in its clear, yet abstract geometry. The cube itself is a pure envelope around a support-free space and is reminiscent of the typology of a workshop. The generosity of the unprogrammed space leaves plenty of room for possible scenarios. The tree group in front creates scenic spatial sequences in conjunction with the space layout and the building and embeds the architectural design into the existing spatial structure.

310

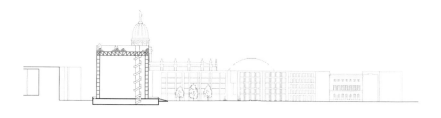

Oben: Süd-Nord-Schnitt
Unten: Lageplan

Top: South-north section
Bottom: Site plan

1:2500

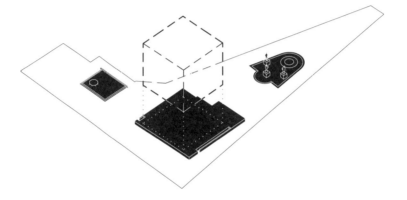

311

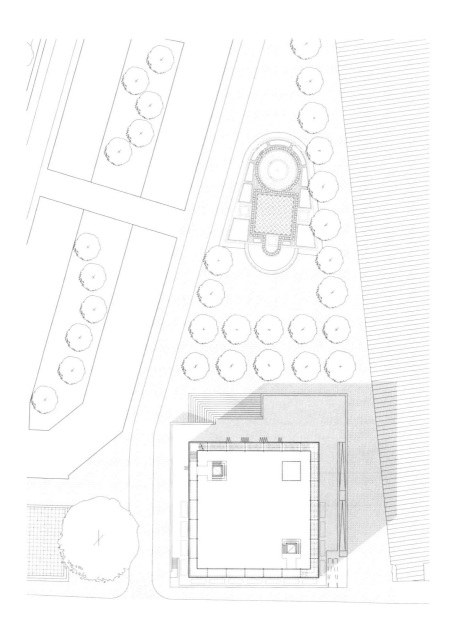

Erdgeschoss   Ground floor   1:1000 ◷

313

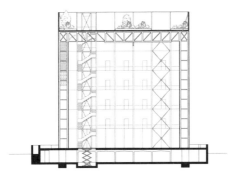

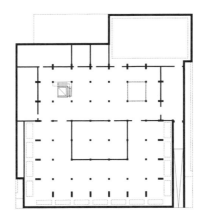

Oben: West-Ost-Schnitt
Unten: Untergeschoss

Top: West-east section
Bottom: Basement floor

1:1000

Material

KREISLAUF DER ARCHITEKTUR
Jennifer Berger

In Berlin haben Gebäude wenig Bestand, der Abriss und der dazugehörige Bauschutt gehören zum Bild der Stadt. Die als Holzbau geplante neue Bauakademie entsteht zwischen Altbestand und Neubauten gegenüber dem rekonstruierten Schloss. Im Sinne des „Cradle to Cradle"-Prinzips wurden wiederverwendbare Holzelemente für die gesamte Tragkonstruktion entworfen. Das seriell geplante Tragwerk ist erweiterbar, je nach Bedürfnis anpassbar und dafür konzipiert, abgetragen und neu aufgebaut zu werden – ohne dabei Bauschutt zu produzieren. So wird Platz für neue Nutzungen geschaffen. Die vorgesetzte öffenbare Fassade aus Holz wurde dem Ziegelbau Schinkels abstrakt nachempfunden: Hier sind die Fugen sichtbar und die Steine unsichtbar, um eine Durchsicht zu ermöglichen, gleichzeitig aber auch um das Gebäude vor Überhitzung zu schützen. Um Berlins Öffentlichkeit auf die Folgen seiner Abrisspolitik aufmerksam zu machen, stehen die neue Bauakademie und ihre Architekturvermittlung ganz im Sinn des Bewusstmachens – und zwar von Material- und Nutzungskreisläufen. Sie sollen auf innovative Art überdacht und hinterfragt werden. Das spiegelt sich auch in allen Erschließungsbereichen des Gebäudes wider: Diese leiten die Besucherinnen und Besucher in einer Aufwärtsspirale entlang der Architektur- und Materialprozesse, vorbei an Laboratorien, Ateliers, Werkstätten und Arbeitsbereichen und münden schließlich in der zentralen Aussage: einer Ausstellung als ein Forum für „Nachhaltigkeit in der Architektur".

CYCLE OF ARCHITECTURE
Jennifer Berger

In Berlin, buildings do not last long; demolition and the resulting construction rubble are part of the cityscape's makeup. The new *Bauakademie* is planned as a timber construction and will be built between old and new buildings opposite the reconstructed City Palace. In accordance with the "cradle-to-cradle" principle, reusable wooden elements have been designed for the entire support structure. The serially planned supporting framework can be expanded and adapted according to the need at hand, thereby being designed to be torn down and rebuilt—without producing construction debris in the process. This will create space for new uses. The wooden facade positioned in front has elements that can be opened up; it was recreated to abstractly emulate Schinkel's brick construction. Here the joints are visible, and the stones are invisible to allow a view, but at the same time to protect the building from overheating. In order to draw Berlin's public's attention to the consequences of its demolition policy, the new *Bauakademie* and its architectural mediation are entirely in the spirit of raising awareness—meaning awareness of material and usage cycles. They should be reconsidered and questioned in an innovative way. This is also reflected in all development areas of the building: These guide the visitors in an upward spiral along the architectural and material processes, past laboratories, studios, workshops and work areas, and finally lead to the central statement: an exhibition as a forum for "sustainability in architecture."

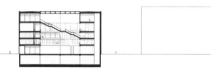

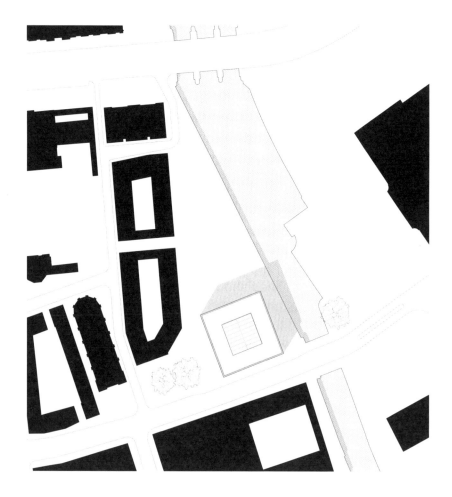

Oben: Nord-Süd-Schnitt
Unten: Lageplan

Top: North-south section
Bottom: Site plan

1:2500

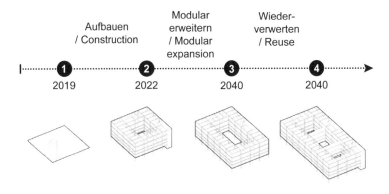

| Aufbauen / Construction | Modular erweitern / Modular expansion | Wieder-verwerten / Reuse |

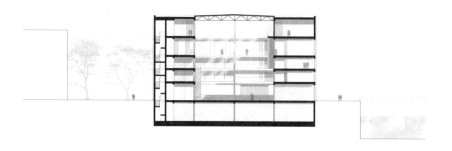

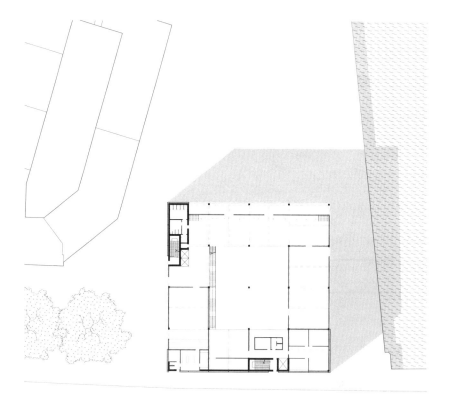

Oben: Ost-West-Schnitt
Unten: Erdgeschoss

Top: East-west section
Bottom: Ground floor

1:1000

Schnittperspektive   Sectional perspective   1:250

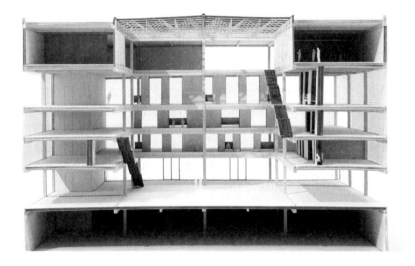

STADTMONOLITH
Felix Redmann

Die ehemalige Bauakademie war ein monolithischer Ziegelbau und stellte im Gegensatz zu den umliegenden Gebäuden
ihre unverputzte und zugleich fein detaillierte Fassade offen
zur Schau. Anstatt einer Fassadenrekonstruktion als äußers-
ter Schicht eines modernen Gebäudes soll an ihrer Stelle ein
Gebäude aus nur einer Schicht entstehen. Ein monolithischer
Bau aus Leichtbeton stellt den Versuch einer zeitgenössischen Interpretation der ehemaligen Bauakademie dar und
soll Schinkels puristischen, perfektionistischen Umgang mit
dem Material Ziegel auf das moderne Material überführen.
Die Massivität und Dimensionierung der Wände sind dabei
Ausdruck bautechnischer Anforderungen und fungieren
zugleich als skulpturale Gestaltungselemente. Nach außen
verkörpert der Bau Stabilität und Einfachheit, im Inneren
befindet sich ein Architekturmuseum, das neben Ausstellungen und Veranstaltungen auch das einfache sinnliche Erlebnis räumlicher Erfahrung bietet.

CITY MONOLITH
Felix Redmann

The former *Bauakademie* was a monolithic brick building and, in contrast to the surrounding buildings, openly presented its non-plastered and, at the same time, finely detailed facade. Instead of a facade reconstruction as the outermost layer of a modern building, "Stadtmonolith" (City Monolith) proposes a building of only one layer to be built in its place. A monolithic building made of lightweight concrete represents an attempt at a contemporary interpretation of the former *Bauakademie* and is intended to transfer Schinkel's purist, perfectionist approach to the material brick to the modern material. The solidity and dimensioning of the walls are an expression of structural requirements and at the same time function as sculptural design elements. Outwardly, the building embodies stability and simplicity, and inside there is an architectural museum that offers exhibitions and events as well as the simple sensation of spatial experience.

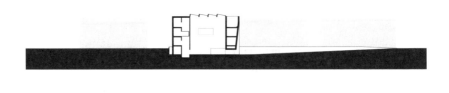

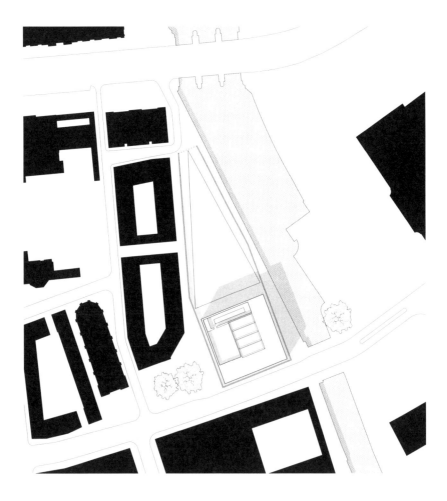

Oben: Süd-Nord-Schnitt
Unten: Lageplan

Top: South-north section
Bottom: Site plan

1:2500

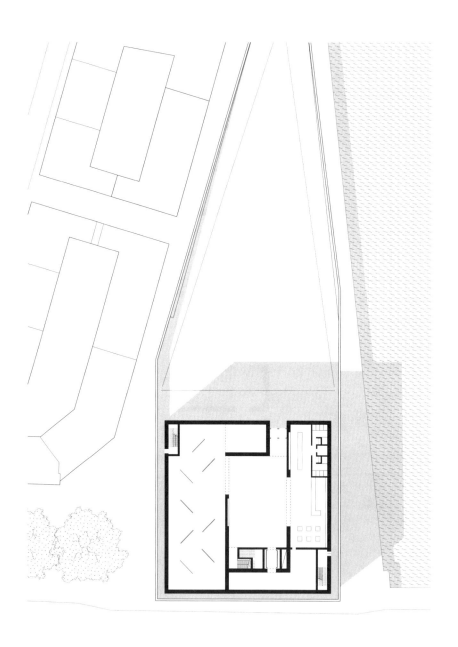

Erdgeschoss　　　　　　Ground floor　　　　　　1:1000 ⊘

329

Süd-Nord-Schnitt   South-north section   1:1000

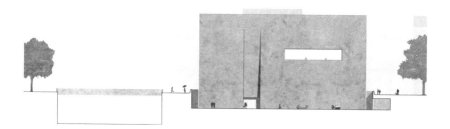

Nord-Ansicht   North view   1:1000

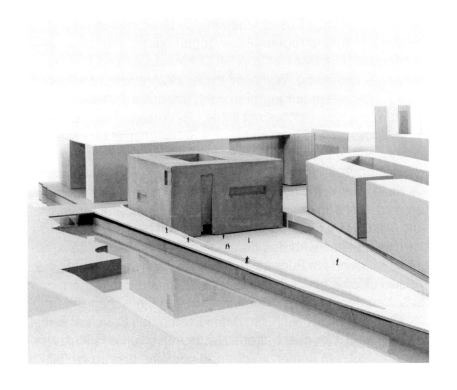

LOGGIA BERLIN
Patrick Wäsler

Ausgangspunkt des Projektes war eine detaillierte Auseinandersetzung mit Schinkels ästhetischen, technischen und inhaltlichen Prinzipien. Symmetrie und strenge Gliederung seines Entwurfes wurden in einen freien Rhythmus überführt, der durch konkave Fassadenelemente beschrieben wird. Parabelförmige, unregelmäßige Bögen öffnen den Bau in alle Richtungen. Der Entwurf begreift Schinkelplatz und Bauakademie als Ensemble. Während in der Materialwahl das historische Farbkonzept aufgegriffen wird, überträgt sich die Bepflanzung des Platzes mit lichten Bäumen auf die perforierte Backsteinfassade. Licht- und Schattenspiel übergreift den gesamten Entwurf und bricht die strikte Trennung von Innen- und Außenraum auf. Die Gebäudehülle gestaltet sich als Kleid, das von einer Rahmenkonstruktion in Form gehalten wird. Der Klinker löst sich von seiner Massivität, er wird zum Textil, wirft Falten und lässt das Licht hindurchfallen. In der Konstruktion wird das durch eine Elementbauweise gelöst, die sich als Fugenbild im Gebäude sichtbar zeigt. Diese Tektonik gliedert den Bau und schließt den Bogen zwischen dem textilen Charakter und den statischen Eigenschaften der Materialien. So definiert sich das Bauwerk selbst nur als Hülle. Der geschaffene Raum muss von den Nutzerinnen und Nutzern immer wieder neu gestaltet und ausgefüllt werden. Was in ihm geschieht, ist stets aufs Neue Ergebnis gesellschaftlicher Aushandlungsprozesse.

LOGGIA BERLIN
Patrick Wäsler

The starting point of the project was a detailed examination of Schinkel's aesthetic, technical and content principles. The symmetry and strict structure of his design were converted into a free rhythm, which is described by concave facade elements. Parabolic, irregular arches open the building in all directions. The design regards Schinkelplatz and the *Bauakademie* as an ensemble. While the choice of materials takes up the historical color concept, the planting of non-obstructing trees in the square is transferred to the perforated brick facade. The play of shadow and light spreads across the entire architectural design and breaks the strict separation of interior and exterior space. The building envelope is formed with a dress-like spatial design that is held in shape by a frame construction. The clinker brick is detached from its solidity, thereby becoming textile-like, falling into folds and allowing for the penetration of light. In the construction, this is solved by an element construction, which is visible as a joint image in the building. This tectonic divides the construction and closes the gap between the textile character and the static properties of the materials. Thereby, the building defines itself only as an envelope. The created space has to be redesigned and filled by the users again and again. What happens within is always the result of social processes of negotiation.

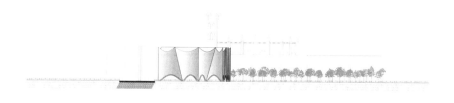

Oben: Ost-Ansicht
Unten: Lageplan

Top: East view
Bottom: Site plan

1:2500

335

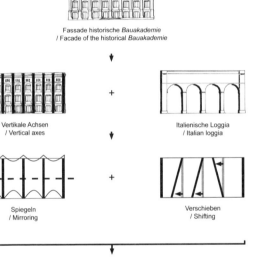

Fassade historische *Bauakademie*
/ Facade of the historical *Bauakademie*

Vertikale Achsen
/ Vertical axes

Italienische Loggia
/ Italian loggia

Spiegeln
/ Mirroring

Verschieben
/ Shifting

Entwurf
/ Design

Spuren

HAUS DES ARCHITEKTURDIALOGS
Julia Anna Gross

Die Themen Vergessen und Erinnern bilden den theoretischen Rahmen für das Projekt „Haus des Architekturdialogs". Der Entwurf rekonstruiert und überlagert die Spuren jener Gebäude, die einst an diesem Ort standen, und fügt sie zu einem neuen Ort des Erinnerns. Die gedanklichen Spuren der Bauakademie und des DDR-Außenministeriums werden auf dem Niveau des Schinkelplatzes durch reliefartige Strukturen konzeptuell sichtbar gemacht. Der Erdgeschossgrundriss der ehemaligen Bauakademie wird in der Höhe von 50 cm hohen Mauern nachgebildet und mit einem 50 cm tiefen Abdruck der Umrisse des ehemaligen Außenministeriums an den ursprünglichen Standorten überlagert. Die subtile Sprache des so erzeugten Reliefs steht im Gegensatz zur massiven Formensprache der umliegenden Bebauung. Es entsteht ein Ort der feinen Beobachtung und des Nachspürens der einst dagewesenen Gebäude. Darunter befindet sich das „Haus des Architekturdialogs". Der Neubau trifft im ersten Untergeschoss auf die Fundamentreste der originalen Bauakademie und nimmt diese in den Entwurf auf. Das zweite Untergeschoss bezieht sich in seinen Umrissen auf das DDR-Außenministerium. Programmatisch sind hier Bibliothek und Ausstellungsflächen angesiedelt.

HOUSE OF ARCHITECTURAL DIALOGUE
Julia Anna Gross

The topics of forgetting and remembering form the theoretical framework for the project entitled "Haus des Architekturdialogs" (House of Architectural Dialogue). The architectural design reconstructs and superimposes the traces of those buildings that once stood at this location and merges them to a new place of remembrance. The mental traces of the *Bauakademie* and the GDR Foreign Ministry are made conceptually visible on the Schinkelplatz level by means of relief-like structures. The ground floor plan of the former *Bauakademie* is recreated with 50cm-high walls and superimposed with a 50cm-deep impression of the outlines of the former Ministry of Foreign Affairs at their original locations. The subtle language of the relief created in this way contrasts with the massive formal language of the surrounding buildings. The result is a place of fine observation and tracking of the buildings that were once present. Below, there is the "House of Architectural Dialogue". The new building meets the foundation remains of the original *Bauakademie* in the first basement floor and incorporates them into the design. The second basement floor, as regards its outlines, pertains to the GDR Foreign Ministry. The library and exhibition areas are programmatically located here.

342

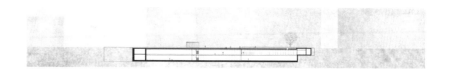

Oben: Süd-Nord-Schnitt
Unten: Lageplan

Top: South-north section
Bottom: Site plan

1:2500

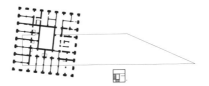

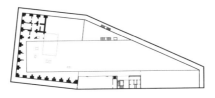

344

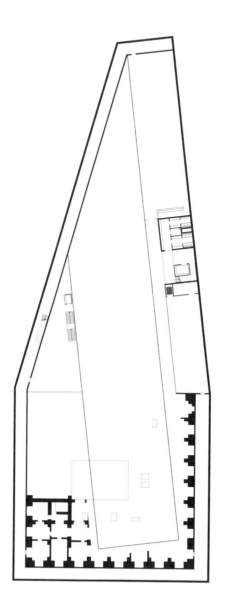

1. Untergeschoss   First basement floor   1:1000 ⊘

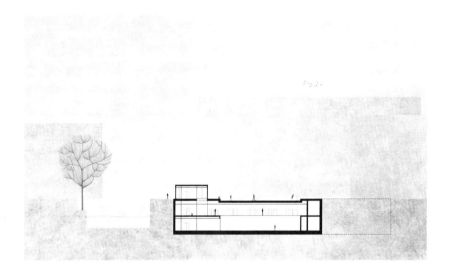

Ost-West-Schnitt · East-west section · 1:1000

„DIE DDR HAT'S NIE GEGEBEN"
Axel Tradnigg

Der Projekttitel bezieht sich auf ein Graffito, das beim Abriss des Palasts der Republik auf dessen Fundamente gepinselt wurde und in einer bekannten Fotografie kritisch an dieses Ereignis erinnert. Dieser Kritik folgend thematisiert der Entwurf den radikalen Umgang mit den Gebäuden, die einst an diesem Ort standen, und die damit einhergehende Verdrängung ihrer Geschichte. Die heutige Brache im Stadtraum soll durch ein Museum, das die Geschichte des Ortes aufarbeitet, und durch ein Zentrum für Bauforschung wieder aktiviert werden. Formgebend für den Entwurf ist die Verschneidung der beiden ehemaligen Baukörper, wobei das Außenministerium als Leerstelle in das Volumen der Bauakademie und den Schinkelplatz eingeschnitten wird, um das titelgebende Thema der Verdrängung dieser Zeit symbolisch sichtbar zu machen. Auch die Gestaltung der Fassade des Neubaus folgt diesem Prinzip. Sie nimmt Elemente der ursprünglichen Komposition Schinkels auf und interpretiert sie zeitgenössisch. Im Bereich der Verschneidung erscheint die Fassade als modellhafter Abdruck des ehemaligen Außenministeriums. Die Struktur der Innenräume spiegelt sich in ähnlicher Weise wider. Während räumliche Prinzipien der Bauakademie übernommen werden, ist im Bereich des Außenministeriums die räumliche Leere das Leitmotiv.

"THE GDR NEVER EXISTED"
Axel Tradnigg

The project title "Die DDR hat's nie gegeben" (The GDR never
existed) refers to a graffito that was painted onto the founda-
tions of the Palace of the Republic during its demolition and
critically recalls this event in a well-known photograph.
Following this criticism, the architectural design addresses the
radical handling of the buildings that once stood at this location
and the associated suppression of their history. The current
wasteland in the urban area is to be reactivated by means of
a museum that works through the location's history and by
means of a center for building research. The intersection of
the two former building structures gives shape to the architectural design, whereby the Ministry of Foreign Affairs intersects
as an empty space, thereby reaching into the volumetric area
of the *Bauakademie* and into the Schinkelplatz to symbolically
make visible the title-giving theme of the suppression of
this time. The design of the facade of the new building also
follows this principle. It takes up elements of Schinkel's original
composition and interprets them in a contemporary fashion.
At the intersecting area, the facade appears as a model
impression of the former Ministry of Foreign Affairs. The structure of the interior rooms is reflected in a similar way. While
spatial principles of the *Bauakademie* are adopted, in the area
of the Ministry of Foreign Affairs, the spatial emptiness is the
guiding theme.

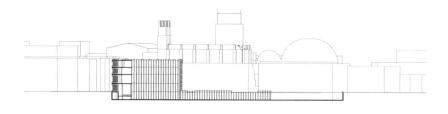

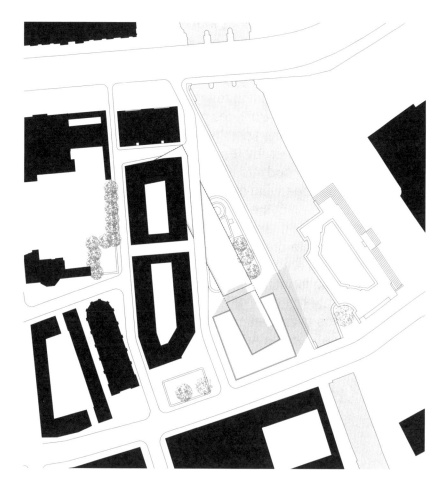

Oben: Süd-Nord-Schnitt
Unten: Lageplan

Top: South-north section
Bottom: Site plan

1:2500

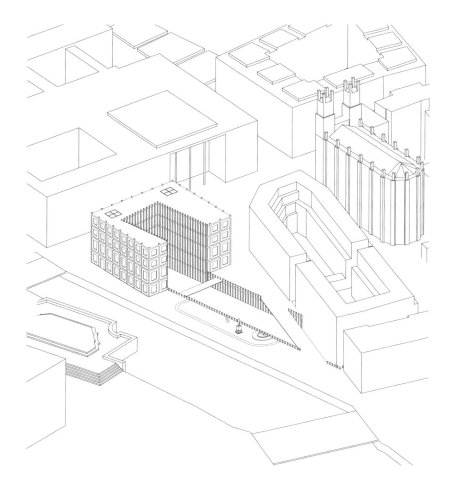

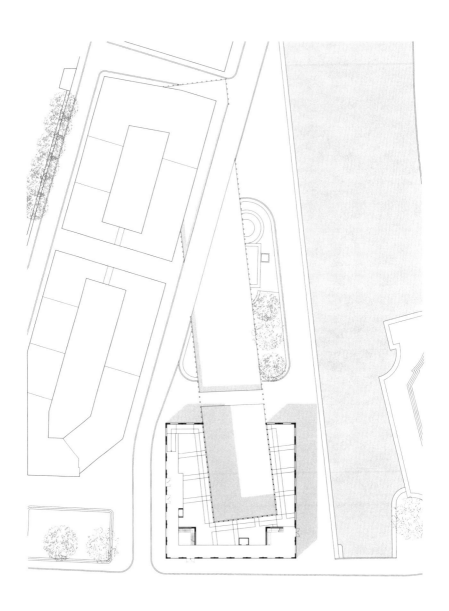

Erdgeschoss   Ground floor   1:1250 ⏱

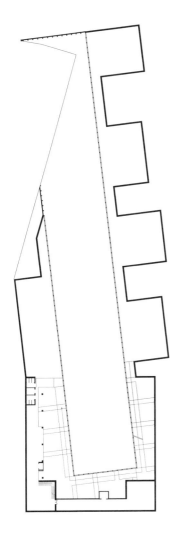

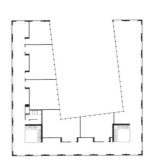

Links: Untergeschoss   Left: Basement floor
Rechts: Regelgeschoss   Rechts: Standard floor   1:1250

354

ÜBERLAGERTE FORM
Sonja Weigl

Die Silhouette des Entwurfs ist das Resultat einer Verschnei-
dung der Kubaturen der ehemaligen Bauakademie und des
DDR-Außenministeriums an ihrem ursprünglichen Ort. Die
Funktion der ehemaligen Bauakademie als wichtiger städte-
baulicher Baustein wird wieder aufgegriffen; daher wird ihr
Umriss als Begrenzung für den Neubau definiert und das
Volumen des Außenministeriums gedanklich entsprechend
abgeschnitten. An dieser Stelle ist das Treppenhaus des
Gebäudes hinter einer transparenten Fassade sichtbar. Ein
Wechsel des Bodenbelags auf dem angrenzenden Schinkelplatz markiert die ursprüngliche Größe des DDR-Gebäudes.
Aus dem Stadtraum erscheinen die Volumina der Bauakademie und des Außenministeriums als Sockel und Hochpunkt
des Gebäudes. Im Inneren hingegen treffen die Rastersysteme
der beiden ehemaligen Gebäude aufeinander. Ein Lichthof,
der im Erdgeschoss als Foyer fungiert, ist zugleich strukturelle
Pufferzone zwischen den beiden Systemen. Als zukunftswei-
sendes Pionierprojekt im Stadtzentrum soll der Bau einheitlich
als Holzskelettkonstruktion umgesetzt werden. Angelehnt an
Schinkels Bauakademie als einem Ort der Architekturausbildung, soll das Thema des Lehrens und Lernens wieder
aufgegriffen werden, jedoch als Architekturschule und
Museum für Kinder und Jugendliche.

SUPERIMPOSED FORM
Sonja Weigl

The silhouette of the architectural design "Überlagerte Form" (Superimposed Form) is the result of the grading of the cubatures of the former *Bauakademie* and the GDR Foreign Ministry at their original location. The function of the former *Bauakademie* as an important urban building element is taken up again. Therefore, its outline is defined as a limitation for the new building and the volumetric area of the Ministry of Foreign Affairs is accordingly cut off on a mental level. At this point, the stairwell of the building is visible behind a transparent facade. A change of the flooring at the adjacent Schinkelplatz marks the original magnitude of the GDR building. From the urban space, the volumetric areas of the *Bauakademie* and the Ministry of Foreign Affairs appear as the base and high point of the building. Inside, in contrast, the raster systems of the two former buildings meet. An atrium, which functions as a foyer on the ground floor, is also a structural buffer zone between the two systems. As a pioneering project in the city center, the construction is to be implemented uniformly as a wooden skeleton construction. Based on Schinkel's *Bauakademie* as a place where architects were trained, the topic of teaching and learning is to be taken up again, however, as an architecture school and museum for children and young people.

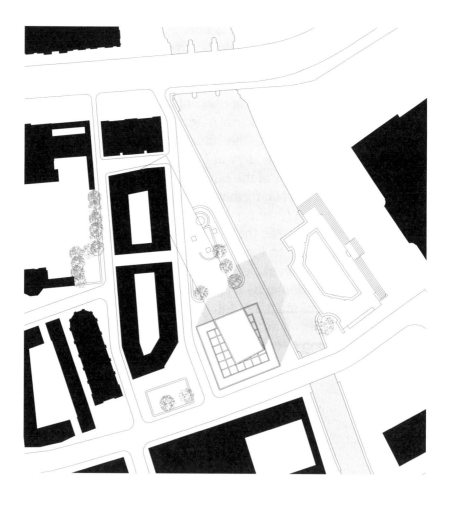

Oben: Süd-Ansicht
Unten: Lageplan

Top: South view
Bottom: Site plan

1:2500

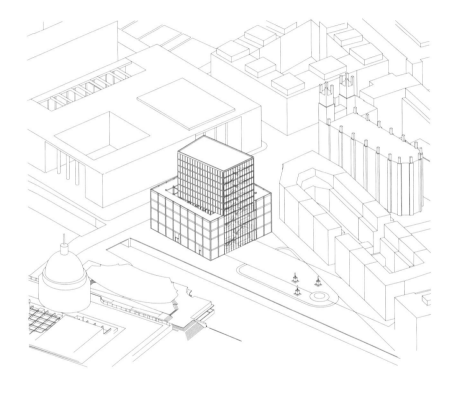

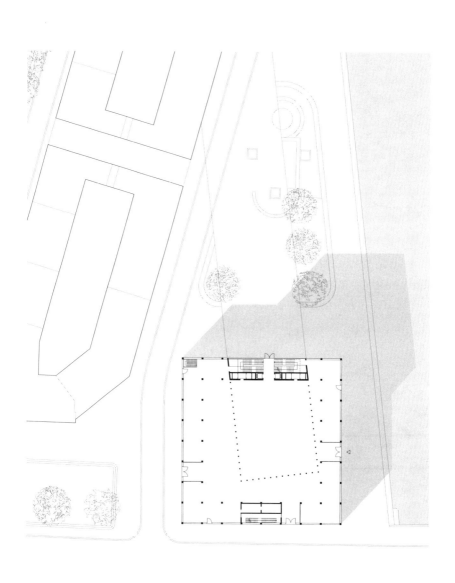

Erdgeschoss   Ground floor   1:1000

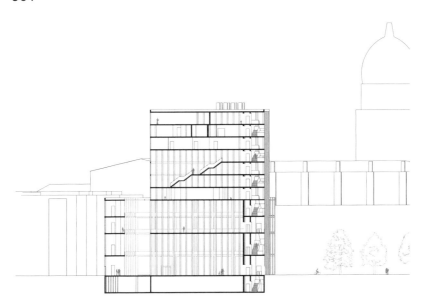

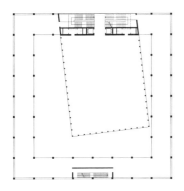

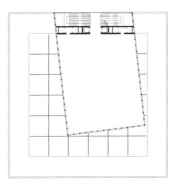

Oben: Süd-Nord-Schnitt
Unten links: 2. Obergeschoss
Unten rechts: 6. Obergeschoss

Top: South-north section
Bottom left: Second upper floor
Bottom right: Sixth upper floor

1:1000

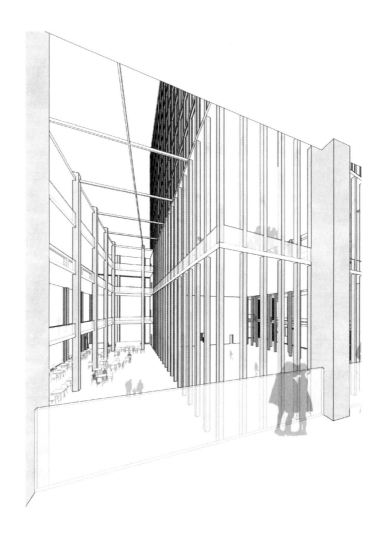

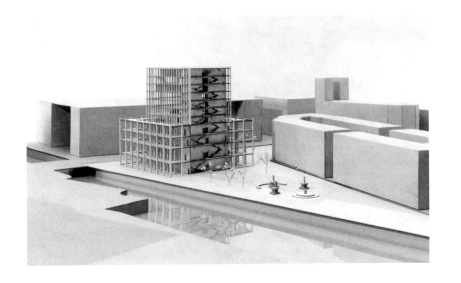

Land
schaft

„ÜBERALL IST MAN NUR DA WAHRHAFT LEBENDIG,
WO MAN NEUES SCHAFFT ...“
(KARL FRIEDRICH SCHINKEL)
Lisa-Marie Androsch

Die geplante Bauakademie soll zu einem Ort des Architektur-
Austausches, des Diskurses, der Vermittlung, der Interaktion
und des Verweilens werden. Ganz im Sinne Schinkels:
„Zuerst erfreuen, dann belehren!“ Auch formale Aspekte
wurden integriert. Seine Idee der Sicht- bzw. Schattenfugen
wurde ebenso aufgegriffen wie auch die Idee der Material-
Echtheit. Städtebaulich galt es das Ziel zu verwirklichen, mit
einem Entwurf, der die Landschaft formt und differenzierte
städtebauliche Situationen schafft, einen Schlusspunkt unter
die Entwicklung von Berlin Mitte zu setzen. Einen Treffpunkt
bildet ein temporärer Pavillon auf der zentralen Platzzone, die
halbjährig alternierend von zeitgenössischen Architektinnen
und Architekten bespielt werden kann. Durch die permanente
Transformation des Pavillons soll dieser zentrale Ort länger-
fristig interessant und nutzbar bleiben. Bei den Funktionen
innerhalb der eingegrabenen Gebäude wurden zahlreiche
Ziel- und Altersgruppen berücksichtigt. Für Interessensgrup-
pen wie etwa Schulklassen werden Workshops angeboten.
Einer der drei Ausstellungsräume widmet sich dem sinnlichen
Potenzial von Architektur. Eine interaktive, transdisziplinäre
Architekturausstellung eröffnet die Möglichkeit den Nutzer-
kreis beständig zu erweitern und auch in der breiteren Öffentlichkeit das Interesse an Architektur zu fördern.

"EVERYWHERE, YOU ARE ONLY REALLY ALIVE WHERE NEW THINGS ARE CREATED..." (KARL FRIEDRICH SCHINKEL)

Lisa-Marie Androsch

The planned *Bauakademie* is to become a place of architectural exchange, discourse, mediation, interaction and socializing. In the spirit of Schinkel: "First please, then teach!" Formal aspects have also been integrated. His idea of visible joints and shadow gaps was taken up as well as the idea of material authenticity. In terms of urban planning, it was deemed an objective to bring the development of the Berlin Mitte city district to a powerful conclusion with an architectural design that shapes the landscape and creates differentiated urban planning situations. A meeting point is established by a temporary pavilion on the central square zone that can be used by contemporary architects on an alternating basis every six months. Due to the continuous transformation of the pavilion, this central location should remain interesting and usable over the long term. Numerous target and age groups were taken into account in the functions within the entrenched buildings. Workshops are offered for interest groups, such as school classes for example. One of the three exhibition rooms is dedicated to the sensual potential of architecture. An interactive, transdisciplinary architectural exhibition opens up the possibility of continuously expanding the user circle and also promoting interest in architecture among the wider public.

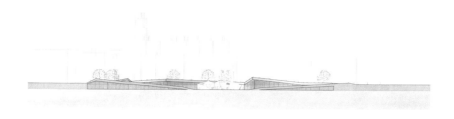

Oben: Ost-Ansicht   Top: East view
Unten: Lageplan   Bottom: Site plan   1:2500

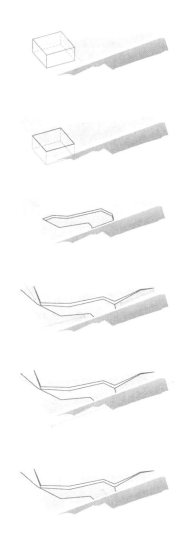

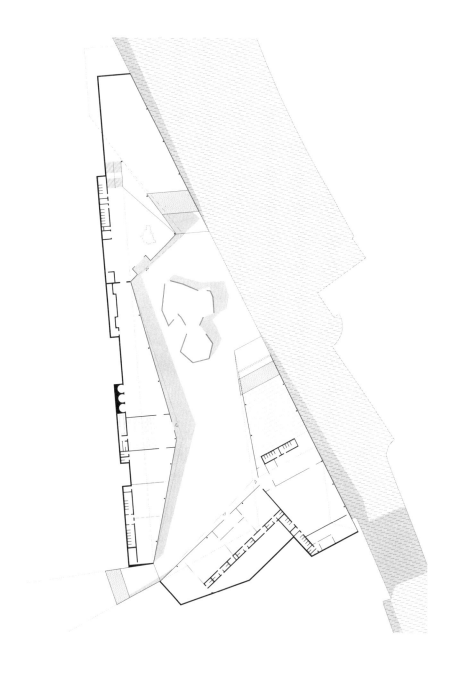

Untergeschoss   Basement floor   1:1250

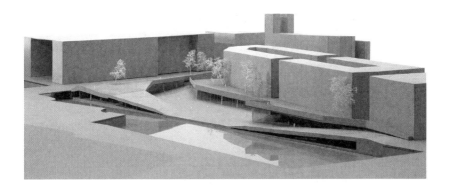